制度与人情

通俗解读中国古代政治制度的发展历程

张程 著

华文出版社
SINO-CULTURE PRESS

图书在版编目（CIP）数据

制度与人情 / 张程著. -- 北京：华文出版社，2021.12
　　ISBN 978-7-5075-5518-9
　　Ⅰ.①制… Ⅱ.①张… Ⅲ.①政治制度史—研究—中国—古代 Ⅳ.①D691

中国版本图书馆CIP数据核字(2021)第244421号

制度与人情
ZHIDU YU RENQING

著　　　者：	张　程
出版策划：	品　雅
责任编辑：	景洋子
出版发行：	华文出版社
社　　　址：	北京市西城区广安门外大街305号8区2号楼
邮政编码：	100055
网　　　址：	http://www.hwcbs.com.cn
电　　　话：	总编室 010-58336239　　发行部 010-58336267　58336230
	责任编辑 010-58336252
经　　　销：	新华书店
印　　　刷：	固安县保利达印务有限公司
开　　　本：	710×960　1/16
印　　　张：	18
字　　　数：	270千字
版　　　次：	2021年12月第1版
印　　　次：	2021年12月第1次印刷
书　　　号：	ISBN 978-7-5075-5518-9
定　　　价：	52.80元

版权所有　侵权必究

前　言

　　有人的地方就有政治，有人群的地方就有制度。政治制度，是人类社会发展的必然产物。

　　史前欧洲的克罗马农人，是自由的狩猎者。他们所处的时代离国家的出现，为时尚早。但是考古发现，克罗马农人的狩猎越来越有组织、有计划。他们在出征前，聚集在一起举行一些仪式；有了重大收获，也会聚集在特定的地点庆祝。这些行为的背后，就有"制度的身影"。与之遥遥相对的东方，从元谋人、北京人到山顶洞人，也有类似的行为。火的出现是人类社会的巨大进步。起初人类不会生火，保管火种就成了重大问题。人群中应该会指定专人保护火种生生不息；制造工具，也是人类社会的巨大进步。但是原始社会的工具，打只野兔子还行，面对黑熊、大象、虎豹等大型动物，人群必须通力合作。谁使用标枪、谁使用匕首，谁负责包抄、谁负责出击，应该也有安排。无论是保管火种还是群体狩猎，都存在支配与服从的关系，这就是政治，同时也存在硬性的、可操作的规定，这就是制度。"原始"的政治制度出现在了原始社会之中。

　　原始政治制度的出现是当时人们的客观需要。为了生存，也为了更好的生活，我们的祖先必须结成组织，然后制订制度把组织运转起来，而且要运转得更好。这就好像现代人开车经过十字路口，必须要有一套通行规矩，否则不是发生事故就是谁也别想走。交通规则是驾驶员的客观需要，与每个人利益休戚相关，政治制度也是如此。但是，由生存和生活需要直接产生的政治制度毕竟是简单的、低级的，也是原始的。人类组织诞生后，呈现出加速度发展的态势。从部落到部落联盟，再到初级的国家形式、奴隶制国家，然后是封建制国家，最后是中国传统的王朝[1]，时间间隔越来越短，政治制度随之加速发展。

中国早期发展得益于水，一方面黄河冲积出肥沃的平原，滋养了华夏各族，另一方面大规模的水患逼迫先民高度组织起来治水，促进了政治发展。尧舜禹诸代的主要工作之一，就是治水。夏朝的建立，一定程度上也是治水的成果。治水是集中力量去办的大事业，需要调动巨额物力、人力（尤其是对原始社会而言），需要完备的组织和严密的指挥。它赋予了中国政治和政治制度一大基因：集权。

夏商周三代的政治制度还不是集权的，而是松散的封建制。周天子的天下类似于现代的联合国，诸侯国中有超级大国，比如春秋五霸，也有强国，更有大多数难逃兼并厄运的小国。礼乐征伐本应出自天子，却日渐出自诸侯强权。这是一个弱肉强食的乱世。乱世也有乱世的好处，那就是社会流动性强，个人比较自由，利于思想的创新。比如百家争鸣就诞生于春秋战国之时，为传统中国提供了丰富的精神给养。而夏商周三代最大的制度遗产，一是"宗法制"，一是"贵族制"，两者是紧密相连的。两项制度的形式后来虽然有改变，但踪影千年犹存。

公元前221年，是中国政治制度史上值得大书特书的年份。当年，秦始皇统一六国，建立了大一统的中央王朝——秦朝。秦朝的一系列政治制度，奠定了后世政制根基，"千年皆秦政"。"君主专制""中央集权""郡县制"等制度，自不必说。秦始皇其他的许多做法，也影响深远。比如，秦始皇设三公九卿，含有分权制衡的考虑；他动用强制力量，统一度量衡，尽收天下兵甲，建设全国交通网络等，隐含着政府统制、强力执政的思路；他修长城，北击匈奴，给后世有为帝王树立了对外政策的榜样；还有传说中的"焚书坑儒"，思想专制的色彩显而易见。秦政的关键，似乎是秦始皇开天辟地的"皇帝制度"。皇权至高无上，

---

[1] 本书的一个重要概念就是中国"传统社会"或者说"传统王朝"，其指的是秦朝之后，在政治上以中央集权、君主专制为主要特征，在思想上以大一统的国家为常态、尊崇儒家思想为主流意识形态，以小农社会为基础，隋唐之后辅以科举制、宗法制的社会形态。这样的社会，或许是现代人对古代中国社会的主流认识。而在本书中，"封建社会"特指夏商周三代封邦建国的形态，当时的社会建立在权利与义务的关系之上。

成为理解中国政治制度史的一大切入点。秦朝虽然速亡，但秦政不亡。

汉承秦政，稍逊于秦始皇，但足可与之比肩的是汉武帝。汉武帝进一步加强了中央集权和君主专制，多有制度建树。他设立内外朝，实权向内朝倾斜，启发了后世压制相权、独尊皇权的思路；他强力削藩，重申中央集权，强化郡县制度；罢黜百家、独尊儒术，将秦始皇的思想专制思路成熟化、固定化，也给后代中国指定了主流意识形态；出击匈奴，凿通西域，威服南蛮，初步确立了中国在古代东亚的朝贡体系；在争论中推行盐铁专营，确立了中国传统社会政府与市场关系的基调，等等。

秦皇汉武创新制度，无可厚非，但是其中的强制做法搅动社会、伤害百姓。制度最终要落实到人头上，政治创建的成本需要一代人去承担，成果却由所有时代分享。这等于是让一代人替后世支付了制度革命的成本。秦皇汉武时代的人们就"不幸"扮演了这样的角色。秦始皇大刀阔斧，百姓不堪重负，民怨四起。汉武帝时期也类似，民生艰难，山河动荡，可见制度与每个人的利益息息相关。汉武帝高于秦始皇的地方，在于他在晚年能够"轮台思过"，敬畏民意。武帝之后的昭、宣二帝，及时调整政策，休养生息，制度优势逐渐发挥作用，因此秦朝速亡，西汉能够延续。

秦汉之后的魏晋南北朝，是一个大分裂的时代。如果说每个时代都在对制度"试错"，都在摸索新的走向，那么，大分裂时代加速了这个过程。制度变革在乱世中加速，好的一面、坏的一面都暴露了出来。旧势力迅速衰退，新制度孕育其中。大分裂时代也是大变革的时代。魏晋南北朝严重破坏了君主专制和中央集权。围绕这两个关键点展开的许多制度都频繁破立。行政区划、军事制度、官制、人事制度都有变革。把握乱象的关键，似乎是皇权与贵族的博弈。魏晋南北朝是华丽的贵族世界，门阀制度、九品中正制等都由此而来。讽刺的是，诸多制度原本是为了保证门阀世族的特权而生，却在实践中扼杀了世族的生气，导致其没落衰亡。由此可见制度的奇妙之处，非长时间难以看清实效。

隋唐是对魏晋南北朝的总结，又创立了影响后世的制度局面，是承前启后的阶段。隋朝上马了诸多国家工程、草创了不少制度，比如京杭大运河、科举制度、三省六部等等。可惜，宏图大业超出了国力极限，隋朝被隋炀帝的"大业"压垮。唐朝巩固并发展了隋朝的制度成果，达到了一个高峰。值得一提的是，科举考试制度化，提高了传统社会的流动性。中国传统社会等级森严，讲究尊卑贵贱，同时又保持高度稳定性，科举制度对此助力良多。

五代十国又是一个乱世，重复了皇权与地方势力的博弈过程。结束乱世的北宋王朝，吸取教训，在强化中央集权和君主专制方面多有建树。它设计了一套精密、繁复的政治制度，人为增加官制的复杂和行政的损耗，其牺牲掉的是国家的行政效率、军队的战斗力。两宋王朝对外丧权辱国，但是对内，两宋王朝对知识分子的政策相对宽松。皇家祖训，不杀一个读书人，再惹人讨厌的文官，流放天涯海角就算是最重的处罚了。知识分子有底线保障，加上宋朝官制繁复、待遇优渥，相比其他朝代有身处天堂之感。至今，尚有读书人最怀念的朝代，就是宋朝。可叹的是，知识分子的宽松优越，并没有转化为忠君报国的切实言行。南宋后期士风萎靡、人心不古。国亡之日，文官几乎逃遁一空，难怪太皇太后谢道清感叹：我朝三百余年，待士大夫以礼。你们在国家危亡之际，全不见踪影，活着有什么面目见人，死后如何见先帝？

唐宋时期，中国社会存在一个明显的变化转折，史学界有称之为"唐宋变革"的。与制度有关的，一为贵族政治在科举制度与政治斗争的叠加打击之下彻底瓦解消亡，宋朝之后无世族，平民政治开始崛起；一为伴随世族消亡，宗法制下沉。宗族成为中国人新的强大的安身立命之因素。唐宋之前有形的人身依附消失了，新的无形的宗族因素作用于中国人及其政治。此外，市场经济、城市发展等也构成了政治制度发展的社会基础。宋之后政治制度颇不同于前。

与两宋同期的辽、金两代，以及后起的元朝，制度方面既保留了本民族的不少制度（尤其是在核心权力设计上），又大规模采纳了唐宋制度（比如科举、六部等"标配"）。本书对这三代制度涉及不多，对边疆少数民族地区的政治制度也鲜有论及，敬请读者谅解。需要重点说明的是，元朝的"行省制度"是一大创举，留用至今。

明清两代是中国古代政治制度的集大成者。本书主要聚焦这两个时代，以明清两代制度为主要讲解对象。一来，明清政治制度是在继承之前制度的基础上发展而来的，保留了前朝政治制度的优劣，从中可以倒推制度的演化路径；二来，明清本身多有制度创新，更趋精细严密，将传统政治制度推向了一个顶峰。比如，明太祖朱元璋的诸多创举，废宰相权分六部、内阁制度等等，雍正皇帝创立军机处、废除预立太子制度等等。明清政治制度可谓传统政治制度的集大成者。因为篇幅有限，加之一般人也没有必要对历朝历代的制度都详细了解，所以本书就以明清制度为主要对象，溯及前代制度，勾勒演变轨迹。本书按专题论述传统政治制度的各大方面，而不是以朝代顺序，一一讲述历代政治。

中国传统政治制度最终戛然而止，并没有发展成现代的政治制度。这其中固然有近代西方列强入侵，并没有给中国政治制度自身继续发展演化机会的原因，我想，根子还在传统制度自身上面。传统政治制度中有没有发展出现代制度的因子，如果让它自由发展又会是怎样的一个局面？这是一个宏大课题，不是中国政治制度史单一领域能够解释的。须知，政治制度不是孤立存在的，而是和社会、文化和人心紧密相关的。[1]

大凡一本研究专著，总免不了说明自身的研究方法、线索路径。惭愧的是，本书是我在大学课堂上的讲课录音基础上整理、编辑而成的，谈不上有什么特别的研究方法，或者遵循了什么线索。我只是希望把传统政治制度的方方面面都讲清楚。本书本身就是一种"讨论"，是一种宏观概括和事实呈现的尝试。全书分为十二个专题，我在十二个大的框架下，常常信马由缰地讲开去，没有严格的注释，有的多是兴趣，是奇闻轶事，是典故案例。况且，我们谁都没有经历过传统社会，体验过那些制度，都是水中望月、书中窥景。很多政治制度，局外人捶胸顿足，局内人乐在其中；局外人交口称颂，局内人苦不堪言。此外，立场不同，

---

[1] 中国传统政治制度的主体没有保留下来，但现代还能看到一些制度遗迹。比如，各地以"州"命名的行政区划，"学而优则仕"的观念，中央集权的传统，"天下"和"大一统"的国民心态，等等。从更宏大的视角观察，传统政治制度成为中国历史遗产的一部分，其中的优质成分已经是助力后人前进的历史养分之一。

处境不同，对同一项制度的评价就可能存在巨大差距。所以，争论是难免的。读者读后，如果对某项政治制度留有印象，或者对书中某个论断表示认可，我觉得本书就没有浪费纸张。如果再能引发读者的些许思考，那么，这就是一本成功的图书了。

说了这么多，读者可能对传统政治制度产生了一些兴趣，对上述的论述也有许多疑问，那就翻过这一页，直接进入正文吧！

目　录

第一讲　中国政治制度史讲什么　　　　　　　　　　　001

第二讲　为什么要学政治制度史　　　　　　　　　　　017

第三讲　皇帝制度：皇权至高无上　　　　　　　　　　023

　　　皇帝是什么　　　　　　　　　　　　　　　　　023
　　　皇帝是怎么来的　　　　　　　　　　　　　　　029
　　　皇帝是"三无"人员　　　　　　　　　　　　　032

第四讲　深宫深海：宫禁、宗藩、后妃和宦官　　　　　039

　　　宫禁制度　　　　　　　　　　　　　　　　　　039
　　　宗藩制度　　　　　　　　　　　　　　　　　　045
　　　后妃制度　　　　　　　　　　　　　　　　　　051
　　　宦官制度　　　　　　　　　　　　　　　　　　057

第五讲　君臣相防：中枢决策机构的演变　　063

从贵族政治到贤能政治　　063
皇权与相权的缠斗　　070
奏章的曲折人生　　081

第六讲　天下衙门：中央政务和朝堂官制　　087

六部是行政主体　　087
辅助行政部门　　101

第七讲　天下衙门：地方变迁和州县官制　　115

中国行政区划变迁　　116
地方官　　127
基层官府与社会　　140

第八讲　抡才大典：科举是一项好制度　　157

科举的来由与利弊　　157
科举考试指南　　166
万里长征第一步　　170

第九讲　宦海沉浮：古代如何任免官员　　177

官员人事硬杠杠　　178
官员任免流程　　185
古代政治的自我监察　　193

第十讲　公门冷暖：古代官员如何工作　　201

　　钱粮赋税是头等大事　　202
　　冤案是如何酿成的　　212
　　教化百姓与陋规泛滥　　227
　　是什么吸引他们从政　　233

第十一讲　国之大事：古代军事和外交制度　　239

　　兵权无小事　　240
　　天下观念与万国来朝　　253

第十二讲　制度之力：如何看待古代政治制度　　265

　　古代政治制度的若干特点　　266
　　高效制度，低效制度　　271

后记　　275

第一讲　中国政治制度史讲什么

让我们从一行唐代的文字开始：

　　开府仪同三司，检校尚书右仆射，使持节，泾州诸军事，泾州刺史兼御史大夫，上柱国，南川郡王，赠司空刘昌。

这是一段唐代墓志的文字，主人公叫作刘昌。碑文列出了刘昌生前所有的官衔。从中，我们能看出刘昌生前是干什么的，我们也能看出唐代政府机构是怎么设置的。

刘昌生活的年代是唐朝藩镇割据、极为混乱的一个时期。时代烙刻在个体上的痕迹，就是刘昌墓碑上的官衔繁杂、冗长。实际上，刘昌的实职是"泾州刺史"，其他的头衔都是散官、勋官、爵位、追赠等等。他的主要工作就是管理泾州，工作地点也在泾州，或许还是割据泾州的藩镇军阀。那么，朝廷为什么给他加了这么多官衔？这就要说到唐朝的政治制度，进而折射出唐朝的政治实情了。对刘昌官衔的解读，就属于中国政治制度史的学科范畴。

再来看第二个例子。清朝地方官员出门有"排衙"。排衙就是清朝官员出巡的时候，前面有差役举着的牌子，一块一块地过。就好像观众看戏，戏台上的主角没出来，台子上有一排排小卒举着牌子或者摇着旗子晃过去。现在，我就仿照史实，虚构一个清朝地方官排衙中的牌子内容：

进士出身，庶常散馆，赏戴蓝翎，加两级记录一次，四品衔，通州正堂段。

这里一共有六块牌子。清朝官员出巡，差役通常都是两个人并排前进，所以排衙的牌子都是双数。即使官员的身份不是双数，也要凑成双数，把自己的优点、闪光点都加进来。

如果说刘昌的墓志表明他生前最后的状态和唐朝机构设置情况，那么，这六块牌子表明的是出巡的主人公在仕途上走过的路，他是怎么升迁到如今职位的。

走在最前面的两块牌子是"进士出身""庶常散馆"。这两块讲的是出身，说明出巡的大人是怎么当上官的。进士出身，表明这位官员考中过进士，而且考的是第二甲。[1]庶常散馆，说明他之后被挑选为庶吉士，留在翰林院深造。但是可惜的是在三年深造期满后并没有留在翰林院，当上正式的翰林，而是分流到了其他部门。[2]

我们再看第二排的牌子，一块是"赏戴蓝翎"，另外一块是"加两级记录一次"。赏戴蓝翎，表明他有资格戴蓝翎，也就是在官帽后面装饰一根蓝色的孔雀翎。大多数清朝官员，是不能在官帽后面装饰孔雀翎的，至少是三品才能戴蓝翎。比蓝翎更高的是花翎，"戴花翎"是非常荣耀的待遇。我们在影视剧中常常看到的"摘去某某人的顶戴花翎"，说的就是去掉他的这项待遇。花翎和蓝翎不是谁想戴就能戴的，必须得由皇帝赏赐给你。所以，这是主人公六块牌子中最值得炫耀的一块。

加两级记录一次，说的是这个人的考核特别优秀或者有特殊的功绩，所以提升了他两个级别，又记录了一次。记录，是清朝的官员考核奖励，类似于后世的

---

[1] 进士三甲，分别是进士及第、进士出身、同进士出身。"进士出身"指的就是第二甲进士。

[2] 清代挑选新科进士中的优秀分子作为"预备翰林"进行培养，称为庶吉士。三年期满后进一步分流，称为"散馆"，庶吉士中的佼佼者成为正式翰林，其他人分流到中央衙门或者地方州县。

记功备案。记录四次，就可以升一个级别。第二排的两块牌子，说明主人公在现在的岗位上加了两级又记录了一次。表明他的政绩非常不错，或者资历很深。

第三排牌子中的"四品衔"，指的是他现在的品级。官员的实际职位和品级，常常并不对应。明清时期，官员常常"高官低就"。"通州正堂段"，是最重要的、最有实质内容的一块牌子，表明这是通州知州段大人在出巡。"正堂"是对正印官，也就是一把手的称呼。知州按照级别应该是正五品。但是他升了两级所以是正四品，所以他是四品衔的通州正堂。真正决定一个人的待遇、实权的是他的实职，所以，我们说"通州正堂段"是他最重要一块牌子，是他一长串名衔的核心内容。

通过这一分析，我们就可以看出姓段的这位通州知州过去所有的人生轨迹：他是怎么当上的官、经历过哪些仕途沉浮（当然主要是"浮"，"沉"一般不拿出来炫耀）。上述分析的内容，也用到了许多中国古代政治制度的内容。

那么，中国古代政治制度（中国政治制度史）到底讲什么？或者，我能从中学到什么呢？

中国古代政治制度，主要讲三大内容：

第一个内容是：政体。行政区划怎么划分？官府衙门是怎么设置的？出于何种考虑？国家都设立了哪些衙门？这些衙门的职权是怎么样的？有哪些官吏？这些官吏的职权又是怎么分配的？机构和机构之间有什么样的传承关系？历史演化脉络如何？

第二个内容是：制度。制度包括政府运转的各项规章制度，也包括惯例、成法和潜在的观念等。虽说我们谈的是政治制度，但是"政治"的内容并不局限在政府公权力、政府运作和行政管理方面，而是取广义概念。司法，税收，军队的设置、驻防、调遣，官员的选拔和考核，基层社会运转，等等，都是大政治的范畴。

第三个内容是：影响。政体和制度是有效还是无效的，对这个社会有什么好的或者不好的作用？政治制度和个人有什么关系？皇帝和乡野村夫能不能扯上关系？这些也是政治制度史研究的范畴。政治制度史的研究，包括政治制度的影响、政治和社会的互动等等。

总而言之，中国古代政治制度研究的是，中国古代历朝历代的政体、政治制度的设计理念、设置和运转情况、历史演变，以及这些内容的影响。这是一门跨历史和政治的综合学科，是以历史学为基础的，涵盖了社会学、政治学等学科的综合性学科。这是一门很有发展"前途"的学问。

我们讲政治制度，不能离开它背后的思想观念。只学政治制度，不学政治理念，就会只知其然而不知其所以然。知其所以然，才能更好地知其然。而政治思想、政治理念，是和其他因素，和中国社会密切相连的，难以单独讲明白。因此，本书在讲政治制度时，做了若干延伸，讲人们的评价，讲制度的演变历程，力求展现与之相关的政治理念和社会变迁。

大家刚开始接触古代政治制度，我先不介绍古代的官府机构、也不谈行政运作，我们先来看看古代政治制度有什么大的特点。我觉得先介绍古代政治制度四大特点，可以让大家对中国古代政治制度有入门式的了解。

第一，中国古代政治制度充满保守色彩，同时又具有蓬勃的生命力。这两点看起来似乎是矛盾的，但真实地共存于中国古代政治制度身上。

保守说的是中国古代政治制度变革少，超级稳定。中国古代有很多衙门，一旦设置了就废除不了了。只能改良，在它的基础上另起一个小炉灶，后来这个小灶越来越庞大，去的人越来越多，但它依然还是一个小灶，不能成为名正言顺的"食堂"。

举个例子，明清政治制度中有"五寺"。大家现在看到这"寺"字，总觉得是和尚修行的寺庙，其实"寺"的本意是衙门的意思，一开始的寺都是官衙。后来，有一匹白马驮着很多佛经，从西域来到洛阳，皇帝觉得这匹白马功劳挺大，就说给你建个地方，表彰你的功劳。为了提高这个地方的级别，恩准它用"寺"字，叫"白马寺"。白马寺就成了中土佛教的祖庭。后来的和尚老攀这远亲，觉得这个名字是皇上御赐的，所以我们修行的地方也应该叫寺。"五寺"在先秦时期就有影子，一直延续到宣统皇帝的时候，始终存在，跟中国传统社会一以贯之，从来都没有人想过把它们废除。只有在戊戌变法的时候，光绪皇帝说就把它们废除了吧，可是过了一百零三天，朝廷又把它们恢复了。这五个寺分别是：鸿胪寺、大理寺、太仆寺、太常寺、光禄寺。有学者认为五寺的长官是"九卿"当中的成员。那么，大家知道这五个寺原来是干吗的？后来又演变成什么机构了吗？

鸿胪寺，本来是管朝廷礼法、皇家祭祀的，用什么礼仪来朝拜皇帝，纠察百官看有没有守礼是他的职责。古代官员如果不守礼法，就是"非礼"。"非礼"这个词的本义，是指古代官员犯了一种罪，叫"非礼"罪。某某官员对皇帝"非礼"，指的是这位官员对皇帝不尊重。这个就归鸿胪寺管。后来，事情越来越多，机构越来越多，但是对皇帝非礼的人越来越少，所以这个鸿胪寺管的事情越来越少。尤其是礼部成立以后，把它的职权侵夺得厉害，那鸿胪寺干吗去？但是，这个机构一直没有废，在唐朝以后，它变成了一个外交机构。比方说，英国使臣到中国来了，鸿胪寺在他的船头插一面小旗，叫作"英吉利贡使"。使臣抵达北京城以后，告诉他们见了皇上要三跪九叩。教蛮夷来了以后怎么向皇帝行礼，就是鸿胪寺的主要工作。大家有没有去过北京的中山公园？进入公园后，院子的左手边有座小亭子，叫"习礼亭"。这里就是鸿胪寺的主要工作场所之一。贡使来了，或者是地方土司来了，你先到习礼亭，我给你演示一遍三跪九叩。你先学习，学会了我再带你去见皇帝。这就是鸿胪寺所管的事。他负责的仅仅是外交当中的部分礼宾工作。

大理寺一开始是管司法的，就是判案。但事实上，它不是什么都管得了。重要的案子皇帝亲自过问，后来又有刑部又有都察院。随着政治发展和社会变迁，大理寺不可能像刚设立的时候那样大包大揽，管司法管那么多了。尤其是唐朝以后，刑部把司法实权都操在自己手里。怎么判案、怎么处理，刑部说了算，大理寺只负责复核刑部判完的案子。因为刑部实在是太强势了，大理寺的复核就变成了对刑部判决的追认。刑部判完了往大理寺一送，大理寺盖个章了事。重大的疑难杂案，一般要求刑部、大理寺和都察院进行"三法司会审"。说是会审，但是因为之前的初审、复审、终审都已经由刑部包办了，现在又有刑部参与会审，而且往往由刑部尚书来负责，会审就变成了更高级别的对刑部判决的追认。

太常寺起初是掌管宗庙礼仪的，涉及皇室宗法秩序，一度列为九卿之首，最后就变成了只管宗庙祭祀和朝堂礼仪的冷衙门。礼仪中很重要的内容为奏乐，因此太常寺工作一大主责便是管理传统宫廷雅乐。吹拉弹唱倒成了人们对太常寺的首要印象。

太仆寺原来是负责皇帝出巡的，管理皇家的车驾和马匹。后来车驾就不归他管了，比如清朝皇帝的车架由内务府包办了。太仆寺管不了。天下的车驾，兵部有车驾兵马司，太仆寺更管不了。最后太仆寺就变成了养马的清水衙门。事实上，全国绝大多数地方并不适合养马，只有北方少数地区有成规模的马场。在清朝，北方绝大多数马场由地方都统衙门或满族人自己管。太仆寺只能管北京城附近很少数的一些养马场。

光禄寺在秦汉时期是很牛的，长官叫作光禄勋，一度曾叫作郎中令。西汉名将李广就当过这个郎中令。光禄寺管宫廷宿卫，也涉及负责部分疑难杂案，到了后来就变成管膳食的闲曹。皇帝要吃饭，朝会要备宴，光禄寺就管操办酒醴膳馐之事。

随着形势的发展，古代绝大多数的政府衙门都被保留了下来，或多或少地赋予他们若干新内涵，或明或暗地赋予他们一些新职权，就是不废除。

但是社会发展和政治演变，会遇到很多新情况，产生很多新问题，怎么在新形势下处理旧政制？中国古代政治不会对原有架构进行洗牌，以适应新的形势。它只是对原有架构小修小补，主干还是原来的主干，只能修剪分支。赋予一些在原来体制中不起眼的部门以新的职权，让它们在旧体制中适应新形势。最典型的例子是，皇帝觉得事情太庞杂了，要办的事情很多，老感觉现有的政府机构不管用，达不到自己的要求，比如汉武帝。汉武帝要办的事情很多，他有雄心壮志，但是丞相也好、三公九卿也好，效率不高，汉武帝不满意。那好，他就把一些事情交给身边的人来办，然后在施行过程中慢慢规范起来。汉武帝身边有很多办事人员，这些人不是太监，而是低级官员。有一些人是帮汉武帝处理档案文书的，叫作"尚书"。"尚书"顾名思义就是负责文书典籍的。汉武帝使用尚书来协助处理政务、上传下达，导致这些人逐渐掌握了实权。尚书逐渐变成了实权官员。

从汉武帝时期到清朝末年，在两千余年漫长的历史长河中，尚书和鸿胪寺等并存于世。衙门没变，官名没变，但是实际职权却是千差万别。

"秦亡而秦政不亡"，说的就有上述的意思。秦始皇时期遗留下来的许多制度理念和"化石机构"被历朝历代继承，很多制度就成了"祖宗成法"。祖宗成法后来常挂在君臣的嘴边，也落实在他们的行动上，轻易反对不得、变更不了，力量很强大。

既然古代政治制度这么保守，为什么又说它有蓬勃的生命力呢？因为，它毕竟统治了中国传统社会两千多年，没有本质改变。中国古代的帝王，秦始皇算是对政治制度有根本性改变和塑造的人物。他继承了先秦一些机构和官名，也继承了之前的诸多政治哲学的遗产。但是多数秦朝制度是秦始皇的创举，他有发明权。秦始皇之后，除了汉武帝、隋文帝等极少数帝王有大的创举外，绝大多数人在制度层面上没有建树，基本继承了"秦制"。千年制度，包打天下，而且没有出现大差错，可以说明其生命力之强。

皇帝换了，王朝变了，可是制度没有大变，几乎还是老一套的做法。其中的一大例子就是官僚集团。官僚集团虽然是中国古代政治体制和行政管理的一个部分，但在演变过程中形成了独立的利益和运作规律，成为相对独立的一个群体。这个社会群体，几乎在历朝历代都保持相对稳定。我给大家举个例子。在王朝更替的时候，有一些人可以在好几个王朝都是高官显贵，最典型的就是五代十国时期的冯道。冯道是出了名的"水晶狐狸"，他在三四个王朝为官，官职都不低。

官僚集团常常把"忠君""效忠朝廷"挂在嘴边，那么在王朝有难的时候他们就应该义无反顾地扑上去。王朝灭亡的时候，大臣们应该跟着旧王朝一起死，这个叫作"殉节"。但是遗憾的是，殉节的人在每朝每代都是少数派。明朝灭亡的时候，李自成进入北京城，北京城里吃皇粮的官吏（包括军官）数以十万计，跟着崇祯皇帝而去的不到一百人。绝大部分的官吏都去迎接李自成了。起义军占领北京城后，专门成立了一个机构来筛选、登记、录用明朝的官员。这个机构是有工作时间的，到了晚上工作结束了，还有许多明朝的官员扒着门缝要进来登记。当时起义军在北京城内外杀戮比较重，有一些官员还主动替李自成开脱，说：你看，当年洪武帝开国的时候不是杀戮也比较重嘛，所以新王朝在刚夺得天下的时候杀戮重一点，是一种正常的现象。其中，崇祯朝有个内阁大学士叫冯铨。冯铨这个人很有意思，他被起义军关了起来，他扒着窗户大喊："你们到底是用我还是杀我，给个痛快话啊，我是很希望在新朝里立功的。"不久，起义军失败退出北京，多尔衮带着清军进城。这个冯铨如愿以偿，在清朝继续当他的内阁大学士。

再给大家举个例子。徐世昌当过清朝的军机大臣。清朝预备立宪之后，他又当过内阁副总理大臣，进入民国他继续当他的国务卿，后来还当了民国的第五任总统。他曾经规定，民国官员在清朝的政治履历和奖惩，民国政府一律承认。民国政府，竟然承认官员在清朝的履历！由此可以想象，中国官僚集团的生命力和延续性之强。

第二，中国古代政治制度广度有余，深度不够。

中国古代政治制度把中国社会各个方面的内容都包含了进来。大家所能想到的各种问题都能找到相应的负责的衙门和掌管这方面职权的官员。发生了什么事情，基本上都有人管。但是，中国古代政治制度和行政管理并没有发展成为现代的体系。现存的政府机构和行政管理，框架是西方的。我们自己的制度遗产，离科学的、精细的要求还很远，缺乏深度。

举个例子，如今公务员考试很热。现在的公务员考试在中国的推行也就二十年左右，是我们从西方引进来的。现代的公务员考试制度和文官制度，是英国创造的。但是，就连英国人自己也承认，他们是在启蒙运动的时候，受了中国科举制的启发，创造了现代的西方公务员制度。中国再把它给引进过来，等于是这套制度先出口，再内销，"出口转内销"。为什么中国古代的科举制度没有发展成现代的公务员制度，而要经过西方的这么一道再加工、再引进呢？这就是因为中国古代政治制度深度不够。自身缺乏可持续发展的因子，所以没有延续下来。

历史学家黄仁宇写了一篇文章《中国社会的特质》，里面提到了中国政制的这一特点。"由于缺乏所谓的技术精细化，中国的官僚政府通常表现得广度有余而深度不足。这一点给人留下深刻的印象。中国官僚政府所获得的支持主要来源于社会习俗和社会价值观……在过去的两千年里，这些情况都没有改变。"我们可以这么理解，中国古代政治制度主要是一种道德上的价值观上的管理。它追求的是一种性质上的平衡和完善，而不追求数量上的、内在的精细化。比如，黄仁宇提到明朝财政的时候，他提出尽管明朝留下的档案卷帙浩繁，提供了大量的信息，但是明朝的财政历史资料却从来没有按照合乎逻辑的完整的方式加以编排。各种各样的物品全都混在一起，各种款项、货币形式从来就没有转换成一种共同的标准加以合并。这让后来的历史学家和研究者感到明朝的财政数字完全难以驾驭。明朝的财政管理虽然涵盖了诸多领域，支撑了庞大的政府运转，但是怎么能发展成现代的精密财政呢？

第三，中国古代政治制度和行政管理，道德色彩浓重。德政，受人称颂；德治，是中国的政治传统和目标。

明朝有个官员叫邵经武，是工部的主事。工部跟工程有关系，车船税是工部征收的。邵经武就被派到湖北荆州，去征收车船税。该项税收是定额收税。邵经武到湖北收了三个月，完成了定额。剩下的九个月他什么都不干。这是公然的逃税，公然的旷工。他一年有九个月都闲待着。但是在朝廷考核的时候，朝野都觉得他是个好官，因为他"爱民"。爱民就是道德评判。我们从制度上评判，邵经武这个人基本上不干活、尸位素餐，是庸官，但是从道德上讲，他是个好官。

同时期有个官员叫沈榜。他在北京宛平县当知县。宛平就是现在"卢沟晓月"那个地方，当时管辖的范围很大。现在的北京市区有六个核心区，明清北京城区只有两个县。以天安门中轴线为界，西边为宛平县，东边为大兴县。所以当时宛平县管的地方很大。宛平县有一个造假集团，它们私刻宛平县房契和地契的公章，办了很多假契。最后，这个造假集团就被沈榜给击破了。沈榜贴出一个告示：凡是持伪造房契和地契的人，限在多少日之内到衙门补交税款，逾期不办的严肃处理。大家觉得这个告示有没有问题呢？

从制度层面来说，一点问题都没有。从情理上来说也是合理的，因为你本来就是假的。可是，很快就有御史弹劾沈榜，说他贪婪、暴戾，是个典型的酷吏加贪官。御史的理由是这样的：百姓为什么要贪图那几两银子去办假证呢？他不知道假证是假的吗？那是他们生活太艰辛了，办假证可以省几个铜板。你看人家生活都这么难了，沈榜还威胁人家说要"严肃处理"，拆人家的房子收人家的地，这个人不是酷吏是什么？再说补交的契税能有多少两银子？沈榜连这么点儿蝇头小利都不放过，这个人不是贪官是什么？

那么，到底是沈榜有道理呢，还是御史有道理呢？

这其实是两套不同的评价标准。沈榜是依法办事。御史是站在道德角度批判沈榜。结果是谁赢？是御史赢。这就体现了中国古代的一个重要原则。古代政治的评价标准，道德是第一位的，才能和作为是第二位的。皇帝死了，你跑到皇帝灵前哭三天三夜都没事。可是如果你没去哭，而是坚持工作，你是有问题的。所以以德治国，大家都觉得没什么问题，但是严格执法的话，就会遭人诟病，让人觉得不通情理。

中国古代财政税收也一样。现代财政追求的目标是收支平衡，但是中国古代朝廷的财政税收首要考虑的是道德，是如何"施恩"于老百姓。频繁减税，或者豁免欠税，就成了朝廷经常使用的手段。皇帝登基改元，往往要减税、免税；发生大灾难了，最需要用钱的时候，也往往"小灾小减，巨灾巨减"，而根本不考虑国家的财力继续和使用情况。清朝康熙时期宣布"永不加赋"，被传统社会视为一大"仁政"。清朝的士大夫对此念念不忘，看作是"皇清德政"。他们丝毫不考虑人口增加和税收变动的关系，也不考虑人口增加和财政支出的关系。

古代司法，非常能够体现行政上的道德色彩。中国古代司法离真正的法治精神差了十万八千里。我给大家举个例子。有两兄弟到知县那里去打官司。打什么官司呢？原来是老父亲去世了，留下了七两银子，说这七两银子怎么分。两个兄弟就在那里争。争来争去打得头破血流不可开交了，就到知县大人那里告状。那知县怎么仲裁呢？知县大人不仲裁。他先把官帽摘了，抱着他们痛哭。他会说，实在是我这个父母官没当好啊，竟然让你们兄弟反目，就为了七两银子连几十年的兄弟情分都不要了，这归根结底啊是我这个知县失德。为什么呢？上行下效，因为我这个父母官没当好，所以才让你们兄弟反目。[1]古代司法的逻辑就是这样。他先自责。他觉得只要是有违人情、有悖常理的事情一出现，肯定是政府失德。我们设身处地，处在古代官员的角度，他们就会这么想。在很多时候，就是这个知县硬生生地把兄弟两个人给哭回去。"我们兄弟俩知错了，不告了。"这就是知县的目的，这就叫作"息讼"。"息讼"是古代官员的重要考核标准。十个人来打官司，能把九个人给劝回去，你就是个好官。如果十个人打官司，你即使把十个人都判得很好，你也不是好官，为什么？说明你这个地方民风不好，老百姓"健讼"。民风为什么不好呢？说明你们父母官当得不好，没有教化好老百姓。所以，地方官遇到民事纠纷，眼泪就是他们最好的武器。比如说，寡妇要改嫁，知县就说，这种事情不要找我，找你们族长去解决。为什么？一般他懒得管这种事情。中国古代官员，一般只管恶性刑事案件，像民事纠纷，能推走就推走。还有另外一个司法原则是"德主刑辅"，就是说，打板子不是我们的目的，目的是让你认识到自己的错误。道德不仅是目的，也是主要手段，动之以情、晓之以理，苦口婆心地劝你。惩罚，才是次要手段。

我再给大家讲一个比较极端的例子。北宋张咏出任崇阳（今湖北崇阳）知县。上任后，他发现当地贪污腐败严重，怎么办呢？他就得抓典型。有一天，张咏在衙门里看到一个小吏，拿了库房里的一枚铜板。他就让这个小吏把铜板交出来，还要重重地惩罚他。小吏说："至于吗，我不就拿一枚铜板？就算按照法律来办，你能把我怎么样？"张咏见他态度十分恶劣，决心拿他当典型，说："来人呀，不用打板子了，把他推出去砍头！"凭什么呢？张咏说，这样的"污吏""一日一钱，千日一千，绳锯木断，水滴石穿"。他一天偷一枚铜板，一年偷多少铜板？你今天偷一枚铜板，后天偷一两金子怎么办？所以，你偷一枚铜板就够得上杀你的理由。就这么，张咏把小吏给杀了。大家觉得他是个好官吗？张

---

[1]《清史稿·循吏传》记载了一个类似的真事：顺天大兴人邵大业，乾隆元年授湖北黄陂知县。有兄弟争产讼，皆颁白，貌相类。令以镜镜面，问曰："类乎？"曰："类。"则进与为家人语曰："吾新丧弟，独不得如尔两人白首相保也。"二人感动罢去。

咏有力地遏制了当地贪污腐败的势头。但是大家反过来想：这么做合法吗？（宋罗大经《鹤林玉露》）

汉朝有一个郡的太守特别难当。这就是"河内郡"。河内郡处于现在河南省黄河以北的西北部地区，出了很多达官显贵和皇亲国戚，而且离政治中心洛阳和长安都不远，当地就产生了很多豪强，和国都的高层有千丝万缕的联系，势力很大。所以河内特别难治。谁一想惩治豪强劣绅，朝廷就有人打招呼，说这个人不能动、那个人不能动。所以，历任太守查案子之前，都得看看办案对象的背景，看看是不是和朝廷、和皇帝能扯上关系。汉武帝时，王温舒赴任河内太守。任前宰相告诉他，如果你能把河内治好，你就扬名天下了。王温舒说，河内并不难治理，只要宰相您给我五十匹快马、五十名健卒就行。宰相问他要这些干吗？他没有回答。王温舒到任河内郡后，让五十名健卒在府衙随时待命，然后派官兵捉拿豪强劣绅。因为当地谁犯了什么坏事都很清楚，所以第一分钟抓人，第二分钟判斩，第三分钟就派遣健卒骑着快马立刻送到朝廷去走程序，迅速就走完所有的司法手续。"奏行不过二三日，得可事。"王温舒以最快的速度，把豪强集体斩首，血流数十里。让豪强势力根本来不及幕后操纵，让皇亲国戚根本来不及阻挠。历史记载，河内大治。"天子闻之，以为能，迁为中尉。"但是大家想想：这样做合法吗？（《史记·酷吏列传》）

上述两个人，一个是宋朝的，一个是汉朝的，都是正儿八经正史记录在册的。从道德上来评价，这两个人的确是干了好事，将坏人绳之以法了。但他们都有用"非法"手段来维护"法治"目的的嫌疑。但历史上，几乎没有人从这个角度去评价他们的行为。这也从深层次体现了中国古代政治和行政中道德色彩浓重。

第四，中国古代政治制度充满人情世故。大家要想理解中国古代政治制度和行政管理，必须理解中国特色的人情世故。如果说我们刚才说的前三个特点都是从宏观上来讲的，那么第四个特点就是从微观上来讲的。

民国风云人物李宗仁，出身军阀。官升得特别快，他在三十多岁的时候已经是集团军司令。抗战的时候指挥徐州会战，他那时候才四十岁左右，他的下面有很多将军，资历比他老。李宗仁开会的时候常常讲：各位，让我来指挥你们实在是不恰当。我很惭愧呀，本不该指挥你们，但是呢，还得委屈大家听我指挥。这里面就涉及了一个很关键的问题：资历。资历这个东西只有我们中国人可以理解。中国传统社会也好，政治制度也好，都很讲究资历。美国总统奥巴马当选之前，只当过国会议员，按照传统社会的标准，明显"资历不够"。

资历有它合情合理的一面。真实的世界，有很多事情只可意会不可言传。二十岁和四十岁的人社会阅历不同，对社会的理解是不同的。时间转化成了社会阅历和人生经历。尤其是在中国，很多东西要慢慢去熬，慢慢去品。这个，只有时间才能教会你。当然了，并不是所有人都能被岁月磨炼出来。有些人可能资历很深，思想和能力照样不怎么样。我只是说，资历和能力成正比，不是说你活的年纪越大，你就越行，这是不一定的。但是在基本面上，资历越深，你对社会的理解就越深。所以中国古代讲究一个人的资历，是有它可取之处的。这就是中国的一项人情世故。

很多时候，行政管理做的是人的工作。刚步入社会的职场新人，可能觉得自己工作很累，领导很轻松，只要打几个电话然后把事情交给别人来办就行了。但是，大家想过没有，领导拿起手机把这个事情给谈成了，你就谈不成。为什么？因为他能够做得通手机对面那个人的工作。而职场新人，可能连手机中那个"关键角色"的号码都没有。在行政管理层面，到了一定级别以后，你不从事具体事务，而是做人的工作。

清朝有项制度叫"引见"。就是在人事任命之前，皇帝得见见这个人。有人做过统计，雍正皇帝平均一天要见三十个人。大家想想，见一个人花十分钟，三十个人是多少分钟？雍正皇帝一般是三更天才睡觉，五更天起床，连续十多年一天只睡四五个小时。不是他不想多睡，而是他工作太忙了。这么多人非见不可吗？那么多应酬非去不可吗？为什么一定要跟人打交道呢？我们还以雍正为例。雍正要任命顺天府尹（相当于今天的北京市市长），候选人他是不是得见一下？他要任命九门提督（相当于今天的北京卫戍区司令），候选人他是不是得见一下？他要是不见，这两个人过几天联合起来发动兵变怎么办？再比如，雍正要任命一位驻藏大臣，他可能有很多想法要对这个人说。不仅是驻藏大臣本人，就是他的副手皇帝也要见一下。雍正可能对他说："我对驻藏大臣不放心，你到西藏后给我盯紧他。"这个话不能公开在朝堂上说，只有两个人见了面才能说。所以，引见制度是很有必要的。

其实，清朝的引见制度已经是打了折扣的。它限制了引见的范围。大多数官员是不用引见的，你自己走到端门门口，冲着紫禁城磕几个头就可以去上任了。雍正只见高级官员和一些重要岗位的官员，一般的中下级官员压根就不见，即使是这样，他每天至少得见三十个人。这个工作是免不了的，我估计雍正每天花在跟大臣打交道上的时间不会少于四个小时。

清朝有个官员叫张集馨，江苏仪征人。有人做过统计，在明清内阁名单当中，江浙人占了很大比例，相互引荐。前辈栽培后辈，前辈提拔后辈，所以这也是个人情世故。继续回到张集馨。他到陕西去当粮道。陕西粮道负责整个西北地区军粮的采集、供应和运输。张集馨上任的时候说，我们去查一下库房呗。他这话一说，下面的官员立刻跪倒一片，说：大人，千万不能查！张集馨问：我这个粮道不能查库房吗？下面人说，不是不能查，是不建议您查。查了会出人命的！他说，好吧，那就不查吧。这个事情就过去了。其中就包含着中国式的人情世故。

张集馨的主要工作是"陪吃饭"。陕西粮道驻扎在西安城。西安来来往往的人很多。当时去四川、贵州、云南那边当官走的是西安、汉中这一路。去新疆、甘肃、青海、宁夏，走的也是西安、兰州那一路，所以西安地处交通要道的交汇处。官员南来北往，经过西安，地方官是不是得接待一下？与官员相关的人员经过西安，也得招呼一下。所以，西安官员的接待任务很重。那么，为什么经常拉张集馨来作陪呢？张集馨也觉得和自己没有关系啊。在多数场合，在场的人除了陕西本地官员，客人我都不认识啊。拉你来，是让你买单！因为张集馨的职位，是西北第一肥缺。你的衙门太肥了，所以由你来出这顿饭的饭钱。这个就是张集馨的主要工作。

张集馨当粮道的时候，当时的陕西巡抚是个大清官、赫赫有名的人物——

林则徐。张集馨每一个季度往林则徐家里送银子。这不是他自己的钱，而是从粮道衙门里提取的，所以大家都知道，为什么他要查库房的时候不让他查了吧。不仅仅往林则徐家送，所有的衙门他都送。张集馨从北京到西安赴任之前，欠了上万两银子的外债，第二年，张集馨不仅还清了外债，还往江苏老家送了一万两银子。但是从我们现在的记录来看，张集馨基本上算是一个好官。他只是按照潜规则，拿自己该拿的份额，不多拿多要，不故意刁难。

有一次，张集馨对林则徐说：我对现任陕西布政使大人有意见，我们俩很难配合工作。林则徐就劝张集馨息事宁人，张集馨不愿意。林则徐做不通他的思想工作，只好劝他："你别跟他计较了，你们俩在陕西都待不了几天了。"果然，没过几天，布政使大人升任他省巡抚，而张集馨升任四川按察使去了。原来，林则徐有自己的消息渠道，信息比下级要灵通得多，事先揣摩到了朝廷的人事变动。这种权力运作和幕后交易，只有懂得了中国式的人情世故才能够理解。

我给大家举最后一个例子。清代文人蒲松龄，一辈子想当官都没能如愿，最后发奋图强，写了一本《聊斋志异》。其实，蒲松龄跟官场有过亲密接触。康熙九年（1670），蒲松龄到江苏扬州给担任宝应县令的同乡孙惠当师爷。清朝的知县不仅有一个师爷，而且师爷也分很多种，最重要的是钱粮师爷，负责清理雇主的赋税和财政情况。其次是刑名师爷，刑名师爷是判案子的。第三个就是书启师爷，书启师爷是干吗的呢？从字面上看是管理文书档案、拆写信件的，实际上就是帮雇主应酬的。蒲松龄就是给孙惠当书启师爷。一次，宝应县大灾，民不聊生，孙惠同僚、吴县的韩县令写信来，拜托孙惠帮忙低价购买当地少女做自己的侍婢。孙惠就对蒲松龄说：师爷，你就帮我处理一下吧。蒲松龄是这样回信的："买丫头的事情，老兄什么时候抽空亲自过来，肯定是手到擒来。你也知道，敝县遭了饥荒，我天天在乡下救灾，实在是忙不过来了。"[1]表面上来看，蒲松龄的回信非常客气，实际上是断然拒绝。这当中有很多玄妙的地方。蒲松龄的雇

---

[1] 原文为："（买婢女一事）反是老年台遣人觅之，无所往而不可。弟忝居一隅，救荒拯溺，且愧无术，何敢教之鬻子女耶？"

主不方便亲自回信，就推给了蒲松龄；同时，万一日后同僚真来兴师问罪了，他还有个回旋的余地。"什么，有这样的事情吗？那都是师爷干的。"这就是中国特色的人情世故。

这四个特点，第一点偏重纵向，是从历史发展角度来说的；第二点偏重横向，是从制度横截面来说的；第三点和第四点分别是从宏观和微观角度来考察的。为了便于记忆，我从四点中各抽出一个字，总结了一个词："保深道人"。保，保守性；深，深度不足；道，道德色彩；人，重人情世故。这是一种利用关键词的记忆法。记住了这四个字，就能扩展联想出来中国古代政治制度的四大特点；只要记住了这四个字，即使把中国政治制度史的其他内容忘记了，也能有个模糊的认识。

第二讲　为什么要学政治制度史

中国政治制度史是一门"高大上"的学问。下面我们就来谈谈，为什么要学中国政治制度史？或者说，学习古代政治制度对我们有什么作用，有什么意义？从功利的角度来说，学习政治制度史并不能立即给我们带来现实的利益。但是学习中国政治制度史的作用是潜移默化的，不能用功利的标准去衡量。

首先，中国政治制度史从大方面来说是历史学的一个分支。历史的意义也惠及政治制度史的学习。

学习历史有什么意义呢？读史可以明智，可以帮助我们认识过去、把握现在、面向未来。探究自身是人类永恒的兴趣所在。从原始社会开始，我们就在那里思考：我们是怎么来的，我们怎么会走到这一步，下一步应该向何处去？要解答这些问题，我们必须去探究自身和所处社会的历史。这是人类很自然的一种情绪，一种传承的需要。读史不是沉迷过去，而是更好地把握现在和认识未来。历史学的积淀最终会给你答疑解惑，会对你的生活有实实在在的帮助。你在历史方面的造诣，终将积淀成你的内在气质。

第二个意义，中国政治制度史是理解历史的基础性学科之一。

从我自己读书和思考的过程中，我觉得，要学习历史学，有两个基础性的次级学科必须得学会，一个是历史地理，另外一个就是政治制度史。如果你不了解这两项基础性的学科，你就很难从整体上把握历史学，甚至很难读懂历史。有很多人可能是中文系毕业，而且学的是古代文献，他古文功底很好，但是你拿一本史书让他从头到尾给你翻译过来，他可能解说得磕磕绊绊、难以成句。这是为什么？因为史书当中有很多"拦路虎"，有很多行政区、地名、官名、制度，虽然每个字都认识，但是他不知道具体的意思，不知道应该怎么翻译成现代口语。也就是说，这位精通中文典籍的读者，由于缺乏历史的基础，影响了他对宏观历史的把握。

我们来看看两个历史学的基础分支。历史地理，讲的是地理的历史演变，包括行政区划的演变，沧海桑田造成的古今地理形态的差异，等等。比如，北京北边有一个"水长城"，如果你不了解历史地理，你就不理解为什么长城当年要造在水下呢？这就是一个典型的沧海桑田的例子。长城造的时候肯定是在山上的，但是后来地势变化，又有人类活动，就把这段长城移到水下去了。又比如，中国有许多古今地名和行政区划，既有联系，又有很大的不同。我们可能对自己出生的地方的行政区划演变很感兴趣，你要探究这个问题，就不得不去读历史地理。

同样，你要想对中国古代历史、对先人的言行有一个全面、深入的理解，你就不得不研究政治制度史。不然的话，你很难理解历史传记上的人物，他们的喜怒哀乐，他们要争取的东西。和他们的烦恼所在。你也可能很难理解古代社会的运转和价值取向。毕竟制度深入社会，在塑造社会运转方面作用巨大。相对历史地理的客观障碍，政治制度史更偏向主观，可谓是思想观念层面的障碍。从这个角度看，政治制度史这只"拦路虎"比历史地理更要命，更令人生畏。

学习中国古代政治制度的第三个意义，就是让我们更好地理解社会变迁。我为什么要单独拿出这点说呢？因为，中国传统社会是和政治权力（公权力）紧密联系在一起的。政府的公权力与社会、与个体的生活紧紧地纠结在了一起。

之前，笔者出版过一本书叫作《泛权力》，提出的基本观点就是说中国社会是一个泛权力的社会。公权力和私权力、政治和社会纠结在一起。政府的权力泛滥到其他领域。个人的真实权力和法定权力是存在重大出入的。因此，你要想理解中国古代社会，就必须理解中国古代的公权力的泛滥，就得去读中国古代政治制度。

当然了，这个观点可以商榷。有人说："你这个观点不对。"笔者经常拿一个例子来支持泛权力：在古代，你要想当和尚，就要有县衙门给你发的度牒，没有度牒你就是"野和尚"。反对的人就提出了一个反面例子：苏东坡是个文豪，也是个好官。他在黄州当团练副使时，整天感叹自己没钱。他看中黄州本地猪肉便宜，就埋头研究怎么把猪肉做好、做香，结果发明了"东坡肉"。苏东坡在杭州当知州时，基本上不怎么干活。他看城郊有个池塘不错，就调配人力、物力整修池塘，挖深了、挖宽了，又在池塘旁边造了一条堤坝，后来命名为"苏堤"。这个池塘后来发展成了热门旅游景点"西湖"。泛舟湖上之余，苏东坡就到西湖群山环抱中的寺庙，找老和尚喝茶、聊天。反对的人就说，你看苏东坡天天都不干活，这样的官还不是少数，怎么能说中国古代公权力泛溢呢？我觉得这个例子也有些道理。

政治和社会的博弈，是一个动态过程。两者的关系是一个宏大话题，不是三言两语能够说清楚的。本书后面陆续会有所涉及。笔者的基本判断是，中国传统社会受到公权力的侵蚀，中国是个泛权力化的社会。然而，同时有着很多因素在制约公权力，在遏制公权力泛溢。具体有什么因素呢？

第一，道德。人心中的道德观念、好恶，会影响他对权力的接受程度，会推动他抵制公权力的泛溢。比如说古代的读书人，他非常重视儒家道德、仁义礼智信、礼义廉耻等等，就会把它们作为评价权力的标准。政府高唱"以德治国"，宣扬德政，本意也是借助道德的力量来维护统治。你既然要借道德的力，就多多少少要向道德妥协。

第二，人情世故。中国传统社会人情世故发达。古代人，不论他在衙门里当官、做小吏、干幕僚，还是在社会上经商、做工、游荡，或者埋头耕田、老死乡间，不管他是不是和政治有联系，他都受到人情世故的束缚。古代人必须满足人情网络、世俗世界的要求、预期和评判。他首先得是一个"社会人"，其次再细分为是不是官场中人，是不是士大夫阶层，是不是编户齐民。政治人的身份很可能是一时的，社会人的角色是一辈子的。所以，人情世故就会制约政治权力向其他领域的泛溢。

第三，技术性制约。技术性的因素会在现实层面上制约公权力向其他领域的泛溢，甚至限制行政管理朝科学、精细方向发展。我们提到晚清新政，常常会批评清政府的立宪没有诚意，是一种假选举、假立宪、假民主。既然要"立宪"，为什么还要"预备"？清政府一开始说立宪三五年实行，后来推到六年，最后又推到九年。预备立宪期长达九年。在很多人看来，这是毫无诚意的行为。那么，清政府是怎么解释的呢？朝廷说，全国性的选举很难操作。在全国人民投票的基础上产生各级议会，这是一项非常庞大的工程，有很多技术性的难题要解决，第一个技术性难题就是人口普查。在清朝末期之前，中国从来没有进行过人口普查。你都不知道有多少人，都不知道有多少人符合选举资格，你怎么去分配选举名额、怎么去产生最后的议会？我们要知道，中国第一次有效的人口普查是在1954年。也就是说在这之前，很多的政府政策也好，很多的行政管理也好，它都是预估性的。即使在1954年进行人口普查的时候，新政府也遇到了很多问题。比如，许多人连名字也没有。即使是人口基数摸清楚了，选举的时候也会遇到一个大问题：绝大部分的中国人是文盲！他们根本就不知道选票上写的是什么。这只是一个人口普查的例子，但是从中可以看出，诸多技术性因素制约着政府权力的扩张。

此外，古代中国存在"大政治理想"和"小政府现实"之间的矛盾，形成塑造传统社会的张力。

古代的中国人都希望建立一个统一、稳固的政权（这也是中国人理解的常态），希望全国统一在一个皇室、一套意识形态、一套政治制度和行为规范之下。大家都忠君报国，都奉行儒家思想（西汉后），都安居乐业、安土重迁，全社会安定团结、井井有条。这是历朝历代的一个理想，一个宏大的政治理想。事实上，为了推行这一套理念，建设成理想的社会，必然要求有一个强大的政府。政府要有力量去规范很多东西，抵御很多不稳定、不团结和无序的因素。

但是，古代中国的政府却是小政府。除了秦始皇等少数时期，统治者全力争取建立一个强有力的大政府外[1]，历朝历代都倾向于建立一个小政府。秦朝"二世而亡"给后人的一个教训就是"亡于暴政"，亡于他对社会介入太多、太深。与之相反的"与民生息""民本仁政""爱民息讼"等等就成了正面的价值观。传统社会从上到下，都认为小政府是正常的。事实上的政权也是小政府。我们现在看明清时期一些地方官府，规模很小，官员对当地事务的参与也很有限。很多事情，官府是心有余而力不足。这样，公权力在塑造社会方面的能力就弱，现实离理想的距离就远。这就形成了"大政治理想"和"小政府现实"之间的张力。

为了达成理想状态，历代公权力不得不借助其他力量来协助自己达成理想，比如儒家思想，比如宗族组织。既然要借助人家的力量，就不得不对人家做出妥协和让步。这一点在后文我们谈到地方官制的时候，还会有大量涉及。古代公权力的一大"成功"之处，可能在于它在借助其他力量的同时，渗入到这些力量中去，使其沾染了权力的色彩。

总的来说，我们不能否认中国传统社会中，政治和社会、和个体命运是纠结在一起的。你要理解中国传统社会的变迁，理解中国古代个体命运的祸福沉浮，你就不得不去接触政治制度史。这便是我们学习中国古代政治制度史的意义。

本讲的最后，我们简单谈谈怎么阅读政治制度史料的问题。个人觉得，最好的学习资料就是"原典"，本领域的原始典籍，比如纪传体通史中都有"职官志"，综述同时期的官职和政治制度；又比如官员的传记，包含传主升降和在位作为的原始资料。更专业的材料有各朝的会要（会典）、格式律例等等。这些就是学习政治制度史的第一手资料。

如果是想对政治制度史浅尝辄止，那么就没有必要捧着史料研读，可以读一些政治制度史的专业图书。其中的首选，是那些含金量比较高的经典作品，比如钱穆先生的《中国历代政治得失》，从宏观角度、分朝代讲述中国政治制度的

---

[1] 类似的还有隋炀帝时期和少数朝代的末期，表现为大力推行国家工程（不见得都是满足个人欲望的大兴土木）、征发重税和劳役、强力介入社会生活等等。

变迁与利弊得失；王亚南先生的《中国官僚政治研究》，是研究官僚制度的开山之作；瞿同祖先生的《清代地方政府》，是研究清代基层官府组织和运作的经典之作，是专题研究和跨学科研究的典范。此外，以《中国政治制度史》为名的图书（推荐严耕望、韦庆远、白钢诸先生的同名书），还有专门的行政区划词典、官制词典，读之可答疑解惑，读之有助于知识的积累，有助于知识结构的建构。还有诸多历史类图书，虽然和政治制度没有直接关系，但可以增进我们对古代政治、古代社会的认识。政治制度史不能脱离宏观历史，对社会对历史的认识加深，可以增进对政治制度的认知。读书没有定律，个人兴趣主导之。兴趣是最好的老师，翻开任何一本严肃的历史书，都会对政治制度史有所裨益。总之，这是一门内涵丰富、涉猎广博的"高大上"学科。

第三讲　皇帝制度：皇权至高无上

我们讲中国古代政治制度，首当其冲就得讲皇帝制度。普天之下，莫非王土；率土之滨，莫非王臣。皇帝在中国古代政治和社会当中发挥了至高无上的核心作用。很多制度都是从皇帝派生出来的，是为皇权服务的。所以，中国古代社会也好、政治制度也好，绕不开的就是皇帝。

讲皇帝制度，主要讲三个问题：第一个问题是，皇帝是什么？第二个问题是，皇帝是怎么来的？第三个问题是，我们怎么看待皇帝？

皇帝是什么

首先，我们来讲"皇帝是什么"。皇帝他不是一个人，它是一个机关、一项制度、一种象征、一种信仰，是中国古代政治运转的灵魂和核心。[1]事无巨细，俱决于皇。皇帝是一切政务的最高决策者，掌控着天下官府的运转。

中国政治制度史上有不少官职、职务，不能单纯地把他理解成一个人，而是

---

[1]　秦始皇统一中国，自认为"德兼三皇、功盖五帝"，自称"始皇帝"，创造了"皇帝"称谓。从此"皇帝"成为中国两千多年来传统社会最高统治者的称呼。皇帝制度自公元前221年秦始皇创立，直至1911年清宣统皇帝逊位才消亡，历时两千一百三十一年。

要把它看作是一个机关，一项制度。这从另外一方面也能够说明这个制度也好，这个机关也好，其存在与否跟这个人自身属性，关系不是太大。你把任何一个个体放在这个位置上、这项制度里，他的行为方式总有一个可以大致把握的规律。我们常说某件事情做得好坏跟负责人的能力关系不大，你把任何人放在他的位置上可能做得都是这个样子，言行举止差不多也得遵循这么一个规律。皇帝就是这样。从个体上来讲，他是一个自然人，然而从更大的方面来讲，它更是庞大的机关和烦琐的制度。整个紫禁城及其服务人员，有诸多繁复的制度，都在为皇帝服务。

与皇帝有关系的几个概念，先一一梳理一下。

第一个概念是"皇权"，也叫君权，皇帝的权力，皇帝的权威。皇权高于一切，在政治制度和行政管理中居于核心地位。古代很多的政治制度、很多的行为，归根结底是要维护皇权，维护皇帝的权威。任何人、任何事情只要威胁到了（或者可能威胁到）皇权，就必然跟整个政治制度产生激烈的冲突。

第二个概念是皇帝的称号。皇帝的称号有庙号、谥号、年号之分。我们来举个例子，比如说康熙皇帝，如果穿越到了清朝，我们就应该称呼他为圣祖仁皇帝康熙。圣祖是康熙的庙号。皇帝死后，他的牌位要列入宗庙里面去，在宗庙里面有个称号，就是庙号。有了庙号，他就成了列祖列宗当中的一位。讲到列祖列宗，我们看到凡是称号里带有"祖"或者"宗"这两个字的，都是他的庙号。比如明太祖朱元璋，太祖就是他的庙号，唐太宗李世民，太宗就是他的庙号。

那么谥号是什么呢？"仁皇帝"这个"仁"，就是康熙的谥号。朝廷一般用一个很好的字来评价皇帝。谥号是在皇帝死后，朝廷对他的评价。谥号很长，可能会有二三十个字那么长。一般我们都会取最后一个字，或者开头的两个字来称呼这位皇帝。历史上习惯称呼刘彻为汉武帝，"武"是他的谥号（刘彻谥号"孝武"），他的庙号是"世宗"。汉武帝也是汉世宗。唐之前的皇帝一般以谥号相称得较多，比如晋元帝、北魏孝武帝、隋文帝、隋炀帝，唐之后的皇帝几乎没有以谥号相称。

"康熙"是康熙皇帝的年号。年号是皇帝登基的时候颁布天下的。明朝以前，皇帝的年号多且复杂。比如像武则天那样的，她心情一变化，就可能改个年号。年号变来变去，会造成很大的浪费。天下的老百姓和官员，都以年号纪年。官府里的文书、档案往来，都以年号来纪年。更改年号，就得更换公文，混淆大家的纪年。铜板上面铸的是年号，一旦改了年号，原来的铜板就作废了，就得重新铸造。所以，更改年号会造成浪费。从明朝开始，一个皇帝只用一个年号。比如，朱元璋就只用了"洪武"年号。清军入关以后，从顺治皇帝开始，也是一个皇帝一个年号。渐渐的，官民更习惯用年号来称呼皇帝。年号在实际使用当中，超过了皇帝的名字，也超过了庙号和谥号，变成了对皇帝的直接称呼，比如，朱元璋就是洪武皇帝，爱新觉罗·弘历就是乾隆皇帝。而"清圣祖仁皇帝康熙"，就是按照庙号、谥号、年号的顺序排列的。

第三个概念是太上皇。太上皇指的是在世的皇帝父亲。这就奇怪了，皇帝是终身制的，只有死了皇位才传给他的儿子，怎么会出现太上皇呢？所以，出现太上皇的情况很少。第一种情况出现在开国的特殊时期。西汉刚刚建立的时候，汉高祖刘邦是自己打下的江山，他当了皇帝，他父亲刘太公还活着。这是中国历史上第一次皇帝登基，生父还在。这就给所有人都出了一个难题，什么难题呢？刘太公和刘邦一起住在皇宫里面，大臣也好，宫女、太监也好，碰到刘太公的时候，应该用什么礼仪来对待？大臣们碰到刘太公要不要向他请示汇报呢？宫女要是遇到刘太公和刘邦一起出来，她要先向谁行礼呢？因为之前没有明文规定，所以大家都很困扰。刘太公他自己起初没有意识到这个问题。好在，他旁边有个太监意识到了这个问题，就提醒刘太公说："刘太公，有个问题你必须得注意一下：天下只能有一主。现在皇上已经坐了天下，那么，太公您必须用一种恰当的方式来处理好你们的父子关系。如果处理不好，对全天下不好，对您的命运也不好。"刘太公很聪明，他一下子就明白了问题的症结所在。那就是，如何处理在世的生父和大权独揽的皇帝的关系？第二天，刘太公早早地起了床，拿起一把扫把，在刘邦上朝必经的路边跟其他的太监宫女一样在那里扫地。刘邦经过的时候，刘太公和太监、宫女一样，低着头退让到路边，恭迎皇上经过。刘邦看到父亲和太监们一起扫地、避让，大吃一惊，不过他马上就明白过来了。刘太公用实际行动解决了困扰他已久的一个问题，解决了太上皇和皇帝之间的高低贵贱问题，给中国古代皇上和太上皇的关系定了基调：太上皇也要像大臣一样向皇帝行礼。皇帝的权力是至高无上的，皇帝的权威在太上皇之上。刘邦对父亲的行为很感激，投桃报李，给刘太公上了一个尊号，这个尊号就叫太上皇。

中国古代存在太上皇的例子不多，屈指可数。太上皇出现的第二种情况，是皇帝迫不得已，被儿子或者是权臣给逼了下去。最典型的例子是唐高祖李渊。有一天早上，李渊正在宫中的太液池上泛舟，突然二儿子秦王李世民手下的将领带着一大群士兵，全副武装，跑过来对他说："皇上，太子和齐王密谋谋反，秦王殿下已经把太子和齐王都杀了，您看怎么办吧。"李渊一听三个竞争的儿子现在只剩下一个了，而且大兵压境、气势汹汹，这是逼宫的节奏啊！李渊能怎么办，只能退位呗。于是李渊就当了太上皇。这是古代太上皇产生的第二种情况，被迫退位。他不退位不行了，不退位就会有生命危险了，他是以退为进。

南宋光宗皇帝赵惇，极为不孝，在父皇宋孝宗重病和病逝期间，拒不见他，而且宋光宗极为惧内，皇权有被后妃把持的危险，所以几个大臣联合起来，扶持太子来登基。有一天早晨，宋光宗起床，突然听到了钟鼓齐鸣，那是皇帝上朝议政的声音。他感到很奇怪："我还没上朝呢，怎么会有这种声音？"一问，太监才告诉他："您不再是皇上了，您已经是太上皇了。"宋光宗这才明白，自己已经被大臣和儿子联合起来，给逼成了太上皇。

出现太上皇的第三种情况，是老皇帝实在是不想干了，不想当皇帝了，主动退位成了太上皇。这种情况就更少见了，最典型的当属清朝乾隆皇帝。乾隆当了六十年的皇帝，实在是当腻了，而且他不愿意破坏爷爷康熙当政六十一年的纪录，为了表达对爷爷的怀念和尊敬，乾隆在当了六十年的皇帝以后主动退位了，又当了四年的太上皇。唐朝也有这样的例子，就是李隆基的父亲李旦。他是主动退位的。李旦本来就不想当什么皇帝，无奈父兄时期皇室骨肉相残，最后只剩下他这一个皇子，才被推上了皇位。本来皇位就不是自己想要的，现在又看到儿子们有重演骨肉相残的悲剧的趋势，李旦干脆退位成了太上皇。

第四个概念是太子。太子是皇帝的继承人，是要在皇帝百年之后成为新皇帝的人。太子是国本，是国家的根基、国家的未来所在。当年康熙皇帝不到二十岁,爆发了三藩之乱。朝廷开始进行处置。其中有一项重要的应急措施就是早立太子。所以,康熙皇帝在二十岁的时候就立了还在襁褓之中的皇二子为太子。目的就是为了以防万一,维持王朝的延续。太子也和皇帝一样,不要把它理解为一个个体,它也是一项制度、一个机构。

太子制度在中国历史上源远流长,但是我们会看到一个奇怪的现象:能顺利当上皇帝的太子寥寥无几。眼看着太子离那张龙椅只有一步之遥,但这一步迈出去迈成功的人少之又少。唐高祖李渊的太子是谁,不是唐太宗李世民;李世民开始的太子是谁,也不是唐高宗李治[1];康熙皇帝的太子是谁,也不是雍正皇帝。真正以太子身份登基即位的少之又少。为什么会这样呢?

首先,皇帝立太子的目的是什么?是为了维护皇权延绵不绝。太子一旦确立,他就不是一个人,而是一项制度、一个机构,有诸多的衙门和官员们围着他转,逐渐形成了以太子为中心的政治势力或者小团体。早先的朝代,太子还有直属军队,掌握首都附近的武装。太子的势力更不容小觑。皇帝难免会在心里有"想法"。即便皇帝和太子之间"父子情深",即便太子完全无心扩张势力,皇帝和太子之间都不再是简单的父子关系了,而是新旧统治者的关系,是两个政治势力之间的关系。尤其是当皇帝有事,或者出巡的时候,太子监国,皇帝更会心理失衡。这是人之常情。最终,太子威胁到了皇权!如果这个时候,有奸佞小人在一边挑唆,皇帝和太子就容易关系破裂。比如,汉武帝刘彻和太子刘据因为"巫蛊之祸"兵戎相见,父子俩杀得血流成河,就是这种情况下的悲剧。

其次,中国有句俗语:枪打出头鸟!皇帝,很多人都想当。无数双眼睛盯着龙椅,顺带盯着那些靠近龙椅的人。太子一旦确定,就成了无数人尤其是野心家的眼中钉、肉中刺。大家都注视着太子,看他说了什么做了什么,有什么犯错误的或者不恰当的言行。如果有,反对的人就使劲地放大太子的过失,拼命地攻击太子。太子和兄弟们的关系,也发生了微妙的变化。本来大家都是说说笑笑的兄

---

[1]　唐代的皇位继承最混乱。唐高祖李渊开国,之后的二十几位皇帝,除了唐德宗、唐顺宗两个人之外,都不是按照太子制度继位的。唐朝的废太子数量,居各朝之首。

弟，突然你成了太子，将来就是皇上，你的子孙世世代代都是皇上，我这一辈子就是普通的皇子，我和子子孙孙的命运都操在你的手里，生杀予夺由你说了算，我的心理怎么能平衡？换作是任何人，心理都会有波折。好在太子还不是皇帝，每个皇子都可以再努力、再争取机会，兄弟阋于墙的种子，就这么种下了。太子是非多，也就不难理解了。

对于太子而言，尤其是早早就当上太子的小皇子而言，成长的道路充满艰辛。太子的"金帽子"，对孩子的成长非常不利，对青年人为人处事也非常不利。有些小太子，不夸张地说，长大后并不具备正常的知识和做人的能力。为什么会这样呢？因为他是太子，常人不敢按照常人的方法去教导他们，他本身也缺乏常人的态度，加上乱七八糟的是非、诱惑和压力，太子爷就长成了"歪瓜裂枣"。康熙的太子胤礽就是例子。康熙皇帝倾注了巨大的精力培养他，但胤礽还是长成了扶不起的阿斗。胤礽从小没有母亲，一懂事就自动进入了"太子设置"，同时进入与众多兄弟争夺皇位的"厮杀模式"，从来就没有享受过一天正常孩子的生活。后来他没有成为一个"正常的人"，也就在情理之中了。综上所述，我们可以说，太子制度是比较糟糕的皇位继承制度。

汉唐一般在宫城的东边营建太子宫，建制、器用仿照皇宫，但是规模要小，称为"东宫"。古代也以东宫代指太子。宋代南渡后，也许是因为财政紧张的缘故，也可能是因为创立南宋的宋高宗赵构无子，所以没有修建东宫。到了宋孝宗时，明确"今后东宫不须创建"。宋孝宗说，皇宫里就有很多闲置的宫殿，太子可以居住。之后，东宫就"搬"到了皇宫里面，成了皇宫的一部分。之后，历朝历代的太子都和父皇住在一起，近在咫尺。这样，太子想形成自己的势力，另立小朝廷，难度就很大了。东宫官署更是徒有虚名，闲曹养闲人了。

康熙朝是实行太子制度的最后时代。继位的雍正皇帝为了避免子孙重蹈自己兄弟阋于墙的悲剧，发明了新的皇位继承制度："秘密建储"制。秘密建储制，是皇帝公开把相中的继承人名字，写好放在铁柜里，再把铁柜放到故宫乾清宫"正大光明"牌匾后面，同时自己保留一份名单。皇帝驾崩后，王公大臣集体打开铁柜，和皇帝身上的名单核对一致后，共同迎立新皇帝。实行这项制度后，清朝再也没有发生同室操戈、兄弟相残的悲剧。我们可以说，秘密建储制是比太子制度更好的继承制度。

为什么这么说呢？首先，这种制度可以避免太子制的弱点。因为它是秘密的，谁也不知道谁是太子，连太子自己都不知道，所以就不可能形成太子势力，更不会对皇权构成威胁。同时，又能督促包括秘密太子在内的所有皇子，脑袋里的弦都绷得紧紧的，一刻都不敢怠慢，不敢放松学习，不敢不好好表现。老皇帝就处在一种非常有利的地位，他可以从容地观察所有候选人的表现。如果他改变了心意，想换太子，怎么办？一共需要三个步骤：第一，找把梯子；第二，爬上去，取下铁柜；第三，换张字条，写上新人选的名字。是不是简单方便、成本低廉？

有人可能会问，会不会有人偷换铁柜，换上自己的名字呢？理论上有这个可能。但是，乾清宫的太监、宫女和侍卫们，难道会坐视梁上君子偷换铁柜不管吗？就算名单被换了，万一皇帝突然检查，发现名单被换，幕后主使岂不是自投罗网？

皇帝是怎么来的

对皇帝和相关概念有了初步了解后，下一个问题就来了：皇帝制度是怎么产生的？

从起源来看，皇帝产生的途径主要有三。

第一个途径是暴力。

暴力是最古老的权力合法性来源。武装力量，长期以来是最重要的政治筹码。在原始社会，用拳头能解决的问题，大家是不会坐下来谈的。而最初的皇帝就是拳头的产物。部落联盟和部落联盟之间打仗，战场上最后的赢家就整合所有的部落，形成国家，自命为君王。

有人会说，那么，所有王朝的皇帝都是依靠暴力产生的吗？是的。"可是，赵匡胤不就是黄袍加身，和平当上的皇帝吗？"的确，宋太祖赵匡胤从形式上看是和平上位的，没有血腥杀戮。但是，这事只有赵匡胤能干成。你让其他人穿上龙袍，在开封城里走几步看看，用不了三步就会被五花大绑，押去砍头了。而赵匡胤之所以能干成，是因为他背后站着十万禁军将士！他是最强大的武装集团首领，谁敢抓他？说到底，赵匡胤还是依靠暴力当上的皇帝。

历史上那些披着和平外衣开国建业的皇帝，其实都和赵匡胤一样，本质上都是暴力掌权。比如中国古代常见的禅让把戏，魏文帝曹丕、隋文帝杨坚、唐高祖李渊等人都是通过禅让的形式夺取的前朝江山。仔细想想，魏文帝也好，隋文帝也好，唐高祖也好，谁不是大军阀？如果他没有掌握强大的武力，原来的皇帝能乖乖把皇位让给他？即使拿到了皇位，他能够维持统治，统一天下吗？

隋文帝杨坚是夺了自己外孙的皇位。隋朝取代了北周。杨坚是关陇集团的代表。北周采取的是府兵制。天底下的军队由八柱国十二大将军二十四开府来统领，官兵合一。这二十四支部队是北周的军事支柱。杨坚的父亲杨忠就是其中一位大将军（李渊的祖父李虎则是八柱国之一）。杨坚代表的是军中汉族势力。北周民族矛盾激烈，当时少数民族统治北方已经上百年了，汉族人迫切需要恢复汉族皇帝的统治。杨坚是当时最有能力、实力最强的大军阀。所以他才能运用武力，裹挟民意，运筹帷幄，逼自己的外孙把皇位禅让给他。到了后来，杨坚死后，天下再次大乱。李渊又凭借自己的实力，逼杨坚的后代把皇位禅让给自己。表面上，这些变动都是和平的，背后都有暴力支撑。

同样，武则天也是这样，宋武帝刘裕也是这样。他们当皇帝前后，杀了多少前朝的皇族宗室？所以，暴力是皇帝权力的第一个来源。

现代政治学上有一个观点，人类权力合法性的来源是有一个演变脉络的。一开始，权力来源都是暴力，慢慢地转化为金钱。比如说，我们会对白手起家的亿万富豪非常崇拜，他讲了什么话、干了什么事情大家都会围观。如果一个草根巨富办了一个讲座，就是花钱你也愿意去听。你觉得他讲得有道理。为什么呢？因为他是白手起家，成功了，其中肯定有他的道理，所以我们愿意听从他。当然，这必须是在完全自由、公平公正的竞争环境下面取得的，大家才会觉得他行，才会跟随他。资产阶级革命的时候，资本家的权力就是这么来的。资本家聚拢了民意资源后，又凭借自己的实力，开始向原来的封建君主要求权力，这样就把合法性转移到了自己手里，转移到了他们组成的国会、议会等代议制部门手里。而代议制部门的选举，往往由钱说了算。到后来，大家又觉得，为什么我们要听资本家的呢，为什么谁有钱我们就听谁的呢？我只听我自己的，我只听从我心里的召唤。资本家不能代表我，军阀也不能代表我，只有我自己才能代表我。这个时候，政治的合法性来源就变成了一人一票，民主选举。谁得票高谁上去。人类权力来源就是从暴力到金钱再到选举这么一个脉络下来的，皇帝处于暴力阶段。

皇帝权力来源的第二个途径是迷信。

人类社会早期，生产力水平比较低，认识水平也比较低，有很多事情解释不了。天为什么要下雨、地为什么要地震？人们理解不了，就会把它们归结为天意，归结为神灵的力量，相信一种宗教似的秘密。

皇帝只要将自己与这种神秘的力量联系在一起，他就强化了自己的合法性。迷信能强化他的权力，这就是皇帝往往要"神化"自己的原因。皇帝自我神化有很多方法，比如，美化自己的出身。翻翻史书，我们就会发现，皇帝们都是怪胎，都不是"正常"出生的。怀胎十二个月之类的事情就先不说了，最离谱的是汉高祖刘邦，他声称自己是母亲和神龙交配所生。《汉书》公然记载，刘邦母亲在沼泽边和神龙交配，当时天气突变、电闪雷鸣，回去后就怀上了刘邦。刘邦（或者说整个西汉皇室）这样做的目的，是让皇帝成为"真龙天子"，为刘家的统治提供合法性。就连陈胜、吴广起义的时候，他们也要借助神灵的力量来增加合法性，在芦苇丛里，假装狐狸的声音叫"大楚兴，陈胜王"。史书里类似的描写，不胜枚举。比如，史书经常这样描述皇帝出生情形：红光满室，经久不散；祥瑞浮现，有各种异兆。另外皇帝还通过自己的衣食住行、称呼等等神化自己。需要指出，迷信在历史上往往不能独立发挥作用，而是要与形势、暴力等因素结合在一起才能导向权力。迷信是权力的锦上添花，而不是权力的唯一来源，更不是首要来源。

皇帝权力来源的第三个途径是宗法。

现在我们很少讲宗法了，但是在中国古代社会，这是一项非常重要的家庭、社会组织规则。这跟当时社会的生产力水平有关。宗法立足于血缘，把家族中的人们分出大宗、小宗，嫡系、庶出，长、幼，规定了同一始祖繁衍出来的各家族内的权力秩序、继承秩序，也制约着整个社会秩序。它强调嫡长子继承制，以嫡长子为大宗。大宗支配小宗，小宗服从大宗，双方之间有权利和义务关系。每个人都可以在宗法体系中找到自己的位置，承担相应的权利与义务。

正妻所生下来的孩子都是嫡系，妾所生下来的孩子都是庶出。第一个出生的嫡长子往往能继承整个家族的产业。中国古代的继承传统，虽然财富要均分，但包括名誉、地位、称号、爵位在内的精神内容，都是由大宗、嫡长子继承的。君王出现在中国的奴隶社会时期。从宗法上来说，夏王、商王和周天子是所有诸侯的大宗，是所有贵族的大宗。君王分封子侄为诸侯，是大宗独占君权后，分遣小宗到各地去自立门户；同时君王也分封部分异姓诸侯。同姓和异姓诸侯之间往往通婚。大家都可以容纳到一个宗法系统中来，奉君王为大宗。这是奴隶社会时期，中国君王诞生初期的宗法情况。

当然了，皇帝的来源并不是只局限在某一个方面。我们不能简单地说皇帝就是因为迷信产生的，也不能说有军权就能称王。皇帝的产生，是上述三大方面因素综合作用的结果，甚至是更多因素综合作用产生的。

皇帝是"三无"人员

本讲的最后，我们来讲一下怎么评价皇帝。

世人都羡慕皇帝因为他能享受所有东西。普天之下，莫非王土。全天下的物质享受都归皇帝。而且生杀予夺，他想干什么就干什么。这是多少人梦寐以求的啊！那么在历史上，皇帝真实的日子过得怎么样呢？

我的基本判断是，皇帝是一个"三无"人员。

第一，皇帝无退路。我当上了皇帝以后，不当行不行？不行。只有你死了，才能卸下皇帝的重担。为什么当上了皇帝就要一条道走到黑，不能中途退出呢？

因为，皇帝的退路就是死路。

赤壁之战之前，鲁肃是怎么劝孙权的？《资治通鉴》里的赤壁之战这一节说，东吴内部争论如何应对曹操的招降，"权起更衣"，鲁肃偷偷地过去拉住孙权说，所有东吴的人都可以投降曹操，但唯独你孙权不能投降。为什么呢？鲁肃说，像我这样的人投降曹操，混个十几二十年也能混个太守、知县，出有车、入有餐，生活还是有保障的，但是你孙权投降了曹操那边，位不过封侯，还会有将来南面称孤的可能吗？不会！你连性命都可能保不住。

皇帝没有退路这一点，我们从那些禅让皇位的皇帝的命运中看得最清楚。皇帝一旦禅位了，遭遇都非常悲惨。为什么呢？卧榻之侧，岂容他人鼾睡。《水浒传》里有一号人物叫"小旋风"柴进。他是后周皇室后裔。北宋的天下是从后周皇帝柴宗训手里夺过来的，柴宗训禅让皇位后被封为郑王。大家都觉得柴进就是柴宗训的后代，这其实是不对的。《水浒传》是文学虚构。柴宗训禅让后，二十岁就死了。他的兄弟不是死在他前面就是下落不明。虽然他的儿子继承了爵位，降封为郑国公，但他这一支很快绝后了。郑国公转封给了大臣富弼。

赵匡胤受禅后，给柴家颁了丹书铁券。所谓丹书铁券，就是在一块铁板上刻了很多金字，列明了可以"免死"等优待。在很多影视戏剧作品中这个就是"免死金牌"。用铁来造，表明承诺坚硬如铁；用金来刻，表面承诺是金口玉言。可是，"承诺"救不了禅位皇室的命运。他们不是被毒死、杀死、闷死就是死因不明、下落不明。中国历史上只有少数几个禅让皇位的皇帝得以善终，多数都死于非命。汉献帝是有信史记载的第一个禅位的皇帝，也是少数几个得以善终的皇帝之一。汉献帝把皇位禅让给曹丕后，虽然被囚禁但是并没有被处死。魏晋南北朝流行禅让这套把戏，一开始的两个皇帝，汉献帝刘协和曹魏的末代皇帝曹奂，退位后虽然没有自由，但都是正常死亡的。到了晋朝，末代皇帝司马德文，禅位当年就被杀死了。

这个司马德文，本来是当不了皇帝的。准备篡位的刘裕因为民间谶语说"昌明之后尚有二帝"，为了凑足这两个皇帝，准备先杀在位的晋安帝司马德宗，再立一个皇帝让位给自己。晋安帝司马德宗是个白痴，他不辨寒暑、不知冷热。天上下雪,他跑出来大喊大叫:"下面粉了,下面粉了!"弟弟司马德文为了防止哥哥遭遇不测,一直陪在他左右。吃饭睡觉,兄弟俩都不分开。刘裕找不到下手的机会。一天,司马德文生病了,离开司马德宗去治病。刘裕的亲信马上找了件衣服,勒死了晋安帝司马德宗。接着,刘裕逼养病的司马德文继位称帝,一年后就逼他禅位给自己。

司马德文退位后,被软禁在一座小院子里。他知道自己必死无疑。那种知道自己马上要死,但不知道什么时候死的感觉,最恐惧,最难熬。司马德文就生活在这种恐惧中。他的身边只有褚皇后陪着他。夫妻两人相依为命,亲手洗衣做饭,形影不离,防止刺客加害。一天,刘裕派褚皇后的哥哥来走亲戚,褚皇后出外相见。她刚走,刺客就翻墙冲进司马德文房间,把毒酒递到他面前,逼他服毒。司马德文摇头说:"佛曰:人凡自杀,转世不能再投人胎。"刺客等不及了,拿起床上的被子,捂住司马德文的脸,用力扼死他。此时距离他退位不到三个月。

比他晚一百年的北魏孝庄帝元子攸,是个信佛的皇帝,也是被迫禅位的皇帝。他退位后,躲避在佛寺中。权臣尔朱兆就派人在佛前杀了元子攸。临死之前,元子攸在佛前许愿:"愿生生世世不再生在帝王家。"死时年仅二十四岁。

与元子攸类似的感叹,顺治皇帝发过:"我本西方一衲子,为何落入帝王家?"崇祯皇帝也发过:"何苦生在帝王家?"当然,他们两位的情境,和司马德文、元子攸的不尽相同。但是,这几位皇帝都表达了相同的意思,那就是当皇帝难,当皇帝没有退路。

当然了,有人说:"不对,三国里面的刘禅,当了俘虏还能在晋朝乐不思蜀。可见,皇帝下台后日子还是很好的。"的确,刘禅亡国后得以善终,天天歌舞美女,小日子过得不错。有一天,司马昭邀请刘禅参加一个歌舞饭局,看刘禅欣赏得津津有味,就问他:"小刘啊,颇思蜀否?"刘禅回答:"此间乐,不思蜀。"司马昭大笑。

郤正是前蜀汉的大臣,就偷偷对刘禅说:"如果司马大王再问主公这样的问题,您应该回答'先人坟墓远在陇蜀,乃心西悲,无日不思',要闭上眼睛,表现出悲伤思念的样子。"果然，一会司马昭又问他想念蜀国吗，刘禅就照郤正说的做了。司马昭问："你这话，怎么像是郤正说的啊！"刘禅吃惊地回答："你怎么知道？"这一下，不仅司马昭笑了，在场的所有人都笑了。

恰恰是刘禅的"乐不思蜀"，才救了他的命。司马昭曾对亲信们说，刘禅这个白痴，即使诸葛亮再世，也救不了他。对于这样的人，根本就没有杀他的必要，还不如好吃好喝地养着，来表现新政权的"宽宏大度"。如果刘禅不这么表现，而是像南唐李煜那样，"问君能有几多愁，恰似一江春水向东流"，第二天就被毒死了。

第二，皇帝"无闲暇"。皇帝这份工作是终身的，没有固定的上下班时间，工作量极大。随着君主专制的程度越来越高，皇帝要处理的事情也越来越多。"事无大小，俱决于皇"。天下的事情皇帝都得管，否则就可能有疏漏，皇权就可能被削弱。中国历史总的趋势，是皇帝的工作量越来越大。除非是工作狂人加工作超人，一般人是承受不了皇帝这种终身、高强度工作的。

纸张发明之前，文字是写在竹简上。据说，汉武帝一天要处理二百五十斤的竹简。有很多涉及机密事情的竹简不能让别人动手，他必须自己抱来抱去，这是一项很费力的体力劳动，更不要说他还要读完做出判断。到了东汉，蔡伦发明了造纸术，皇帝很高兴，封蔡伦为侯。笔者觉得，其中重要的一个原因就是蔡伦发明的纸张，能极大地减轻皇帝的工作强度——皇帝不用再去搬竹简了。但是后来，大臣的字写得越来越多。先秦的古汉语很精炼，几个字就能表达很多意思。后来，同样的意思，需要使用的文字越来越多。到了清朝，皇帝批阅奏章，阅读量比汉武帝要多得多了。

雍正皇帝每天工作到凌晨两三点钟，到了早上五六点钟又要起来上朝。他每天的工作时间长达二十个小时，全年几乎没有闲暇。除了批阅奏章，他还要接见大臣、出席庆典等等，要想完成这些工作就必须成为一个超人。当然了，皇帝也可以不做这些事，不过，那样他就成了不理朝政的昏君，他的江山离灭亡也就不远了。

皇权、工作和各种政治需求，把专制帝王压得喘不过气来。即使是吃饭，对于皇帝来说也并不是一种享受。皇帝吃的不是饭菜，而是政治。在影视作品中，御膳很好看，能摆满整整一间屋子。但是大家想想，如果皇帝和大臣一起吃饭，他是吃不了几口的。因为大臣们参加御膳，首先得行礼，各种的繁文缛节。皇帝得端着架子受礼。晚清官员何德刚，退休后写了一本笔记，记述了自己参加御膳的经历。在他看来，参加御膳就是遭罪，因为他不断地被礼仪官所引导着磕头、起身、再磕头，其间还有大量的文艺演出。文艺演出的时候，君臣也不能只顾着吃。所以，整个御膳，与其说是吃饭，不如说是一种政治仪式。其次，大臣参加御膳，都想借机跟皇帝套近乎，或明或暗传递各种信息。皇帝就要分析、处理大臣传递的信息，基本就吃不了饭了。中国式饭局是很劳心劳神的，饭局越大越劳心劳神。

当然了，在没有大规模饭局的时候，皇帝可以一个人吃饭。但是，御膳房的工作就是全天候地把饭菜给皇帝准备着，让皇帝随时可以吃上饭，而且是吃上满满一屋子的饭。所以，绝大多数的菜，不是现做的，而是类似于"蒸碗"，或者干脆就是反复热了很多回的冷菜冷饭。只有少数摆放在皇帝面前一两张桌子的菜肴，才是新鲜的。于是，离皇帝比较远的饭菜可能都坏了，馊了，只是摆在那里，更多的是一种象征。就算皇帝一个人吃饭，他也不能不管不顾，因为太后、太妃、皇后、皇妃都会送一些自己宫里小灶做的小菜，孝敬皇上，联络感情。皇帝把这些小灶小菜，每样只夹一筷子，差不多就吃饱了。皇帝连吃饭都不能落个自由、清静。

第三，皇帝"无保障"。可能有人会问：全天下的财富不都是皇帝的吗？全天下的军队不都在保护他吗？皇帝怎么可能无保障呢？

明朝紫禁城的西华门门口，常年备着几匹快马，还有兵器。兵器里有快刀长矛，还有已经上了弦的弓弩。有一位明朝皇帝有一次注意到了，就问禁卫军是怎么回事，原来，这是明朝开国君主朱元璋立下的规矩：子孙后代要居安思危，随时准备"跑路"，搞得像黑社会老大一样。皇帝时时刻刻都生活在这种威胁之下，他能有什么保障呢？

普通老百姓可以向官府要保障，大臣可以向皇帝要保障，但是皇帝找谁要保障？皇帝的身家性命，完全来源于他的权力是否稳固：皇权控制的资源有多少，皇帝的保障就有多少。东汉末年，汉献帝四处飘零，必须自己挖野菜吃。他的生活能有什么保障？皇帝只有不断地和天斗、和地斗、和人斗，在斗争当中巩固皇权，他才有安全，有享受。所以，皇帝没有朋友、没有亲情、没有保障，只有永恒的斗争。皇帝的保障全来自权力，反过来助推了皇权专制，维护皇权的至高无上。这便很容易陷入"安全困境"的无限循环之中。

无退路、无闲暇、无保障的"三无"生活，有的只是工作、威胁和斗争，一般人都受不了。历史上把皇帝这份工作做得出色的"明君圣主"，都不是一般人，都是工作狂、偏执狂和孤独一生的可怜人。而一般人不幸当了皇帝，不是被逼成不理朝政的昏君，就是精神错乱，被历史书写为暴君。

明武宗正德皇帝和明世宗嘉靖皇帝，是正常人被皇权压垮的典型例子。正德皇帝是一个活泼好动的小伙子。他喜欢爬树打猎，追求新鲜好奇的事物，就是不喜欢按部就班地天天上朝、批奏章——十几岁的小伙子都这样。他取了一个化名"朱寿"，接着任命朱寿为大将军，要出塞去。大臣们纷纷反对，因为朱寿这个人子虚乌有，因为明朝没有大将军这个职务，因为皇帝不能离开北京，所以大臣们反对，也没错。没办法，正德皇帝只能待在紫禁城里，和太监们打打闹闹。可是，在传统史书里，这样的皇帝不是昏君是什么？好不容易南方发生了宁王反叛，正德皇帝终于可以名正言顺地御驾亲征了。可是刚走过卢沟桥，正德皇帝突然想起爱妃没跟来，在千军万马中掉转方向，去接心爱的女人。这又是沉迷于爱情的小伙子的典型做派，可在大臣们看来又是典型的昏君表现。

正德皇帝好动，嘉靖皇帝爱静。他晚年几乎什么正事都不做，就好做一件事情：炼丹吃药！嘉靖皇帝躲在紫禁城里，二十几年不上朝。（不过话说回来了，皇帝二十多年不上朝，明朝还是照转无误。）嘉靖刚当皇帝的时候，也是年轻好动。因为正德皇帝没有子嗣，堂弟嘉靖皇帝以藩王的身份入主紫禁城，他想追封生父为皇，尊生母为皇太后，结果遭到了朝野大臣集体反对，爆发了轰轰烈烈的"大礼议之争"。通过这件事情，嘉靖皇帝认识到了皇权条条框框的厉害，内心非常逆反，干脆躲进小楼成一统，躲进紫禁城自我逃避。这一躲就是一辈子。

正德皇帝、嘉靖皇帝如果只是普通老百姓,他们并没有什么大的问题,但是把他们摆到皇帝的位置上,就大不一样了。正德皇帝是一个个性张扬、追求自由的小伙子,但是按照皇帝的标准评价,他就是一个暴君。嘉靖皇帝是一个追求内在、自我完善的邻家大叔,但是以皇帝的标准来看他就是一个昏君。皇帝本人,也是皇帝制度的受害者。

第四讲　深宫深海：宫禁、宗藩、后妃和宦官

说完了皇帝制度，我们要来讲讲和皇帝密切关联的人和事。这就是古代宫廷制度。

宫廷制度包括四方面的内容：宫禁、宗藩、后妃、宦官。后者完全依附于皇帝和皇权。皮之不存，毛将焉附？没有皇帝就没有宗藩、没有后妃，没有宫女太监，等等，所以他们的喜怒哀乐全都仰仗皇帝；他们如果有权力，那都是分享皇权的结果。宫廷这四方面的制度，有相互衔接的地方，但是都相对独立。

宫禁制度

要讲清朝的宫禁制度，先得了解首都的结构。历朝历代的首都的结构大致都可以分为都城、皇城、宫城。

我们以北京的布局为例。北京城最早是元朝兴建的，明清两朝在元朝城池的基础上进一步完善。明清北京城最外圈是现在的北京二环路。二环路类似于"凸"字形，凸字里面就是都城的范围。凸字的上半部分区域是元朝的大都城池，一共有九个城门；下半部分的长方形是明清后建的外城，主要由老百姓居住。两部分相接的地方，相当于现在的前三门大街。明清的皇城，就在凸字形的上半部分。皇城南起长安街，北到平安大街，东边到东黄城根，西边到西皇城

根。皇城正南门叫天安门；正北门叫地安门；东边的叫东安门；西边的叫西安门。这四个门之内的范围就是明清时期的皇城。这些地名，现在都还在。在这个区域里面，包含北海、中海、南海、景山、紫禁城、南河沿这些地方。皇城主要就是由紫禁城、皇家园林、官署衙门以及一些上三旗包衣的住宅构成的。

皇城的核心是宫城，也就是紫禁城。它是古代宫禁制度的最内核。我们重点关注的是宫城部分。

紫禁城南起午门。午门的前面是天安门，天安门的前面原来还有一个门，在明朝叫大明门，在清朝叫大清门，在民国的时候改称中华门。大清门到天安门之间，是一个狭长的广场，两边是官署。之后修建天安门广场的时候，把大清门及两边的官署都拆除了。

走进午门，就正式进入宫城了。宫城又分前后两部分，前后的界线是乾清门。午门到乾清门叫作外朝或外廷；乾清门以北到神武门（紫禁城的北门）叫作后宫或内廷。外朝的东边有个东华门；西边有个西华门。午门、神武门和东西华门，是宫城的四大门。

紫禁城四周都有护城河。当年紫禁城的建筑废料和护城河的泥土，在宫城后面堆成了一座山，就是现在的景山。景山不是随便堆出来了，它和护城河一起塑造了紫禁城的风水。山南水北为阳。紫禁城恰好靠山临水，面南而立，风水很好。景山的旁边有后海、中海和南海，这些原来都是皇城里面的皇家园林。因为在宫城的西边，俗称西苑。

回到紫禁城，宫城的结构就是为了炫耀皇帝的权威。你想想，一个读书人辛辛苦苦读了二三十年书，好不容易当上了官去见皇帝，凌晨起床走到天安门，再走到午门，看到高耸入云的箭楼、威严的御林军，进入午门后会遇到一个大门叫太和门，进入太和门是一个巨大的广场，让人豁然开朗。这个广场大到能占据故宫四分之一的面积。官员得从太和门走下台阶，在高高的蓝天和远处的宫墙之内，走过空旷的广场，走向一座巍峨的、拔地而起的大宫殿，那就是太和殿。太和殿刚好处在紫禁城的中央，民间俗称"金銮殿"。皇帝坐朝、朝廷大典，就在太和殿举行。试想一下，读书人走到金銮殿，要花小半天的时间，从天蒙蒙亮走到临近中午，才走到仿佛登天一般的金銮殿，足以让他对皇权产生深深的敬畏。这样就对了，紫禁城的设计就是要让你敬畏皇权。

外朝的主体建筑是三大殿：太和殿、中和殿、保和殿。三大殿旁边还有很多小殿，比如武英殿、文华殿、文渊阁、体仁阁。这些殿阁后来成了内阁的办公场所。明清内阁大学士都会在他前面加一个官名，比如武英殿大学士、文华殿大学士、文渊阁大学士、体仁阁大学士、东阁大学士。两侧还有其他附属结构，比如内务府。内务府除了敬事房是在后宫，其他的都是在外朝。在外朝的东北角有个撷芳殿，又叫南三所，是清朝皇子皇孙读书、交往的地方。

我们再来看一下后宫的结构。走进乾清门，后宫的主体建筑是三大宫：乾清宫、交泰殿、坤宁宫。三大宫也叫后三宫，与外朝的前三殿相呼应。皇帝住在乾清宫，皇后住在坤宁宫，交泰殿是皇后的办公场所。皇后接见命妇、举行亲蚕[1]礼，就在交泰殿。坤宁宫后面就是御花园。后三宫东西两边分别有六个宫，叫作东六宫和西六宫。这是后妃居住的地方。

乾清宫的西边有座宫殿叫养心殿，清朝皇帝日常办公一般选在养心殿。召见大臣也在养心殿。皇帝举行重大仪式才去外朝的三大殿，三大殿各有浓厚的政治含义，就算是皇帝也不能随便去。比如，太和殿是举办大型朝会和庆典的地方，比如皇帝登基、册立太子、藩属朝贺等等。太和殿的大门轻易不能打开。皇帝很少召集所有大臣，举行大规模的朝会。《万历十五年》的第一节就提到万历皇帝常年不上朝，有一天传说皇帝要午朝，结果引得所有大臣涌向了紫禁城，说的就是这种情况。中和殿是给皇帝休息用的，相对较小。皇帝去太和殿，从乾清宫走到中和殿可能要休息一下。中和殿也是皇帝处理家务的地方，每三年修一次玉牒，记录皇室成员生老病死、婚丧嫁娶等情况。这个修好了以后要给皇帝看，皇帝就在中和殿审阅。保和殿是科举考试的殿试的场所。科举考试最后一个环节是殿试，这个"殿"就是保和殿。这三个殿含义不同，是不能乱开的。清朝皇帝就

---

[1] 传统中国是农业社会，重农。亲蚕，指的是季春之月皇后躬亲蚕事的典礼。皇帝躬耕，皇后亲蚕，是传统社会皇帝以身则、重视农事的表现。

主要生活在乾清宫，工作在养心殿。

乾清宫的东面有个宫殿，与养心殿呼应，叫毓庆宫，民间俗称东宫，是太子住的地方。清朝只有一个太子在这里住过，就是康熙皇帝的太子胤礽。从雍正开始不立太子，毓庆宫就变成了没有出宫的皇子皇孙居住的地方。毓庆宫在后宫东南边，和外朝东北边的撷芳殿离得很近，方便皇子皇孙读书和居住。乾清宫门口有个乾清门；养心殿门口有隆宗门。

后宫的西南边，还有慈宁宫和寿康宫。慈宁宫是皇太后居住的地方，寿康宫是太上皇居住的地方。清朝只有一个太上皇就是乾隆。后宫的其他地方，还有一些佛堂。这个是清朝宫城的基本结构。此外，皇帝还有诸多的行宫别院，比如北京西郊的圆明园、颐和园和承德的避暑山庄等等。

那么，如果你是皇帝，你会怎么布置宫禁制度，来保障自己和家人的安全呢？

一说起宫禁，我们可能马上会想到一个词：大内高手。大内高手是保护皇帝安全的第一个措施。它是通俗的说法。大内高手究竟是什么人？

大内高手是皇帝身边的御林军（禁卫军、侍卫亲军）将士的俗称，御林军是最基本的宫禁制度，主要目的就是保护皇帝安全。历史上比较有名的御林军有：汉朝和三国的羽林军、唐朝的神策军、明朝的锦衣卫。清朝入关之后，庞大的锦衣卫机构投降，怎么处置这些人呢？清朝的办法是收编。所以，清朝开国之初，把锦衣卫恢复侍卫的初始职能，不再让他们刺探情报、监察百官，后来又改编成了"銮仪卫"。銮仪卫的最高负责人叫掌銮仪卫事大臣。在他的下面还有銮仪使、冠军使、云麾使等。但是并不受重用，只负责单纯的皇家仪仗。皇帝的仪仗叫卤簿，皇后和皇太后的仪仗叫仪驾，皇贵妃和贵妃的仪仗叫仪仗，妃和嫔的仪仗叫彩仗。銮仪卫下面有养马所、修车所，还有驯象所。銮仪卫的工作人员有满族人也有汉族人。我们在清宫戏中看到的鸣鞭的礼仪官，就隶属于銮仪卫。銮仪卫的普通工作人员就是侍卫。武举录取的武进士中，有百分之四十是不用去军队的，而是给皇帝当侍卫。后来溥仪当皇帝的时候，銮仪卫名字中有一个字犯了皇帝的忌讳，所以銮仪卫就改名叫銮舆卫。

但是，皇帝的安全显然不能只靠銮仪卫来保卫。他们的主要作用还是显示皇家威仪。銮仪卫举着彩仗、金瓜，看着好看，真打斗起来确实不顶用。所以，清朝皇帝把自己的安全主要寄托在侍卫处。

清朝入关之前，君王身边就有侍卫，入关之后扩充成侍卫处。侍卫处通常选择上三旗的强健子弟来担当侍卫。如果下五旗有特别能干的小伙子，那么他能不能当侍卫呢？能当侍卫，但要求有特别突出的某项本事，或者立有杰出的功勋。同时，全国武举的第一名，也就是武状元，按例授一等侍卫。第二名武榜眼和第三名武探花按例授二等侍卫。

侍卫处的首领大臣叫领侍卫内大臣，和掌銮仪卫事大臣并列为清朝"唯二"的正一品实职武官。下面还有内大臣、散秩大臣、御前侍卫、乾清门侍卫一等到四等侍卫、蓝翎侍卫。不要以为侍卫是普通保镖，人家可是品级很高的军官，其中一等侍卫是三品官，最低的蓝翎侍卫也是六品官。有很多读书人，一辈子也当不了三品官。一等侍卫编制只有六十个人，缺一个补一个。他们可能最接近大家在影视剧当中理解的大内高手。所有的侍卫处的侍卫合在一起、满编制是五百七十人。这五百七十人当中，跟随皇帝左右、皇帝最信任的通常只有两三个，这些人能带刀跟在皇帝身边，叫御前侍卫。再低一级是御前行走，再下面还有乾清门侍卫、乾清门行走。乾清门侍卫不是只能守乾清宫，而是跟着皇帝走，守卫皇帝的寝宫。皇帝在哪儿，御前侍卫、乾清门侍卫就守卫在哪儿。

皇帝跟前的侍卫，一般都前程似锦。当年，和珅就是从侍卫起步的，因为在御前被乾隆看中了，从此平步青云。和珅长得很英俊，又精明能干，在御前被皇帝发现的机会就多。大家就会发现侍卫升官都比较快。《清史稿》里面，很多封疆大吏的履历都是从侍卫开始的。

可是，就算侍卫们的本事再高，真的有人叛乱了，五百七十人显然是不够的。侍卫处还下辖一支直属于领侍卫内大臣的军队，叫作亲军营。这是皇帝能够直接调动的、最快的一支军队。亲军营的挑选标准比侍卫稍低一些，但也是在八旗当中挑选最精明强干的子弟来当兵。满员一共是一千七百七十人。皇帝的安保工作，如果有一个层次，那么，最内层就是由侍卫处和亲军营来保卫的。

紫禁城和北京城的安全由谁来保卫呢？规模更大的军队。

在侍卫处外圈保护帝王的、规模更大的军队，主要有驻扎北京城内外的各营。其中，护军营总额有一万五千多人，从八旗子弟中挑选官兵。上三旗的护军守卫紫禁城，下五旗的护军守卫都城，首领是护军统领。

还有皇帝额外建立的像特种部队一样的各营：前锋营，有一千七百七十人。皇帝每一次出巡的时候，前锋营在前面清道、突击，有大活动的时候警戒扈从。这一千七百七十人当中有一半的人是装备火器的。清朝的火器叫"鸟枪"。持鸟枪的这部分官兵叫鸟枪前锋。在冷兵器时代，鸟枪前锋的威慑力还是挺大的；康熙时期，清朝专门建立了火器营，装备有红衣大炮和长枪，有七千八百多人。驻扎在紫禁城和圆明园行宫之间；健锐营，是乾隆皇帝镇压西南少数民族叛乱的时候，发现清朝军队行动迟缓，缺乏翻山越岭、攻城拔寨的锐气，所以挑选了一些身手矫健的官兵，还包括了部分藏族人和西南少数民族士兵，建立了健锐营。士兵不到三千人，行动方便，攻坚克难。北京现在还有很多地名还保留着清朝御林军的痕迹，比如火器营、健锐营。

以上所说的军队都是八旗军队，合起来的人数不到三万人。皇帝还建立了一支规模更为庞大的步军营，人数超过了三万二千人，可以和上述的所有各营对抗。步军营是混编的，其中既有八旗士兵又有汉族士兵，八旗士兵两万多，汉族士兵编为五个巡捕营，兵员一万左右。步军营的职责不单单是保护皇帝，还负责整个北京的治安和警备工作。北京内城有九座城门，这些城门的关闭和开启就由步军营负责。步军营还管京城的治安事件。通俗一点讲，步军营就相当于现在的北京警备司令部，兼北京市公安局，兼北京市司法局，兼北京市消防局、交管局，等等。它的人数最多，负责的事情也最多。

步军营的首领是步军统领，全称叫作"提督九门步军巡捕五营统领"，民间又俗称九门提督，因为他主管北京内城九个城门。九门提督是很要害的岗位。因为他职权广泛、位置重要，而且他掌管的京畿部队数量最多，所以常常成为清朝政治斗争当中的重要角色。传说隆科多帮助雍正篡位，当时他的职务就是九门提督。

在皇帝禁卫部队的最外层，是留驻在北京周边的八旗军民。八旗组织寓兵于民，军民合一，每个旗都有自己的武装。每个旗都组织骁骑营，来保卫皇帝。但八旗入关后，迅速弱化，各旗骁骑营组织多名不副实。真正遇到战争，还得依靠护军营、步军营等。另外，清朝还有虎枪营（陪同皇帝打猎的）、善扑营（陪同皇帝摔跤的）等规模很小、职责单一的武装，在整个制度层面可以忽略不计。

禁卫军队的很大部分，驻扎在通州、丰台等地，建立了俗称的通州大营、丰台大营。因为离紫禁城最近，离皇权最近，所以这些大营控制在谁的手里就直接影响北京城政治斗争的走向。自古以来，禁卫军队都很重要，刘裕、赵匡胤等人都是依靠禁卫军篡位的。所以，皇帝很看重负责禁卫军队的大臣人选。在清朝，皇帝最看重的是领侍卫内大臣，接下来就是步军统领（九门提督）。跟领侍卫内大臣相并列的是掌銮仪卫事大臣。跟步军统领相并列的还有很多人，比如护军统领、掌管前锋营的统领，但是因为他们部队的实力比不上步军营，所以在皇帝心目中的分量也比不上步军统领。

宗藩制度

宗藩制度，有关宗室藩王的制度，就是皇帝怎么管理自己的叔伯兄弟还有子孙。

平常百姓人家，都有可能出现兄弟反目、同宗之间打官司的情况，皇室一旦出现反目，那可不是一般的事情。所以，创建什么样的宗藩制度非常重要。站在皇帝的角度说，他建立宗藩制度的目的只有一个，就是让宗室不要威胁到自己的统治。最好的方法就是把他们全都管起来、关起来，集中在什么地方圈禁。但是，皇帝又不能把所有族人都关起来，因为他得依靠叔伯兄弟来保卫自己。俗话说"上阵父子兵"，真有了什么事情，同胞血脉相对来说还是最可靠的。皇帝就处在这样一种两难的选择下：他得依靠兄弟子侄，又得防止他们夺权。所以，历朝历代的宗藩制度都摇摆在重用与限制之间，不可能在当中找到一个平衡点。

重用的典型是刘邦，他说过一句话："非刘氏不得封王。"刘邦在和异姓藩王的斗争中，内心倾向刘氏宗藩。刘姓王爷有封地，可以收税，可以任免官员，直接指挥军队。可是到了他孙子汉景帝的时候，问题大了，汉景帝不得不花很多时间来削藩，因为叔伯兄弟控制了天下大部分的土地和财富，而且还有军队。吴王刘濞起兵造反。直到刘邦曾孙子汉武帝的时候，削藩才得以实现。但是削了藩以后，刘姓王朝又面临另外一个问题：外戚专权和宦官专政的时候，皇帝没有依靠的力量了。[1]

如果把政治斗争比作一架天平的话，要保持平衡，必须在天平的两端权衡各种砝码。军队是一个砝码，文官集团是一个砝码，后宫是一个砝码，宦官是一个砝码，宗室又是一个砝码。这些砝码如何调配，是皇帝统治的一个永恒难题。

到了三国时期，曹魏是典型的严格限制宗室藩王。最著名的例子，发生在魏文帝曹丕和弟弟曹植身上。曹植受了他哥哥多少气啊？他们可是亲兄弟。曹植不断被哥哥曹丕封来封去，不能擅自给其他宗室写信，出了封地三十里地要报告，没有曹丕的召唤不能来到首都。而且身边有曹丕派的监国谒者，二十四小时受到监视。曹植和囚犯没有本质区别，只是关押他的监狱更大一些而已。这就导致后来司马懿来夺权的时候，曹氏宗室没有一个人起兵反抗。他们不是无心，就是有心无力。司马氏夺权相当顺利。所以，司马家族建立晋朝后吸取了曹魏的教训，为了防止宗室力量太弱、无法拱卫中央，晋武帝司马炎大封宗室。姓司马的人，向上推三代五代，只要能沾亲带故的不封个王爷也能封个侯爵。受封的司马宗室都是实权。结果，司马炎一死就爆发了"八王之乱"。这就从一个极端走到了另一个极端。

到了明朝，明太祖朱元璋继位的时候兄弟都没了。朱元璋念及兄弟感情，同时又有很多事情需要家里人去办，他就分封了很多宗室藩王，主要封在北

---

[1] 古代宗藩拱卫皇室的例子，最著名的有两个。第一个是汉惠帝死后，吕后专权，刘氏诸王、诸侯联合大臣发动政变，诛杀吕氏家族，拥立了汉文帝。第二个发生在唐朝中期：先是武则天篡夺皇位，杀戮李氏宗藩。残存的李氏宗亲，借助忠心李唐王朝的大臣力量，发动"神龙政变"，最终软禁武则天，让天下重新姓李；紧接着就是韦后毒杀中宗李旦，以临淄王李隆基为首的宗藩势力又发起"唐隆政变"，诛杀韦后势力，扳正了李姓江山。

京、桂林、甘肃、山西、陕西等边远地区，让藩王镇守边疆、开疆拓土。藩王要完成这些使命，就要赋予他们军权、财权和人事权。到了建文帝的时候，建文帝要削藩，结果爆发了"靖难之役"。靖难之役本质上是明朝皇室骨肉相残。

燕王朱棣发动"靖难之役"的口号就是反对削藩，可是他自己当了皇帝以后，削藩削得比谁都厉害。他把父亲朱元璋建立的宗藩制度基本上都给推翻了，只留下一项，那就是高官厚禄。他规定所有皇室的男子都可以封爵位，皇帝的儿子都能够封亲王，王爷的儿子都能够封郡王，郡王的儿子都能够封镇国将军，而且都是世袭的。王爷一年有上万石的粮食，而且有王府，毕生享受荣华富贵，但就是不能参与政务。没有皇帝的允许，宗王不能到南京和北京；没有皇帝的允许，王爷和王爷之间不能有交往，这是为了防止他们联合起来反对皇帝；没有皇帝的允许，不能离开封地；没有皇帝的允许，不得从事任何工作。如果有皇子皇孙说，我不要什么爵位了，我自己开家小客栈或者开个私塾行不行？不行，你只能当王爷，而且是只能在你的封地内，哪都不能去。就连宗藩的婚姻也要受管制。宗室成员年长，必须向朝廷请婚选配，不能"擅自婚配"。有些宗藩子弟，两鬓斑白还不能成家，有的女子年过四十还没有嫁人。朱棣这就走到了另一个极端，导致明朝宗藩整天无所事事，只能在封地里腐化堕落。后人看到明朝宗藩有许多不法的行为，今天出去打猎，明天抢个东西。但是大家反过来想想，他不干这个能干别的吗？年轻的皇子皇孙活泼好动，但是不能练兵习武，只能去打猎；他不能经商牟利，为了保持高品质的生活，不抢能怎么办？这就是朱棣建立的宗藩制度所造成的恶果。当然，它也有一个好处，有部分宗室成员什么事情都不干，整天写字作画，明朝宗室出了许多书法家和画家。

明朝宗藩制度的另外一个坏处，是给国家造成沉重的财政负担。他什么事情都不能干，但生孩子这件事朝廷禁止不了。反正生的孩子都有爵位、都有俸禄，所以明朝的宗室就使劲地生育子孙，最后导致明朝用来供养皇室的经费超过了税收的三分之二。僧多粥少，明朝宗藩的荣华富贵，最后必然是一种低水平的"大锅饭"。这又反过来逼迫宗藩掠夺民间财富。

清军入关时，朱明皇室基本上没有力量抵抗。他们长期养尊处优，没有一兵一卒，即使知道改朝换代后自己的地位和生活质量会大幅下降，但是，他想自卫都没有那个能力。清朝借口惩治不法，基本上把朱明皇室给一锅端了。到最后，清朝想找出一个明朝皇室子孙来延续明朝皇室的血脉都找不出来。后来是从汉军旗里面找了一个姓朱的知府，任命他为朱元璋的子孙，封他为奉恩公，让他每年去祭扫明十三陵。这位"子孙"的祖先一两百年前就举家搬到关外去投靠外族了，现在倒反过来延续朱元璋的香火。

清朝入关以前，并没有考虑安置宗藩的问题。因为正处于事业的蓬勃上升期，大家心往一处想、劲往一处使，努力把事业做大做强。这就好比兄弟在创业时不会产生矛盾，一旦企业做大，各种矛盾就来了。清朝入关之前并不存在宗藩问题。而且客观来说，努尔哈赤的子孙都挺能干的，都经受了血与火的磨炼。但是，清朝建立后马上就面临怎么安排自己叔伯兄弟的问题。清朝有鉴于明朝的前车之鉴，不可能让子子孙孙都去养尊处优，但是又不可能不让子孙享受一定的权力和待遇。清朝就在这两者之间取了一个平衡点。

第一，清朝规定，爵位不是天生就有的。不是说皇帝的儿子就是王爷，只有皇帝觉得这个儿子行，才封他为王爷。如果皇子能力不济、无所建树，有可能连贝勒、贝子都封不了。

第二，即使受封了爵位，爵位也不是世袭的。王爷的嫡长子不是王爷，清朝规定所有的爵位降一级袭封。所以清朝末年的时候，一些外国人发现使馆门口擦皮鞋的、卖茶叶蛋的，竟然都姓爱新觉罗。为什么？因为他们跟皇室的关系太疏远了，一代降一级封，到了后来可不就变成平民百姓了吗？其他儿子怎么办？自己想办法养活自己。清朝有一项特殊的制度，如果宗藩对国家立下了大功，爵位可以世袭，这个叫作"世袭罔替"。民间俗称为铁帽子王。雍正皇帝时期只封出去一个世袭爵位，就是怡亲王允祥，就是他那个十三弟。到了同治帝时，又封出去了一个世袭爵位，就是恭亲王奕䜣。奕䜣在辛酉政变中坚定地站在慈禧一边，后来又主持洋务运动，实力庞大，声望卓著，所以受封世袭爵位。光绪也封了一个世袭爵位：庆亲王奕劻。那是慈禧太后和他交换，换取他默认醇亲王载沣上位摄政。整个清朝一共封出去十二个世袭宗藩，民间称作十二个铁帽子王，说的是他们端着铁饭碗。其实这个说法并不准确，因为十二个人并不都是王爷，其中有两个是郡王。现在北京宣武门和长安街之间有座克勤郡王府，他就是个铁帽子王，但他是个郡王。

这里要插叙一下爵位问题。中国历史上的爵位分王、公、侯、伯、子、男六级爵位。后来在翻译外国文学作品的时候，译者按照中国的爵位来对应。清朝一共有十二级宗室爵位，分别是：和硕亲王、多罗郡王、多罗贝勒、固山贝子、镇国公、辅国公、不入八分镇国公、不入八分辅国公、镇国将军、辅国将军、奉国将军和奉恩将军。不入八分是什么意思？"八分"是现实中的八种待遇。类似于府里能用多少名太监、出行享受什么仪仗、佩什么样的刀，这些都是待遇。"不入八分"就是没有这八种待遇。[1]

在中国传统政治当中，待遇是一个很敏感的问题。待遇有关权威、地位。魏晋开始直到唐宋，我们常常能看到某某"开府""仪同三司""赏鼓吹一部"等类似的记载。明清则有赠官。它们实质上是赋予某项待遇，并不是授予实际的职权。但很多官员要的就是待遇，争的就是地位。权力意味着更大的责任、更高的风险，待遇是安全的、舒服的，纯享受的，何乐而不争呢？

我们再说回清朝的十二级爵位，这是封给宗室成员的，此外还有四个世袭爵位，叫作"小世职"，分别是：轻车都尉、骑都尉、云骑尉和恩骑尉。清朝入关后，但凡是跟着努尔哈赤起兵打仗还幸存的，都会封一个世职。这就好像公司上市了，原始员工每个人都会拿到一些原始股。小世职是可以世袭的。

第三，清朝对宗室的管理非常严格。皇室成员只要断奶了，就开始读书。读书是为了从小培养你的政治才能。以前的历朝历代，皇室成员骨肉相残、恣意妄为，归根结底是家教失败。子不教，父之过。皇子皇孙的素养直接关系到他们将

---

[1] 清朝入关之前，努尔哈赤将爱新觉罗子孙预定八家，每旗为一家，享有参与国政、领有军队等政治特权。此外，战利品和赏赐一般均分为八份，各旗等级较高的贵族可以参与分配。后来，"八分"的政治特权淡化，经济特权逐渐固定下来，成为贵族待遇的象征。

来把这个国家带到何处去,所以宗室教育要从小抓起。

每一年除了元旦和生日那一天,其他的三百六十三天,宗室子弟每天都要从天蒙蒙亮就起床上学,即使是寒冬腊月也得去。从上午五点到下午一点不停地念,只有师傅说你念得好了,你才能去吃午饭。这八个小时当中,学生只能休息一次,只有十五分钟。选出来给皇子皇孙教书的统称为"上书房师傅"。上书房师傅见到皇子皇孙是不用跪的,也不用拜,皇子皇孙如果背不了书、上课的时候嬉笑怒骂,上书房师傅是可以责罚的。如果学生有什么事情想走,要起身向师傅请假,师傅同意了才行。有一个皇子不听师傅的阻拦,带着几个太监出宫遛了一圈回来,受到了廷杖的惩罚。上书房的学业,皇帝会不定期抽查。上书房师傅有很多,有汉族的文官教四书五经,也有满族的官员教满族历史和满语,有蒙古族官员来教摔跤,还会有一些将领蒙皇上的恩典来教导骑马舞剑。

那么,皇子们什么时候才能毕业呢?成了亲、出了宫、有了自己的王府,从宗法上来说就已经离开了皇帝这个大宗,自立门户成了一个小宗了,那样皇子才算是从上书房毕业了。但是,他得在王府里面建立类似的机构来教导自己儿子。同时,皇子犯了错,也会被勒令回到上书房继续学习。比如,恭亲王奕䜣,被封为亲王了,还被咸丰皇帝命令回炉念书。

皇子到了六岁,除了读书还要开始上朝、听政,从小就让他们了解国家管理是怎么回事。同时皇子可以出去办差。皇帝会根据皇子的情况,分配一些力所能及的事情让他们去办,或者可以安排一些难题,要磨炼他们的能力,比如抢险救灾、守陵,到各营当军官。清朝非常讲究皇子皇孙的教养,因此我们就发现,清朝皇室的素质的的确确是比其他朝代要好一点。

第四,清朝官制中专门有一类"宗室缺",规定只能从宗室成员中选拔人选。这些职位公开透明,一方面让宗室成员有了工作的通道,另一方面又能把宗室的势力限制在可控的范围内。皇子皇孙,按例不能进入内阁、军机处,可是在国家危难的时候,可以破例。奕䜣和奕劻,都在清朝内忧外患的时候,进入了军机处。对于一些赋闲的皇子皇孙,皇帝也会给他们派些差使。

清朝还建立专门的机构来管理宗藩,这个机构叫宗人府。宗人府人员主要职责是管理宗室成员。宗人府的最高长官叫宗令，副手叫宗正。宗令必须由亲王或郡王来担任。宗正必须由十二级宗室爵位中的前八级担任。一般情况下，宗令和宗正，皇帝都不方便直接任命，改由宗室公推，一般是由健在的、辈分最高的宗室来担任。这就使得宗人府就相当于爱新觉罗家的家族组织。也正因此，宗人府是超品级的衙门。上朝列班、庆典活动的时候，宗人府名列第一，列内阁、六部九卿之前。各个部门之间、平级部门之间行文叫"函"，比如"刑部因某某事兹吏部函"。但是刑部要发文给宗人府是"呈"，比如"刑部因某某事呈宗人府"。

清朝宗室分"黄带子"和"红带子"。努尔哈赤及其兄弟的后代，在宗人府列入黄册，称宗室，俗称黄带子；努尔哈赤的堂亲和远支，在宗人府列入红册，称觉罗，俗称红带子。宗人府的主要工作，就是把皇室人口的生老病死、婚丧嫁娶和工作生活大事记录在册。虽然整个国家的人口普查从来没有进行过，但是爱新觉罗家每三年做一次人口普查。普查完了要上呈皇帝御览，皇帝每三年在中和殿搞一次玉牒的编辑、出版工作。宗人府还负责皇室人犯的违法违规的事情。如果宗室实实在在违法了，宗人府就要会同刑部一起来审讯。即使这个人爵位很低，刑部也不能单独审讯，而是要会同宗人府审理。涉及经济纠纷或者钱粮往来的，宗人府会同户部一起来解决。虽然在清朝之前，历朝历代也都有宗正这个职务和类似宗人府的机构，但没有哪个朝代像清朝这样管理规范。

后妃制度

讲后妃制度，我们要先厘清几个概念。我们通常把后妃称为"后宫"，进而用"后宫"指代皇帝家眷。有前廷才有后宫。比如故宫其实是被分成前后两个部分的，前面的三大殿是皇帝办公的地方，大臣们是可以进去的。后面从乾清门开始一直到神武门，是后妃和皇帝居住、生活的地方，大臣轻易是不能进的。前面这部分叫作"前宫"，也叫作"外廷"，跟它相对的就是"后宫"，也叫"内廷"。因为后宫住着的主要是皇帝的家眷,所以慢慢地我们就将后宫和后妃画了等号。地方的衙门也是前面办公,后面居住。

皇帝有很多妃嫔,人们津津乐道皇帝有"三宫六院七十二妃"。皇帝多妃嫔,是因为古代的医疗卫生条件差,幼儿夭折率高,皇帝为了保证江山后继有人,只有多生子女才能保证子嗣延续。要想多子就得先多妻。这是一个现实的考虑。另外,后妃多本身就是皇帝权威的体现。"妻"和"妃"本意是配偶的意思。"妾"是女性奴隶的意思。皇帝拥这么多后妃是从奴隶社会时期延续下来的习俗,表明上下有别。只有他才能拥有这么多后妃,展现了自己的权威和实力。一般的富豪,都不可能像皇帝那样,他在实力上就养活不了这么多家眷。皇帝的婚姻还有政治因素在里面。皇帝为什么要"定期"选秀呢?不是他要娶老婆,更多的是政治需要。尤其是当皇帝年纪比较大的时候,他有足够多的儿子了,他为什么还要定期选秀呢?这其实是联络各个政治势力的手段,让各大家族跟皇室联系的一个渠道。当然了,在这个过程中,皇帝是获益的,各个家族也是得利的,真正被牺牲掉的只是那些小姑娘,尤其是参加老皇帝选秀的那些女孩子。

"选秀女"和"选宫女",是两个不同的概念。秀女和宫女在本质上来说没有区别。她们都要入宫。后宫只有皇帝一个男人,后宫所有的女人都是皇帝的女人。但是具体过程和结局是不同的。

我先讲清朝的选秀女。首先,选谁?一般是八旗子弟的女儿才能参加选秀。外官文官同知以上,武官总兵以上,他们的女儿才能够参加选秀。同知是正五品。慈禧当年参加选秀的时候,他的父亲惠征是安徽的一个道台,官职是正四品。所以,慈禧不能嫁人,要先参加选秀。选秀对于年龄是有要求的:十四到十六岁。特殊情况,可以放宽到十七岁,但是超过十七岁是肯定不能参加选秀的。选秀女是每三年一次。如果有未婚女子超过了十七岁,又错过了选秀女,那是不是就可以自行婚配了呢?凡是符合选秀条件的人如果没有参加选秀,原则上是不能嫁人的。想嫁人,必须经过皇帝同意。这个倒不用一个人一个人地去请示,以旗为单位,一批一批地奏报皇帝就行了。

一开始这个制度实行得还挺好的，但是清朝中期以后，这个制度就很难执行了。因为人口增长得太快，每一次参加选秀的秀女太多。于是，选秀的标准也就水涨船高，主要是对秀女父亲的官职要求越来越高。光绪皇帝选皇后的时候，候选人基本上都是巡抚或侍郎的女儿。到了晚清，很少再有道台、知府的女儿参选秀女了。

选秀女和选宫女最大的区别可能是，秀女不一定入宫。因为选秀女，不是单纯给皇帝选后妃，其实是给所有的宗室皇子、皇孙选秀——当然主要是给皇帝，但候选人当选秀女后，也可能分配给宗室为妻。宫女是全部留在后宫的。清朝选宫女，年纪要求是十三岁，且必须是上三旗的女儿。上三旗是正黄旗、正白旗和镶黄旗。只有上三旗身家清白的女儿才能入选宫女。宫女中除了极少数被皇上看中、升为妃嫔，或者太后和皇后特别喜欢她，离不开她了，否则二十五岁必须出宫。宫女表面上看起来光鲜靓丽，其实日子很不好过。他们并没有专门的住宿宫殿，只能四处打地铺，而且吃的是御膳房的剩菜剩饭，经常挨打挨骂。只有四季衣服，宫女们是不缺的。但那也是为了让宫女们穿戴齐全了，面子上能好看一点。[1]

后妃和前朝官员一样，是分等级的。清朝后妃有皇后、皇贵妃、贵妃、妃、嫔、贵人、常在、答应之分，皇后、皇贵妃只有一位，贵妃两位，妃四位，嫔六位，贵人及以下没有定数。后妃晋升级别，是很困难的。只有皇帝登基的时候没有结婚，这批秀女才有机会直接当皇后、当妃，起码也能当个嫔。万一这个皇帝年纪很大了，后宫齐全了，那所有的秀女选进去以后基本上是从答应开始做起，很少能封为常在，能一举封为贵人的就更少了。

大家不要小看了这个等级，后妃等级和她们的待遇紧密相关。后宫只有十二座宫殿安排妃嫔，里面安排皇贵妃、贵妃、妃，连嫔都不一定有自己的独立宫

---

[1] 北京故宫太极殿东配殿耳房中，遗留有清代宫女的卧榻，房中除了陶壶等简陋器皿，一无所有。清代宫女"每餐置饭木桶，卤鸡、鸭肉二片佐之，臭腐不中食，还之下餐复进，故宫女姿色多消减"。

院。你等级够高，才能拥有自己的独立住处。低级的妃嫔（答应、常在）跟宫女没有什么本质物质区别，十四五岁离开父母，整天只能吃御膳房端来的大锅饭，有时候还可能是残羹冷炙，你想想她们的生活有多么悲惨。后妃进入皇宫以后，原则上来说永生永世都不能踏出紫禁城一步。慈禧是在十五六岁进入皇宫，一直到她七十三岁死的时候，只出过宫一次（除了八国联军侵华时西逃外），那就是她生下了同治皇帝，咸丰皇帝极为高兴，因为同治是他的独子，所以恩准慈禧可以回家省亲一次。这是天大的恩赐。所以，我们读《红楼梦》，书里为什么对"元妃省亲"这件事花费了那么多笔墨，当成一件特别隆重、特别大的事去写，其中一个很重要的原因就是这是一个天大的恩典。原则上来说，只要你进入了皇宫，即使你当了皇后、当了太后，除了死之外，你是不能踏出皇宫一步的。

后妃生下孩子以后，是享受不到母子或者母女的天伦之乐的。首先，嫔妃生下的所有孩子，在理论上都是皇后的孩子。孩子们都要由宫廷统一养育。为了防止皇子、皇孙和后妃乱伦，皇子和后妃相见有严格的规定。皇子和后妃不能单独相见，否则都要受到严惩。那万一后妃的儿子出息了，当了王爷，有了府邸了，那后妃能不能去投靠儿子呢？这是不允许的。皇帝死了，成了太妃，那能不能经常见到儿子呢？这也是不允许的。原则上来说，低级的后妃在皇帝死的时候没有殉葬就已经是开恩了。她们的余生不是在佛堂里度过，就是在深宫别院中度过。一些级别比较高的太妃、太嫔，可以居住在宫殿里，但是也要给新皇帝的后妃腾地方，搬去别的宫殿，好多人住在一起。当然了，如果她运气足够好，年纪足够老，成了太太妃，而儿子也成了皇叔、在外面称王称霸，又愿意奉养老母亲，这个时候就需要她的儿子向现在的皇帝提出申请，这样才有可能把她接到外面来。所以，大家不要以为进宫是多么好的一件事，万一女孩子入宫一辈子都是答应怎么办？后宫女子三四万，未见君者三十六年。很多秀女入宫后，一辈子连皇帝的面都没见过，只能"天阶夜色凉如水，坐看牵牛织女星"。唐诗中专门有一类"宫怨诗"，和"怨妇诗"相似。可以想见，宫中女子充满多少孤寂、怨恨，生命完全虚度了。[1] 所以，《红楼梦》里面元妃省亲，她为什么和奶奶、母亲抱头痛哭啊？因为宫廷生活的的确确不是一般女子能够忍受得了的。选秀是要女儿把一生都奉献给家族。家族的确从入宫女儿身上获得了好处，但是也把她的一辈子都搭进去了。

皇帝选后宫的本意，是希望后妃能给自己提供一个安静的后盾。皇帝住的叫"乾清宫"，皇后住的叫"坤宁宫"，从名字可以看出，他希望后宫安宁，能给自己提供一个安宁的后方。皇帝不希望后妃走到前朝来，不希望后妃干政。后妃一旦干政，就对皇权构成了威胁，所以这是皇帝尽力防范的一件事。实际上，皇帝无法杜绝后妃的政治影响，所以后宫干政一直存在。最极端的例子就是"垂帘听政"。

后宫有什么渠道可以干政呢？主要有这么三个。第一个渠道，皇后是国母，她的一举一动本身就带有政治含义。后妃也一样，她们存在本身就带有政治色彩，怎么可能和政治绝缘呢？况且，皇帝有时候还要后妃去扮演一些政治角色，比如亲蚕、联姻、联络等等。第二个渠道，后妃能通过日常生活的点点滴滴对皇帝产生影响。比如，有个大臣对皇帝的宠妃家很好，这种好会传给宠妃，进而潜移默化地影响到皇帝对这个大臣的评价。第三种渠道，皇帝驾崩以后如果新的皇帝"难产"，或者新皇帝年纪太小，中国古代往往是采取由太后辅政的形式。从皇权上来说，这种形式是对皇权的至高无上的践踏。但是从另一个角度来说，历朝历代以孝道治天下。小皇帝是不是应该听他母亲的？况且，太后是老皇帝的妻子，本来就是国母，本来就具有政治合法性。所以，每当需要太后走到前台，由她来辅政或者听政，官僚集团和读书人勉强也能接受。

---

[1] 白居易写的《上阳白发人》，描写了一位幽禁长达四十余年的上阳宫女的遭遇："上阳人，红颜暗老白发新。绿衣监使守宫门，一闭上阳多少春。玄宗末岁初选入，入时十六今六十。同时采择百余人，零落年深残此身。……宿空房，秋夜长，夜长无寐天不明。耿耿残灯背壁影，萧萧暗雨打窗声。……上阳人，苦最多。少亦苦，老亦苦，少苦老苦两如何！君不见昔时吕向美人赋，又不见今日上阳白发歌！"这位宫女还算是"好命"的，不仅一生衣食无忧，得以善终，最后还受封了"女尚书"。很多宫女因为生活恶劣，甚至活不到她这么大的年纪。

后宫干政最热闹的形式，是"垂帘"。慈禧太后垂帘听政过，武则天也垂帘听政过，不过后来她扯下帘子，干脆自己当皇帝了。其他的太后，都始终躲在帘子后面。

"垂帘"垂的其实不是帘子，而是一块纱，在清朝的时候是垂一块"黄幔"，这是一种透视效果很好的纱，黄色代表皇家。垂帘的本意是突出男女大防。太后是"未亡人"，怎么能和大臣们相见呢？那道帘子更深的含义是，强调后妃只能在幕后，不能名正言顺地行使皇权。

后妃没有特殊情况，不能踏出后宫一步，所以即使太后垂帘，也只能在后宫的养心殿听政。有些书上说，戊戌变法的时候，荣禄连夜向慈禧太后告密。但是从政治制度上来说，荣禄不可能向慈禧太后告密，因为他根本没法在深夜见到慈禧。慈禧不可能深夜在后宫召见大臣。荣禄深夜向慈禧告密，从宫廷制度上来讲是不可能实现的。

另外，"听政"意思是后妃只有听的权力，只有向皇帝提意见的权力，所有命令在名义上都只能由皇帝来发，还得以圣旨的形式发下去。在《走向共和》这部电视剧中，光绪皇帝和慈禧出逃，有一幕是光绪皇帝坐在前面，慈禧坐在帘子后面和大臣对话。保守大臣刚毅说了很多话，慈禧跟他吵了起来。吵到最后，光绪听不下去了，很生气地站起来拍桌子，把桌上的东西都给砸了。这一下，所有的大臣马上跪倒，连慈禧也闭嘴了，因为名义上，光绪永远是一把手。如果光绪生气了砸东西了，哪怕他是个傀儡、一点权力都没有，大臣们也要静下来。慈禧下的命令，光绪只要不同意盖玉玺，那么这个命令就不能生效。垂帘的本意是一种辅助措施、一种权宜之计。这也从另外一个方面说明，后宫对皇权的影响和干涉都是间接的；名义上，永远都是小皇帝在做决策。

"垂帘"是有时间限制的。皇帝亲政的日子，就是垂帘结束的日子。如果皇帝明确表达了我要亲政，太后就得撤帘，因为她的权力是依附于皇权的。

宦官制度

另外一个必须仰皇帝鼻息生存的群体是太监。后妃起码还有依靠，有自己的家族，太监什么都没有，比后妃更依赖皇权。一批太监依赖特定的某个皇帝。换一个皇帝，宫中就换一批太监。

皇帝和太监的感情，可能比后妃近得多。因为，深宫特殊的环境决定了皇帝和太监在一起的时间最多。皇帝从小就是太监带大的。抚育他、陪他玩的是太监，那等他当皇帝了，自然还会信赖、重用这些太监。明朝万历年间，河北肃宁有个姓李的男子，赤贫，连自己的女儿都养不活。实在是没有办法，他在二十多岁的时候自宫，然后到北京去当太监。他投靠了一个太监叫魏朝。魏朝问他叫什么名字，他说，在家无名，入宫后取名李进忠。魏朝说：那给你改个姓吧，叫魏进忠。辗转安排他在当时的东宫。当时万历皇帝对东宫太子极不喜欢，魏进忠进去以后的工作是打扫卫生。他在这里干了二十多年，从二十多岁干到五十岁出头。他发现东宫有个野孩子，他是万历皇帝的皇孙。当时，因为孩子的父亲即太子本身自顾不暇，根本没时间管理儿子。所以魏进忠就陪着这个小孩子玩，教他做木工活。那个场面其实算得上很温馨了。在深宫的夕阳下，一个孤苦无依的野孩子，一个年迈平凡的老太监，依偎在一起，窃窃私语。也许不会有人觉得这两个人能掀起什么波澜来。结果过了几年，万历皇帝驾崩。闲居东宫的太子登基了，就是泰昌皇帝。过了三个月，泰昌皇帝因为"红丸案"速亡，原来那个野孩子（朱由校）就当了皇帝。天启帝在情感上就把魏进忠当成自己父亲一样，离不开他。虽然魏进忠不识字，但是小皇帝还是让他当了权力最大的司礼监秉笔太监，帮自己批阅奏章。魏进忠获赐名魏忠贤。历史上赫赫有名的大太监，就这么诞生了。

太监其实是很值得同情的群体。太监和皇帝感情上的联系，是所有大太监诞生的根源。

太监对皇帝来说很重要。他们是皇帝的耳目,是皇帝延伸到宫外的手脚,而且他们离开皇帝又活不下去,所以皇帝似乎天生就更信任太监。太监和外官发生纠纷,皇帝往往偏袒太监一方。只要太监没有过分地违法乱纪,皇帝对他们都比较宽容,甚至睁一只眼闭一只眼。有的时候,皇帝还帮助太监打压外朝官僚。用宫廷太监来牵制外朝官僚集团,是古代帝王常用的"驭下之术"。

太监能够作恶,很大程度上是皇帝纵容的。这当中就有一个悖论:皇帝离不开太监,又要防止太监干政。皇权和相权,和文官集团的利益不一定是一致的,皇权和其他集团也存在矛盾,皇帝得提防大臣篡位,只能依靠身边的太监来制约大臣和其他集团,因为太监不可能篡位。所以,皇帝很自然地想依靠太监来压制相权,抵御其他威胁。皇帝的政治需要是中国历史上宦官专权诞生的重要原因。

宦官专权比较严重的朝代有三个:汉朝、唐朝和明朝。汉朝中期以后,所有的皇帝都是小皇帝,所以朝政总是在外戚干政和宦官专权之间更替。小皇帝登基,太后听政,导致外戚专权;小皇帝长大了,为了夺回权力,就依靠身边的太监发动政变,结果导致宦官专权,如此循环反复。唐朝李隆基小的时候就和同龄的小太监高力士友好。登基后,他不仅让高力士总管太监,甚至还让他去监军,就意味着太监能掌握军权。唐朝的御林军叫神策军,都由太监来监军。明朝朱棣是靠造反夺了皇位,依靠的基干力量之一就是燕王府的太监,其中比较有名的太监就是郑和。朱棣夺取天下后,倾向重用太监。而且朱棣这个人心理上老是觉得有人要篡位,喜欢搞一些特务活动。他加强集权,又成立东厂,管理不过来自然要太监来帮忙。这样,太监不仅掌握了特务机关,还掌握了批奏章的权力。明朝中期以后,皇帝缺钱,就会让太监到地方上去监矿、监税。皇帝对领军将领不放心,让太监监军。最后在某些地方,皇帝不用总兵,而是用镇守太监。当年袁崇焕在辽东打仗是带着监军太监的。监军太监可以先斩后奏,掌握了过大的权力。

那么,这个悖论怎么解决?一方面皇帝必须用太监,另一方面又要防止太监专权。清朝在这方面做得比较好。清朝有个机构叫内务府。内务府的职能主要有两项。第一项是管皇帝的衣食住行,第二项是管理上三旗事务。上三旗有很多包衣,包衣在满语里是"家里的"的意思。清朝把所有管理宫廷事务的部门都整合在一起，成立内务府。

首先，内务府不是太监的衙门。管理内务府的都是正常人。内务府其实是朝廷的一个组成部分，它不属于后宫而是属于外廷，只不过，它有一项职能是管理太监。这就杜绝了太监干政、专权的制度可能。之前的朝代，皇帝把太监凌驾在外廷之上，或者是把它和外廷放在同样的地位，让双方相互制衡。但是清朝从一开始就把太监群体置于朝廷一个部门的监管之下，从制度设计上就把太监的地位降低了。

内务府一共有七司三院和一些附属机构。这七个司分别是：广储司、会计司、掌仪司、都虞司、慎刑司、营造司、庆丰司。广储司是管财务的，皇室的收支都归广储司。这样就断绝了皇帝直接找朝廷要钱，做到公私分明。广储司还管接受贡品，相当于皇帝自己的账房。广储司下面还有著名的三大织造衙门：江宁织造、苏州织造、杭州织造。历任织造中，最著名的应该是曹雪芹他们家。曹家出身于上三旗的包衣，所以得到了这么一个肥差。会计司掌管皇家园林，还管发放口粮、招聘宫女太监。掌仪司，掌管礼仪。它下面有一个部门极其重要，就是敬事房。敬事房才是全部由太监组成的机构。为了抑制太监的权势，敬事房的首领太监级别为正四品。各个宫的首领太监一般都是八品。太监当到头了最多就是一个四品太监。都虞司管理皇帝的兵器和武装。

慎刑司是管所有上三旗和宫廷的刑罚的。即使是当到了首领太监也归慎刑司管，这就从司法上杜绝了太监专权。因为正常的文官，可以对内宫太监先斩后奏。外面的大臣，看到太监不法，可以通过内务府慎刑司直接惩罚。之前朝代那样太监对大臣生杀予夺的情况，再也不可能出现了。但是，慎刑司只能处罚到徒刑以下。更重的刑罚必须会同刑部办理。这样，就在制度上，让刑部有了监管、惩罚太监的合法渠道。

营造司就是管造东西的。庆丰司管皇帝和宫廷的牛羊畜牧。除了这七个司以外还有三个院，分别是：上驷院，管马匹和车驾的；武备院，负责造兵器、储备兵器的；奉宸院，管皇家园林和各种行宫、别院。此外还有一些附属机构，比如皇家陵寝、修书处、官学等。

内务府是清朝时全天下最大的一个政府机构。内务府一共有三千多名官员，而全天下一共有大约四万个官缺，可见为皇帝服务，围绕皇权的人员之多。内务府官员数目不包括太监。明朝的太监有十万，清朝的太监不超过三千三百人。清朝的太监待遇差，所以经常凑不齐这个数。（《钦定大清会典》卷八十九，内务府）

笔者之所以把清朝的太监制度作为一个典型拿出来说，是因为清朝的太监管理得比较规范，从制度上杜绝了太监干政的威胁。太监要想滥权，必须冲破朝臣的势力，可是清朝太监已经被置于朝臣监管之下了。清朝有一个顺治定的祖宗家法，宫门口有一块铁牌，上面写着"太监擅出此门者斩"。慈禧太后起初很喜欢太监安德海。安德海跑到山东济南去，山东巡抚丁宝桢就把安德海给抓住了，想把他给杀了。安德海说，你肯定杀不了我，有慈禧太后呢。丁宝桢说，我肯定杀得了你，凭你出宫这一点我就杀得了你。慈禧也不能违背顺治帝制定的祖宗家法。

清朝历代皇帝都有意地压制太监。顺治时期，有一次赐宴群臣。宴会开始，有几个太监先行拜谢皇恩，这是延续明朝的传统。顺治皇帝看不下去了，专门下旨："朝贺大典，内监不得沿明制入班行礼。"也就是说，太监不仅不能抢在大臣之前行礼，而且和大臣们一起行礼的资格也没有。皇帝明确表态：太监要低大臣一等！道光朝有一个奏事太监，姓曹。这个曹太监原来是乾隆皇帝的近侍，三朝元老了，所以有点倚老卖老。有一次，兵部有一件事情回复晚了，曹太监就在奏事处训斥兵部官员，说：皇上半个月前就把这件事情交代下来了，怎么还没有回复？道光皇帝听到后，把所有朝臣都叫来，当着他们的面廷杖曹太监。打完了，规定曹太监终生都必须在端门看门，永不得跨出端门一步，而端门是大臣上朝下朝的必经之路。道光皇帝通过这一件事告诉所有的太监，太监是不能训斥大臣的。

明朝时，朝臣与太监相见，相互行礼致敬。遇到大太监或者关键岗位的太监，朝臣们往往抢先行礼，内阁大学士也不能例外。清朝的情况就完全不同了。乾隆皇帝有一次看到乾清宫外廊下有两个朝臣自南而北行走，一个太监自北而南行走，双方擦肩而过，没有打招呼，也没有相互行礼。乾隆马上把首领太监叫来，规定凡是太监与朝臣相遇，不管双方品级高低，太监都要主动低头、让道。之后，太监和大臣在宫廷里遇见，哪怕官员品级比太监低，太监也要让入朝官员先走。

  北洋海军要举行阅兵仪式，慈禧太后派了醇亲王奕譞去，但是又不太放心，所以想要派个太监一起去看看，就派了李莲英"李大总管"去。李莲英也算是"钦差大臣"了。但是检阅的时候，醇亲王和其他官员落座，但是李莲英不敢坐，他一旦坐下去就是和大臣平起平坐，这是不合规矩的。可他站着看也不行，李莲英就侧着身子、哈着腰，端着奕譞的水烟袋，站在一旁。整个过程，他愣是没正眼看军舰一眼。休息的时候，北洋水师准备了两个小院，李莲英也不敢住，他就在奕譞房间的地板上窝了一个晚上。这就是清朝权势熏天的大太监出宫以后的样子，从中可见清代太监地位之低。

第五讲　君臣相防：中枢决策机构的演变

如果把权力结构比作一个金字塔，塔尖最顶点的那个就是皇帝，下面次一层就是中枢决策机构。既然是中央集权政治，天下大权都汇总到中枢决策机构这里，那么中枢决策机构的设置和参与决策的人选就非常重要，关系到政治的好坏、国家的长治久安。从这一点出发，皇帝很重视中枢机构及其人选。同时，从帝王专制的角度出发，皇帝又不希望集权的中枢机构妨碍到皇权，威胁到自己的权力。既要让中枢高效、权重，又不能让中枢脱离控制、权势过重，皇帝要在这两点中做一个权衡。

讲中枢政权的演变，我们要从贵族政治到贤能政治的转变讲起。

从贵族政治到贤能政治

国家刚诞生的时候，中国的的确确是"封建社会"。什么叫封建社会？就是中国进入奴隶社会时的那种形态：封邦建国。全国有一个王，周天子也好，商王也好，夏王也好，它就只有一个王。王分封贵族到四方去，建立诸侯国，所有的诸侯都是这个最高的王封的。

比如，商汤推翻了夏朝，建立了商朝。这么大的地方怎么管理？他就开始分封。先封自己的兄弟、子侄，派遣到各地去建立诸侯国。不管爵位是公也好是侯也好，统称诸侯。还有部分诸侯是开国功臣或者地方实权人物。比如，西周刚建立的时候，第一个分封的就是齐国。齐国的第一代国君是姜子牙，因为他辅周灭商，立下了大功。天子还分封了一些地方上的实力派。夏朝也好、商朝也好，都带有部落联盟蜕变成国家的痕迹。部落联盟意味着许多部落联合起来，你虽然是最大的部落，但地方上还有许多小部落，那你怎么办？你就得分封，承认小部落的实力。典型的例子就是楚国。楚国存在的时间很长，但是它既不是西周血缘关系内的诸侯国，也不是功臣，它本来就在南方独立发展起来的。所以，西周统一了天下，怎么安排楚国呢？干脆，原来你占的地方都归你，我封你为诸侯，封你为子爵，叫楚子。你定期进贡南方特产的一种茅草（包茅、菁茅）就行了，表示对我的臣服。楚子每次就挑选最好的茅草送到周天子那里，典故"包茅之贡"就是这么来的。

封建社会，最核心的一点是什么？就是权利和义务的关系。周天子能不能随意杀了楚子？不行，楚子说，天子没有这个权力。楚子说，我不给你茅草了，行不行？不行，因为这是诸侯的义务。只要大家履行了各自的权利和义务，天下就能够相安无事。这是封建社会的精髓，不论是行政管理还是社会结构。英国资产阶级革命是怎么爆发的？当时英国就是典型的封建社会。国王说，我没钱了，我要加税。下面的贵族说，加税可以，怎么加我们得召开议会，大家得商量着来。国王和贵族谈不拢，战争就爆发了。

诸侯国对天子有什么义务？第一个，镇守地方。这当然也和诸侯的利益是一致的。第二，追随周天子征战。分封诸侯后，天子直接管辖的地域远远比不上诸侯国的总和，周天子的军队很少，诸侯加在一起的力量远远大于天子，但是他们仍然是听天子的。天子可以传檄天下，让各路诸侯出兵，组成军事联盟去打仗。第三，诸侯定期朝拜周天子。第四，诸侯和诸侯之间发生了纠纷，不能自己打架解决，要找周天子来裁决。天子是高于诸侯的裁决者。这些是诸侯必须遵守的义务。诸侯在他的封地里面就是天子，可以行使完全的权力。周天子不能管他，诸侯也可以拒绝履行义务之外的事情。周天子如果要增加楚国进贡茅草的数量，也要和楚子商量，不能任意增加。

天子的义务是什么？第一，保证天下安宁，保证所有诸侯的安全。如果诸侯有危险，天子要号召诸侯救援。春秋首霸齐桓公为什么能号令天下？因为他行使了部分天子的义务。当卫国被蛮夷武装灭国的时候，齐桓公出面，号召天下，帮助卫国复国，这本来是天子应该履行的责任。第二，天子要解决诸侯之间的纠纷，解决一些跨国的矛盾。比如，号召各国联合起来治理黄河、解决诸侯之间的领土纠纷等。第三，天子要遵守自己和诸侯之间的权利与义务关系。

封建制带有浓重的宗法制的痕迹。商王也好，周天子也好，他是全天下的大宗，商王的子孙、周王的子孙，永永远远都是商王、都是周王。诸侯的子孙永远都是诸侯。嫡长子以外的子孙，怎么办？继续分封。周天子的儿子，除了一个人继承天子以外，其他的人都可能成为诸侯，诸侯的儿子可以成为卿，卿的儿子变成大夫，大夫的儿子变成士。大宗一直延续，大宗的旁边又繁衍出很多小宗。大家都是贵族，都在宗法系统内。

贵族，是和封建制紧密相关的一个概念。封建社会产生贵族形式。但贵族不是单纯由血缘决定的。你这个人再有钱，别人说你是暴发户，不会说你是贵族。你如果真的是贵族，你再没钱，别人也会说你是贵族。电影《霍比特人》里面，矮人国的王子叫索林·橡木盾。在现实中，他是王子吗？他的爸爸、爷爷的确是矮人国的国王，但是矮人国已经覆灭了，索林没钱、没有国土、没有王冠，那为什么大家还承认他是王子？为什么矮人国的遗民会继续听他的，去进行一场前途难料的远征？这是由他的能力和他的荣誉感来决定的。贵族是由内涵决定的。能力加上荣誉感，再加上内在的精神追求，才能塑造一个贵族。真正塑造贵族的不是金钱。

在西方的历史和战争影片里，首领都是能力出众的人物，他们经常号召大家的口号是"为了荣誉"（For Honor）或者"为了自由"（For Freedom）。有一种内在的精神在支持着他，他把荣誉、自由、正义看得比其他东西重要。更重要的是，他用实际行动实现这些目标。所以，人们愿意追随这样的领袖。这当中暗含着一种权利和义务的关系。大众认可首领的目标，服从首领的指挥；首领要带领大众为了目标而奋斗。他统一了英格兰，他就是英格兰的王，他再分封跟着他奋斗的人为贵族，等于是把权利与义务关系扩大化、规范化了。近代英格兰、法兰西就是这么产生的。欧洲的许多国家，都有这么一段历史。

中国古代，最开始的国家形态，夏朝和商朝的时候，政务相对比较简单，唯一的王就拍板决定了。遇到疑难问题了，就烧龟甲和兽骨，进行占卜，让上天来决策。甲骨文就是这么来的。到了西周，尤其进入春秋战国后，政务越来越多、越来越复杂，新情况、新问题层出不穷。周王和诸侯当然也还占卜，同时渐渐引入了"朝议"，就是若干贵族在朝堂上商量问题，最后由君王决策。朝议开始取代占卜，中枢决策制度的雏形出现了。遇到什么事情，几个大贵族凑在一起就把这个事情给商量着办了。

春秋战国时，决策的核心阶层是贵族阶层。宗法制决定了不论是天子、卿，还是大夫，大家在血缘上都有或近或远的联系。国家政事，相当于他们的家事。有什么事情，大宗和几个主要的小宗凑在一起，大家在家族内部就解决了，家国是不分的。更重要的是：君权是受到限制的。

君权怎么受到限制呢？重大政务，诸侯或者天子不能自行决定，需要和贵族坐下来商量。比较极端的例子是，天子特别讨厌一个大夫，他能不能把这个大夫推出去斩了？他可以这么做，但是新的大夫是被杀大夫的儿子，他还是不一定会听你的。孔子时代的鲁国，内政有一个大问题：三桓作乱。三桓是鲁国贵族阶层里面的小宗，势力膨胀，蔑视、欺压鲁国国君。鲁国的国君却不能把三桓连根拔起，因为三桓在各自的封地里面是大宗，具有天然的、不可动摇的权威。只要君臣关系是建立在权利和义务之上的，君王的权力就受到限制。

君王反受臣下的欺凌，就是孔老夫子说的"礼崩乐坏"的一大表现。除了鲁国，作为大国的晋国，后来被韩、赵、魏三个大夫瓜分了，史称"三家分晋"。另一个大国齐国，原本姓姜，是姜子牙的封地，春秋末期时改姓田了。怎么回事？贵族田氏坐大，把姜子牙的后裔推翻了，取而代之。

分封和宗法制，体现在行政区划上，造成先秦时期没有类似后代的地方行政。天子分封诸侯，诸侯又把国土分封给卿和大夫，卿和大夫们分割一方。在方圆五十里或者一百里的地方里面，卿或者大夫就是统治者，他说了算。卿大夫会在封地中，找一个人口密集的或者是环境好的地方建造城池，自己居住，也作为行政中心。这座城池就是"邑"。因为卿大夫由邑所在的地区来供养他，邑也叫作"食邑"或者"采邑"，一般以居民的户数为单位。后代逐渐演变为"某某贵族食邑多少户"，意思是他的封地有多少户口；"万户侯"就是封一个食邑一万户的侯爵。先秦时，卿大夫的封地因为规模小，人口也少，所以没有发展出后世那样专业化的、具体的行政机构来。

贵族政治为什么慢慢行不通了呢？西欧的贵族政治，按照马克思的说法，是被大炮轰没的。在中国，是我们社会内部把它埋葬了。贵族政治的消亡，是一个长期的过程，原因很多、很复杂，这里就说一些比较突出的表现。

春秋战国是一个什么样的时代？春秋战国是天天打仗，一年一小仗、三年一大仗，十年天下重新洗牌的时代。这样的时代，必然会对作为统治者的贵族阶层的个人素质，提出极高的要求。贵族一旦能力跟不上形势的发展，就可能被其他贵族吞并。为了维持自己的地位和物质待遇，他们是不是要让能干的人去干？比如说，你是贵族，敌人来侵略你的封地了，如果封地失守了，被别人夺走了，那你就什么都没了。你为了守住食邑，是不是要把一部分权力转让给他人。这个人很可能不是贵族。非贵族的人就这样，通过"时势造英雄"，掌握了部分政治实权。他不是世袭的，完全靠个人能力参与政治。那个时代有利于有才华的平民跃升到权力场上来。

随着人口的繁衍，按部就班的贵族传承也出现了问题。土地能够供养的贵族数量是一定的，一旦贵族阶层的自我繁衍超过了生产力的发展速度，必然导致部分贵族子弟跌落出本阶层。比如，现在的北京属于古燕国。燕国首都最初在现在北京西南郊区良乡一带。燕国开始是一个方圆百里的诸侯国，如果燕国国君生养了一百个子孙，怎么办？这就注定有一些子孙不可能像祖先一样，继续高高在上当贵族。慢慢地，经过五代十代人，大部分的贵族子孙除了有血统以外，实质上已经沦落为平民百姓了。比如孔夫子，孔子先人是宋国贵族。到孔子这一代，年轻的孔子，在别人出殡的时候，给葬主唱挽歌，以此谋生。到春秋晚期和战国时候，中国社会上游荡着这么一群人。这群人流淌着贵族的血液，但已经不是贵族,也不是奴隶,不是平民。他们受过一定的教育,掌握知识和文化,又没有机会掌握政治权力,实现自己的抱负。这群人,有一个专门的字形容他们,叫作"士"。[1]

当时,周王室已经衰落到极点,天下缺乏一个强大的权威。春秋时代是一个低强制性、高流动性的社会,士散于野,百家争鸣。人们思想活跃,天南海北地自由迁徙,此外,思想观念、信息文化、科学技术乃至各种物资的流动非常频繁。士,可以说是所有这些资源的一个载体。诸侯和贵族阶层很需要这些资源,不管是思想理论还是人才,旧的统治阶层都很需要。有很多人就说,诸侯争霸,各个诸侯国争夺的不是领土,而是士。士,代表着当时有文化、有能力的阶层,谁争取到这个阶层支持,谁就能够争霸天下。商鞅、苏秦、吴起、孙膑、百里奚等等,都是士。北京朝阳有个地名叫作金台夕照。金台夕照是什么意思呢?古燕国的燕昭王,用黄金垒了一座台子,向全天下人宣布:谁到这个地方来向我证明你有本事,这些黄金就是谁的!天下士人闻风而来,燕国因此一度强盛。士为知己者死,说的是士人感恩知遇,珍惜机会,忠诚做事,为雇主效劳。贵族阶层主动让渡部分权力给其他阶层,到战国后期,各国掌权的人很大一部分已经不是世袭贵族,而是凭真才实学上升的新统治阶层。

秦国之所以能够统一六国,得益于商鞅变法。商鞅变法,很重要的一条是奖励军功。就是说,秦国不看一个人的出身来决定他的地位,而是看他的功劳。一个秦国人斩首多少,就能获得多高的爵位,掌握多大的权力。这就给了平民跃升地位的制度渠道,秦军战斗力也因此大为增强。到了秦汉,这个趋势更加明显。之前,位居宰相的人,都是贵族。汉武帝可能是有意提拔非贵族出任宰辅重臣。

---

[1] 士在先秦时,应该是贵族阶层的"边缘人",或者是最底层。凡是有贵族血统,但没有贵族爵位的,似乎都可以算是士。进入战国,士的血缘特性逐渐淡化,知识属性日渐增强,成为脱离平民阶层的知识分子的通称。他们有学问、有才能、有抱负,高度重视个人价值和尊严,渴望施展才华的舞台,成为重要的政治力量。隋唐以后,士的概念又变化为读书阶层的称呼,成为中国传统社会四民(士、农、工、商)之首。隋唐之后的士,是读书的、潜在的统治阶层,以及传统政治所依靠的社会基础。

公元前124年，汉武帝任命平民公孙弘为丞相。这个年份值得在中国政治制度史上大书特书。这意味着皇帝完全看臣下的思想倾向、才能素养来任免使用，血缘并没有那么重要了。从此以后，从权力金字塔的最高端到最底层，政府职位都向所有人开放了。

当然，这个过程不是在哪一年或者是哪一个人完成的。中国从贵族政治到贤能政治的过渡是一个漫长的事件。在某个时期，贵族政治和贤能政治可能并存不悖，也有可能贵族政治虽然在制度上消失了，但它的影响一直还在。贵族的称号始终存在，不过后来变成了单纯的爵位称号，和封地、实权剥离；获得方式也以能力和功绩代替了血缘。在先秦，大家都是觉得贵族的子孙当官。到了两汉，谁能当官？孝廉能当官，谁在家里对父母孝顺，谁道德清高，谁就能当官。到了唐宋时，谁能够当官？大家心里就会想"学而优则仕"，谁的学问大，谁就能当官。不论是哪种标准，从两汉以后，大家都不认为谁父母好就能当官，而是贤德和有能力的人才能当官。天下官位，有才有德者居之。明清时，有的达官显贵，权势煊赫一时、家财万贯，但如果子弟不肖，他自己就会惴惴不安，知道权势很快就会不保。

中国古代官制的设置，也和从贵族政治到贤能政治的转变相关联。先秦重臣，有"师""傅""保"。这些官名本身就显示了对君王的不敬。凭什么君王得叫你"师傅"，凭什么就得由你来"保"？但是，君王必须和这些人商议重大政务。这些官名带有贵族政治的痕迹。周朝初期，周成王年幼，周公在贵族支持下，竟然摄政，代行政权，对周成王耳提面命。商朝的伊尹更"僭越"。伊尹作为丞相，觉得商君不行，就把国君放逐了！在后代，这可是"擅行废立"、大逆不道的罪！在商朝，大家觉得是正常的，因为有贵族政治的风气。后来，师、傅、保前面加了一个"太"字，成了太师、太傅、太保。它们用来安置德高位重的老人，基本上没什么实权了。曹魏时，曹爽和司马懿夺权。司马懿原来是骠骑大将军，曹爽借口司马懿劳苦功高，骠骑大将军不能够和司马懿的功劳相匹配，应当升官。司马懿说我不想升官，曹爽说就得升官，去当太傅。一当太傅，司马懿就傻眼了，虽然地位上去了，但任何实权都没了。当时原先贵族职位的虚化表明贵族政治土壤的变异。

皇权与相权的缠斗

相权是中国政治制度史中仅次于皇权的、第二重要的概念。什么叫作相权？从狭义上来说，相权就是宰相的权力，从广义上来说，相权是以宰相为代表的官僚集团的权力。官僚集团和皇帝，是政治斗争的天平上的两个不同的砝码。皇权至高无上，但是相权能够对皇权构成极大的束缚。

先秦没有"宰相"这个词。先秦有"宰"。"宰"这个词的本义是副的意思，"宰"相当于诸侯和国君的管家。诸侯家中乱七八糟的事情，钱怎么收怎么花，家里的出游怎么安排，由宰来负责。先秦还有"相"。"相"这个角色相当于君王诸侯家门以外的行政事务负责人。虽然在封建结构下面，诸侯直接管辖的地方很小，但是诸侯直辖的地区的行政事务由相负责。相被叫作百官之长。后来，宰、相合称，成为官僚集团的首领，叫作宰相。

秦始皇是开天辟地的皇帝。他奠定了中国传统社会政治制度的基础。秦始皇设立了丞相、太尉和御史大夫。三人并称为宰相。但在这三个人当中，实权以丞相最大，丞相就变成了相权的代表。原来在封建时代辅佐君主的师、傅、保变成了太师、太傅、太保"三公"，实权转移到以宰相为首的官僚集团的手里。

权力有两大属性。第一个属性是排他性。通俗的理解就是"我说了算"，不允许其他人说了算。如果一件事情，权力所有者说了不算，大家还会觉得他拥有对此事的权力吗？这是权力的第一大属性，排他性。第二个属性是扩张性。这件事情我说了算，那么下一件事情我能不能说了算呢？权力所有者自然而然就想把现有的权力扩张到其他时间、其他地点去。皇权肯定带有这两点属性，相权也是。两者并存，肯定会产生矛盾。

皇权和相权的矛盾，在古代如何表现呢？有一种极端的情况，握有大权的宰相或者权臣，把皇帝取而代之，篡位了。更多的情况是，皇帝把宰相打倒了，客气一点的让宰相退休，不客气的就革职罢官，残酷一点的呢，就刀光剑影，皇帝把宰相抄家灭门。在中国古代，基本趋势是皇权盖过相权。皇帝通过各种各样的方法，尤其是通过制度设计，把相权不断地削弱，不断地边缘化。西汉前期，朝堂议事，君臣席地而坐。宰相上殿，皇帝要起身相迎。散朝时，宰相告辞，皇帝也要起身相送。皇权和相权还处于一种比较平等的状态。到了清朝，皇帝说话，宰辅重臣要跪听圣训。宰相进出，皇帝不仅不用起身迎送，宰相还得弯着身子、低着头、恭恭敬敬地进出。见到皇帝，大臣要屈膝跪拜。这点礼仪，典型反映出皇权和相权的消长趋势。

秦汉的宰相，把天下政务汇总、处理后，再向皇帝汇报。宰相觉得一些事情不需要皇帝知道，自己就拍板处理了。而且，宰相自行征辟僚属。宰辅大臣自行"开府"。开府的意思是，大臣建立机构，征聘人员，处理政务。此外，宰相定期召集九卿和其他官员，向自己汇报事情。宰相等于是"大拿"，把所有的事情都处理了一遍，定期向皇帝汇报，等皇帝最后点头。宰相负责政治汇总、整理归纳，权力很大，相当于半个皇帝。

皇帝很快就有意见了。一方面，皇帝觉得皇权受到限制，不能随心所欲，很不方便。比如，皇帝看好一个人，想任命他当北平太守。皇帝和宰相一说，宰相说：行啊，我把皇上的人选拿回宰相府，开会讨论一下。你说，皇帝听到这话，心里能高兴吗？排他性是权力的基本属性。如果连官员人事都得宰相同意，皇帝能不觉得权力受限吗？另一方面，皇帝觉得相权阻碍了政令实施，效率太慢，不利于皇帝意志的贯彻落实。比如，匈奴为患边疆，皇帝决定出击匈奴。宰相也同意了。他领了圣旨后，回到府里召集官吏开会，商量怎么落实圣旨、怎么调兵、用谁领兵、使用什么战略战术，商量定后再把政令散发出去，送到边关或者送到各地去调兵。两三天后，相关军队能集结起来，就已经算是快速了。皇帝觉得这个效率太低了，还不如我直接下令呢！皇帝一个人想好谁领兵谁打仗、怎么打仗，立刻就把命令下发给目的地和目标对象，第二天就能开拨打仗。绕开宰相，皇帝乾纲独断，效率不是更高吗？

西汉开国几十年后，还真遇到了这么强的一位皇帝。他年纪很轻，雄才大略,想干的事情很多,又极为刚愎自用,觉得世界上没有自己干不了的事情。这个皇帝就是汉武帝。汉武帝有很多想法,比如开凿运河;削藩,把宗室的封地都夺回来;出击匈奴,最好是把匈奴彻底消灭;开疆拓土,把南海之滨、西南蛮荒都纳入帝国版图,等等。汉武帝觉得以宰相为首的行政机构,用起来既不听话,能力又差,办事效率太低。那他怎么办?汉武帝开始直接给各部门、各地区下命令,但他不可能亲自去颁发政令,也不可能亲自去了解事情的进度。他就利用一些在他身边收发文件、整理图书的人,即尚书[1]。

西汉的尚书是品级很低的官员,一般都是些资历很浅的年轻人。汉武帝就吩咐这些人去宣布圣旨,监督政令的贯彻落实,慢慢让他们帮忙出谋划策,又让其他官员把重要的事情直接告诉尚书,再由尚书转告。汉武帝觉得这么做很好,能够迅速贯彻自己的意志,很顺畅,他想怎么办就怎么办。

在新架构下面,以宰相为首的原有机构,只执行"例行公事"。皇帝不关心的事,或者是例行公事,比如,某个地方今年下雨晚了一个月、某个地方的道路如何规划,仍还是交给三公九卿来处理。军政大事,皇帝和尚书们凑在一起处理。尚书渐渐成为一个独立群体,东汉设尚书台统领之,至曹魏发展为尚书省。尚书的首领叫"尚书令",副职是"尚书仆射",一般分左仆射、右仆射。尚书台(尚书省)协助皇帝中枢决策,皇帝通过尚书令下发政令,通过尚书令上传下达。尚书令就变成了事实上的宰相。到了汉末魏晋,三公也好、宰相也好,如果不兼任尚书令,他的这个宰相就是"假相";兼任了,就是"真相"。原来,尚书是低级官员,相当于一些年轻才俊暂时没有去处,或者资历不够不便安排,先在宫中帮皇帝收发文件。尚书一开始是被人挺不看好的小官,现在则是大家放着宰相不当,争着去当尚书令或者尚书仆射。丞相、太尉、御史大夫或者大将军,兼任尚书令。实权虽然有了,但觉得掉价,嫌弃兼职的品级太低了。后来就在尚书令上面加了一个职位,叫作"录尚书事",就是负责记录所有尚书干的事。录

---

[1] 秦及汉初,少府属下有处理皇帝身边起居琐事的小臣,如尚冠、尚衣、尚食、尚洛、尚席等,与尚书合称"六尚"。尚书在发展前期宦官和正常人杂用,后来渐成文官专职。

尚书事是一个差事,并不是严格意义上的官职。它后来居上,取代了尚书令,变成了"真相"。我们翻史书,看魏晋南北朝时,如果没有录尚书事、有尚书令,那么真正的宰相就是尚书令。如果既有尚书令又有录尚书事,那么"真相"就是录尚书事。

大家都读过《三国演义》,蜀汉诸葛亮的职务是什么,他是"真相"还是"假相"?诸葛亮是"真相",因为他的职位是武乡侯、丞相、录尚书事、领益州牧。他既有爵位,有名义上的丞相之位,又有实权职位,名实相符。再加上当时蜀汉只占有一个州,就是益州。诸葛亮不惜以宰相之尊兼了益州牧,是不折不扣的权臣。诸葛亮很幸运,碰到了刘禅这样脑子不是太清楚的君主(要不就是脑子太清楚了)。不然的话,蜀汉内部皇权和相权的斗争会白热化。

后来,汉武帝的接班人们又觉得,尚书省还是不好,相权的束缚依然存在。虽然名字换了,丞相不是"真相"了,但是尚书令或者录尚书事成了相权新代表。皇帝就想,能不能绕过尚书省去行使权力呢?于是,皇帝又开始利用"身边人"。这回轮到"中书"。中国古代官制中有许多带有"中"字的官职。这里的"中"指的是宫廷,大家不要把它理解成是一个方位,它指的是"禁中"。皇宫在古代是禁地。皇帝一人居于禁地的中心,帝王的居所就是"禁中"。与禁中紧密相关的官职往往带有"中"字。比如,太监又称"中官";中领军、中护军,是禁卫军的官职;此外还有"中行人""给事中""侍中"等等。那么,中书是什么?在禁中,也就是皇帝身边处理文书档案的低级官员,叫作中书。皇帝对尚书不放心了,就让尚书单纯负责执行,我交代你办什么事情,不和你商量应该怎么办。那么,他和谁一起商量决策呢?中书开始参与决策。中书一开始也是小官,后来也扩充为"中书省"。中书省最高长官是"中书令"。

单纯用新机构来架空旧机构,这么循环下去是没有尽头的,只能变成恶性循环,机构越来越庞杂,相权的阴影始终存在。果然,皇帝很快对中书省也不放心了。再加上尚书省和中书省也干了一些不好的事情,比如汉武帝时,尚书郭通带刀行刺汉武帝,虽然没有成功,但是汉武帝很生气,命令尚书省迁出禁中。尚书省的行政权大受影响。中书官员虽然在禁中,但他们是正常男人,曝出了个别中书跟后妃私通的丑闻，后来皇帝把中书机构也迁出了禁中。尚书、中书都不在身边，皇帝就依靠亲近宦官处理政务，"门下官员"横空出世。

"门下"，意思是在大门外面随时听候召唤。秦汉时置侍中，侍从皇帝左右，至晋朝正式定名"门下省"门下官员一开始多为宦官。门下省的官职，比如说黄门侍郎、散骑常侍，都是一些侍卫官、顾问官、皇帝的随扈。门下省的长官叫作"侍中"。皇帝倚重门下省，结果就变成了尚书令、中书令和侍中三驾马车并驾齐驱。他们三人变成了"真相"，原来的丞相、御史大夫和太尉变成了新的"三公"。

至此，我们可以做一下总结，在相权和皇权斗争中，皇帝是通过什么样的制度安排来削弱相权的。第一，原来的宰相职位都还在，但是轻易不拜相，防止出现宰相——哪怕是名义上的。只有万不得已，像司马懿这样功高震主，没有办法安排了，才安排他担任太傅。或者是像诸葛亮之类的，大权在握，封不封他当宰相都没有本质区别了。或者是像王莽那样，自封宰相。第二，皇帝调派官员交叉任职，防止专人专职，势力膨胀。比如，皇帝让郎中令去兼中书令，或者让廷尉去兼侍中，又或者让左将军去兼尚书令，人为制造职位和权责的交叉，让大家相互牵制，防止出现"真相"。第三，釜底抽薪，那就是树立新的相权，让新宰相和老宰相去斗，让"真相"和"假相"去斗。斗来斗去的结果呢？旧相权被埋葬了，新相权不断涌现。机构越来越膨胀。本想釜底抽薪，结果却是叠床架屋，剪不断，理还乱。中书、门下帮着皇帝决策，原本的决策班子三公也还在；尚书省里有各位尚书负责行政，原本的行政机关，九卿、五寺依然存在。

机构越来越庞杂，怎么办？到隋唐时期，中枢决策机构进行了一次根本性的改组，那就是确立了三省六部制。

三省六部制起于隋朝，终定于唐朝。在隋朝，因为隋文帝杨坚的父亲叫杨忠，中书省要避讳，就改名叫"内侍省"。门下省、内侍省、尚书省并列隋朝三省，其中尚书省下面有六个部：吏、礼、兵、刑、户、工。三省中，内侍省负责决策，门下省负责审查，尚书省负责执行。隋朝停止了原来树立新相权来约束旧相权的做法，在内部进行了分权制衡。任何一个人都不可能像先前那样对皇帝构成那么大的威胁，因为他只掌握权力的某个环节。所以，隋唐的做法比两汉魏晋南北朝的做法要高明得多，停止了机构的继续膨胀。

唐朝时，内侍省又恢复叫中书省了。唐朝皇帝最倚重中书省和门下省。当时的中枢决策是这样的：中书省先拿出一个方案来报给皇帝，皇帝说方案可行，方案转到门下省审议；门下省如果说方案不行，拿回去重做；门下省如果认可方案，再转发尚书省执行。集体决策，任何人都不能大权独揽。三个宰相也一样，谁都不可能大权独揽。

皇帝还是不放心：万一三省长官联合起来反对我，怎么办？扩张性是权力的基本属性之一，它在扩张中自然是希望阻碍越少越好。唐朝皇帝又搞小动作。第一个小动作是把三省当中实权最大的尚书令取消了。尚书令直接管人管事，还负责政务执行，执行到位不到位，相差一百倍。尚书令的实权很大。李世民登基后永久取消了尚书令。为什么取消呢？因为李世民登基之前担任过尚书令，大臣们为了避讳，都避让尚书令。唐朝尚书省的长官就变成了尚书左仆射和右仆射。尚书左、右仆射和中书令、侍中四个人并称为宰相。但是左右仆射不能参与决策，中书令和侍中决策。有个成语叫作"房谋杜断"，"房"是房玄龄，"杜"是杜如晦，他们一个是中书令，一个是侍中，一个人拿主意，一个人来判断是否可行。

门下省有一个会议室，叫作"政事堂"。为了提高效率，免得决策在两个部门间反复驳议，中书令和侍中事先常凑到政事堂商量可否。有的时候，二位集思广益，也邀请尚书左、右仆射列席会议——可能为了听取尚书省关于决策贯彻落实方面的意见。政事堂会议就聚集了唐朝掌握最高实权的四个人。很快，朝野把能否参加政事堂会议，作为判断宰相的标准，称呼列席会议的人"同中书门下平章事"，像中书令和门下侍中一样，拥有在政事堂处理奏章的权力。比如，尚书左仆射加同中书门下平章事，他就可以进入政事堂参与最高决策。唐朝也好，宋朝也好，凡是加此名号的人，都是"真相"，没有此名号的人，即使当到了太傅，也是"假相"。又因为唐朝中书令和门下侍中的级别是三品，"同中书门下三品"也成了事实宰相的称呼。有个名词叫"金龟婿"，丈母娘都希望女儿钓得金龟婿。唐时，官员在腰间会挂一个坠子，中低级官员挂的坠子是左右对称的鱼符，三品及以上官员是用黄金做的小乌龟。又因为三品是宰相的级别，所以钓得三品高官，就是嫁入达官显贵的意思。"金龟婿"寓意显贵。此外，"参知政事""平章政事"等也成了事实宰相的称呼。

政事堂会议，皇帝经常会让多名大臣参加，事实宰相可能不止三个四个，有时候会有十个八个。比如唐初大臣魏征，本职是秘书监，也获得了政事堂议事的资格，事实上也是宰相。在这个决策群体中，总会有人因为威望、个性等原因，比较强势，拍板拿主意。同时，议事完毕，总会有人负责起草结论。起草者就能在奏章中贯彻自己的思想，实际权力就盖过了同僚。这样的角色，就被称为"首相"。比如李林甫、杨国忠，他们身上又出现了相权的影子，成为权臣。虽然唐太宗进行了分权制衡的设计，但在实践当中，还是出现了相权膨胀的情况。皇帝会怎么办呢？

堡垒最容易从内部攻破。皇帝在中书省、门下省开始扶植新势力。中书省具体办事群体是"中书舍人"。中书令等长官不可能亲自决策、草拟奏章，他没有这个时间和精力。政务进入中书省，中书舍人先草拟意见，再报给中书侍郎、中书令，长官认可了，就成了中书省的正式意见。事实上，很多时候中书令是照搬中书舍人的意见。决策实权原本就在下移，现在皇帝有时故意绕开中书令，直接让中书舍人草拟意见。这样一来，该名中书舍人的实权就更大了。唐代称呼这个直接替皇帝草拟圣旨的中书舍人为"知制诰"。知是动词，知道、掌管的意思；"制诰"是制书、诰书的意思，这是两种圣旨的形式。中书舍人一旦兼知制诰，就掌握了极大的权力。他虽然不是"金龟婿"，但完全可以一边自己出主意，一边以皇帝的名义说出去。

唐德宗年间，有个不得志的读书人，叫作韩翃。韩翃是唐玄宗年间的进士（当时已经是唐玄宗的曾孙唐德宗在位），他考中进士二三十年、换了四个皇帝了，还在河南开封给人当幕僚。别人宦海二十多年都已经是宰相了，他还在颠沛流离，看不到希望。

一天晚上，有一个朋友突然来访，恭喜韩翃发达。韩翃说："别逗了，你看我都一大把年纪了,怎么可能发达呢?"朋友说:"你飞黄腾达就在眼前。今日圣旨已下,由你知制诰!"韩翃不相信,觉得朋友寻他开心。正说着,韩翃的老板、开封的节度使,带着满城的文武官员,整齐列队,挨个进来向韩翃道喜。果然,圣旨任命韩翃为中书舍人、知制诰。原来,当年知制诰空缺,大臣向唐德宗请示人选。唐德宗写了三个字"予韩翃"。"韩翃是谁?"大家都不知道,就去查,查到江南有一位州刺史叫韩翃,另外,二十多年前有一个进士也叫韩翃。两个韩翃,到底是任命哪个呢?又向唐德宗请示。唐德宗批了一首诗"春城无处不飞花,寒食东风御柳斜。日暮汉宫传蜡烛,轻烟散入五侯家",然后写道:"予此韩翃。"这首诗就是韩翃的代表作《寒食》。

这是君权削弱相权的一个惯用手段,提拔系统内的中低级官员,来削弱长官职权。唐代类似的做法还有翰林院的建立。翰林院的渊源,可以追溯到"北门待诏"。北门是古代宫城的后门。唐高宗时,挑选一些才学出众的文官在北门"待诏",随时听候召唤。高宗遇到什么问题,咨询他们,让他们帮忙出出主意。时人称呼这些文官为"北门学士",这是非常通俗的叫法,不是正式的官方名称。唐玄宗时才专门设置了"翰林待诏",帮皇帝批答部分文章、表奏;又有"翰林供奉",帮皇帝草拟一些诏书圣旨。到了开元后期,唐朝专门成立了"翰林院",将这些文官安置其中,称为"翰林学士"。翰林学士协助皇帝处理部分文书工作,出谋划策,侵蚀了正常的中枢决策机构的职权。

唐后期,唐顺宗用王叔文充翰林学士,主持"永贞革新"。反对派的宦官势力将王叔文加拜户部侍郎,趁机削去其翰林学士之职。王叔文失去此职,就丧失了处理核心政务的权力,改革形势更是急转直下。

唐朝晚期,国家财政入不敷出。这时候,谁掌握了财权,谁就获得真正的实力。朝廷根据财政实际,在户部机构和业务基础上发展出了盐铁转运使、户部使、度支使三大财政使职。后唐长兴元年(930)设"三司(盐铁、户部、度支)使",总管国家财政。宋初沿旧制,三司总理财政,成为仅次于中书省、枢密院的要害部门,号称"计省",三司使获称"计相",地位略低于参知政事。谁兼任了三司使,谁才是"真相"。最后就变成了中书令或者侍中,都要兼任户部下面的司长。为什么？职位虽然小，但是实权大。

后来，到了宋朝，宋神宗进行元丰改制。元丰改制的重头戏是改革官制，其中主要内容是把尚书令提升为宰相，由尚书左仆射兼任门下侍中、右仆射兼任中书令，重新将分权制衡的三个部门合并到了尚书令的统辖下。（元丰改制撤销了三司使，其中核心的财政实权归属户部）。为防止尚书令坐大，北宋增加了枢密院。枢密院掌管军权和军政要务（最著名的枢密使，可能就是高俅高太尉了）。北宋对中枢官制进行重组，但权力制衡的思路没有变。

明太祖朱元璋开国，朱元璋觉得宰相压根就不应该存在。不管是单个宰相也好，还是集体宰相也好，再怎么制约，相权都会对皇权造成制约。朱元璋的做法是：废相！

废相比罢相还要狠，压根就不允许宰相存在。废相以后，朱元璋直接指挥六部，自己决策，自己监督，自己搜集反馈，自己指挥所有的系统。如果朱元璋和他的子孙们一直这么干下去，政治制度史上皇权和相权的矛盾就永久解决了。遗憾的是，皇帝不可能直接指挥整个政治体制。有人做过统计，在八天之内大臣们向朱元璋汇报了三千四百件事情，他平均每天要处理四百二十五件事。这四百二十五件事是朱元璋一个人处理的。请注意：是"处理"，而不是简单的"已阅"。正常人在一天内把四百二十五件事的所有资料看一遍，就要累死了，更何况还要分析判断，还要指导如何解决！朱元璋在实践中就有自己的顾问班子，协助提炼奏章内容，处理简单的文字工作。朱元璋将顾问班子称为"内阁"，提拔一些年轻官员进入内阁，称为"内阁学士"。内阁学士的级别大约也是五品。

朱元璋是精力旺盛的工作狂，所以内阁的工作局限在提炼奏章内容、简单的文字处理，朱元璋的子孙没有祖先那样的精力和工作热情，甚至连奏章都懒得看，越来越依赖内阁。内阁不仅对奏章简单处理，渐渐地帮助皇帝草拟处理意见，称为"票拟"。内阁的处理意见写在小纸条上，贴在大臣的奏章上，皇帝如果认可了，就照着内阁的意见抄一遍。明朝后期的皇帝，连抄都懒得抄了，直接在上面圈一个圈，再叫太监抄一遍。负责替皇帝朱笔御批的太监，就是"司礼监秉笔太监"。

这样的话,朱元璋本想废除宰相,可是内阁不就成了新的宰相吗?内阁当中,资格最老的、拍板决定票拟内容的学士,不就是事实上的宰相吗?内阁学士只是五品官,很多尚书已经高居一品了,还钻营去当内阁大学士。所以,虽然朱元璋废了相,但是明朝后期皇权还是极为衰弱的。

清朝一开始有"议政王大臣会议",就是把王公大臣叫在一起,商量事情怎么办,很有贵族政治的遗风。议政王大臣会议的权力很大,连皇位继承问题都可以公开讨论。皇太极和顺治帝,两代清朝皇帝,就是由王公大臣们开会推举出来的。

清朝入关后,觉得议政王大臣会议比相权的危害更大,于是弃之不用(当然其中经历了一段时间的权力内斗)。清承明制,一开始还是用内阁掌控政局。但皇帝对内阁是不放心的,康熙皇帝另成立了"南书房"。南书房是干什么的呢?它和唐代翰林院、明初内阁,有异曲同工之妙。表面上看,南书房就是搞文书档案工作的。实际上,康熙召一些年轻的才学之士,辅助自己处理政务文书。以至于南书房的年轻人下了班,从紫禁城里出来后,内阁大学士看到了,主动招呼寒暄。为什么?因为南书房掌握了实权。

到了雍正时,情况又变了。雍正觉得南书房也有发展成新内阁的趋势,及时遏止了它的进一步膨胀。雍正对相权的定义是:相权只能听命于皇权,中枢决策机构要对皇帝言听计从。他就借口处理军事要务,成立了"军机处"。军机处是干什么的?雍正对军机处的定位是四个字:跪听圣旨。意思是我成立军机处不是让你来帮我拿主意的,是让你来听我下命令的。所有大权都归于皇帝,如果皇帝没让军机大臣说话,军机大臣就只有"跪听圣旨"的份儿了。

严格说,军机处并不是一个正式官署,而是因为军事需要设立的临时机构。设立之后,皇帝运用起来得心应手,就一直"临时"下去,成为清代中枢决策的核心。因为军机处是临时的特设机构,所以,它不是中央部院的上级衙门,无权向中央部院或者地方衙门发号施令。军机处有什么意见,只有奏请皇帝同意后,才能以皇帝的名义发布命令。事实上,军机处"不能有"意见,所有意见都是皇帝的意见,它只是"代传圣旨"。

至于军机大臣，所有人都是兼职，随时可能被勒令离开军机处，返回原衙门。雍正任命军机大臣时，还会象征性咨询一下大家的意见；乾隆以后，皇帝说一声"某某着即日起在军机上行走"，这个人就算进入军机处了，完全由皇帝说了算。

因为是临时机构，军机处没有衙门，只有值庐（值班室）。故宫隆宗门内有五间小平房，就是军机大臣办公的值庐。这些值班室，差不多就是"小黑屋"，房檐低矮，空间逼仄，靠墙的炕床几乎占了房间一半面积，一个房间里挤进五六个人，就觉得拥挤了。因为是临时机构，军机处没有官吏和差役，只能从在京各衙门抽调中级官员来协助处理政务，称为军机章京。清朝的军机大臣、军机章京们不管酷暑还是隆冬，都挤在小黑屋里揣摩圣意书、书写圣旨，"伺候时立得手痛，钞录时写得脚痛，此苦岂外廷所知？"有了这么多的规矩，军机处还怎么可能出权臣呢？这样的军机处，里面的人多数是庸才，循规蹈矩按章办事而已。军机处实现了皇帝的绝对专制，皇权彻底压制了相权。

内阁在清朝依然存在。军机处因为人手有限，又困于种种制度约束，政务处理能力有限，所以大量的例行公事和不重要的事务，依然由内阁经办。清朝确定了"三殿三阁"六名大学士，分别是保和殿大学士、文华殿大学士、武英殿大学士、文渊阁大学士、东阁大学士、体仁阁大学士。此外还有一两位新入内阁、资历较浅的文官，任协办大学士，等大学士出缺依次递补。内阁大学士"位高而权不重、名尊而实不至"，即便如此也很少授人。内阁始终是名义上的最高机构，内阁大学士始终是名义上的最高级别官员，公认的宰相。因此，一些人还是很在意大学士名号的。比如，当年翁同龢已经是两代帝师、军机大臣了，还为自己不是内阁大学士而耿耿于怀。

综上所述，我们基本上把从先秦到清朝的皇权和相权的争斗史做了一个梳理。基本趋势是，相权不断被削弱，君主专政不断得到加强。这是个大趋势，但并不是说整个趋势是连贯的，有的时候会有波折。它就好像曲线图一样，不是一条直线直接上去的——魏晋南北朝乱世，相权就有所回升。皇权和相权的斗争始终存在。

奏章的曲折人生

有关皇权和相权的争斗，笔者觉得有两点启示。第一，政制源于人事，人治决定政治。每一朝每一代都对宰相制度有所变更，翻来覆去，为什么？都是因人生事。这里的"人事"不是人力资源或者人事管理的意思，是人本身的事情，人生事。很多政治制度是源于人事的。皇帝为了保证皇权至高无上，制定了诸多政治制度，塑造了古代政治形态，人治决定政治。第二，文书工作很重要。尚书也好，中书也好，内阁也好，军机处也好，它们日常工作其实都是处理公文。古代官员和公文接触的时间，比和家人在一起的时间要多得多。谁掌握了公文处理的权力，谁就掌握了政务流通和决策的实权。尚书原来是干什么的？中书原来是干什么的？内阁原来是干什么的？都是处理皇帝公文的。可见，文书工作很重要。

中国古代政权，可以简单理解为一个为了维护帝王专制而设计的有秩序、强制性的国家机器。这台机器力图让资源、人员、信息乃至思想文化，都在一个可控的系统中流动。各种因素都可以转化为信息，负载在文本之中。文本的处理，就在政治体制中扮演了重要角色。我们就延伸开来，讲一讲明清时期中枢文书处理问题。

明清时期，给皇帝的奏章主要有两类形式，一类叫作"本子"，一类叫作"折子"。"本子"又分成"题本"和"奏本"。"折子"就是奏折。

本子是怎么一回事呢？明清的奏章写在长条形的纸张上，最后折叠压成一本。本子宽十多厘米，长二十多厘米，类似于现代一本狭长的图书。"题本"的封面（第一页）空白，只写一个字"题"，下面盖上写作者的官印。从第二页开始书写正文。每一页六行字，每一行二十个字，但是第一格和第二格是用来顶格用，比如说碰到了皇、帝、圣、旨这些字，必须要顶一格写（太后和皇帝同时出现，太后要顶两格写），所以虽然每一竖行能写二十个字，实际上只写十八个字。每一页正常字数是六乘以十八，一百零八个字。

正文的开篇先写居何官何职何人因何事上题本。假设，清代浙江巡抚因为杭州的一起杀人案，给朝廷上题本，他就会写"兵部侍郎都察院右副都御史巡抚浙江等处地方提督军务监理粮饷某某为浙江杭州府某县杀人事题"。这是一行，不管官衔多长、事情多长，都必须写成一行。第二行开始写正事，写完之后在末尾注明"谨题请旨"或者是"谨题奏闻"，然后在末页盖上印信，封存起来发往北京。一个题本就诞生了，开始在政治体制中流转。

明朝初期，呈递给皇帝的奏章只有题本，到永乐皇帝时发展出来"奏本"。奏本封面写一个"奏"字，下盖印信。第二页开始，和题本类似，只是首行要写何官因何事"奏"，文章末尾需要注明"具奏请旨"。那么，题本和奏本有什么区别呢？

明朝规定，公事用题本，私事用奏本。辖区内发生命案了、地震了，或者是军队凯旋、赋税完纳，这些都是公事，要用题本。官员思念皇上了，恭请圣安，或者是年纪大了，申请退休，就要用奏本，不能写题本。乱用题本奏本，官员要受到行政处分，在清朝要扣罚工资。

地方官员的题本，需要做一份备份，备份叫作"揭帖"，和原件内容基本一样。来自地方的本子，原件也是送通政司，揭帖送题奏内容相关的部门。比如，浙江巡抚因为杭州命案上了一个题本，揭帖就要送给刑部。奏本不需备份揭帖。因为奏本所写为私事，比如某个官员说"皇上，我想你"，就写了一个奏本，直接递给通政司就可以了，不需要写揭帖——就是写了，也没"相关部门"可以接收。通政司接收本子，汇总登记后，送交内阁。

中央机关的本子，无论题本还是奏本，都不经过通政司，直接送交内阁。通政司传递的本子叫作"通本"，直送内阁的本子叫作"部本"，因为中央机关以六部为主，所以叫作部本。

不管是哪个渠道来的本子，内阁都要阅读（清代内阁还要把本子翻译成满汉双语[1]），考虑到本子文字长，而皇帝很忙，很可能没时间逐字逐句读完，所

---

[1] 清朝题本都是满汉双语。朝廷配置了笔帖式、通事官，负责双语翻译与文书档案。

以从明朝后期开始，出现了"贴黄"。贴黄就是在一张黄色纸条上，用一百个字左右（甚至更少）归纳总结题本的内容，贴在本上一并上呈。贴黄可以是写作官员亲自撰写。内阁也会替题本贴黄，并对其中的题本票拟。对于奏本，内阁一般不票拟，直接转交皇帝。

皇帝同意票拟意见，就用红笔在本子上批示，叫作"批红"。本子"批红"后就变成了"红本"。红本返回内阁。红本其实就是圣旨，是具有法律效力的，所以很重要。内阁要把红本上的意见全都记录下来，同时重新抄录两份，作为备份，一份送给史官，将来作为修史的依据，另一份留内阁存档。红本原件送到六科。六科负责登记红本涉及的政务，通知相关衙门来领取，并定期监督事务的处理进度。比如，杭州的杀人事件，发给刑部。到了年底，所有的红本都必须上缴内阁。这就是一个本子的生命轨迹。

如今，文物市场上有人兜售奏折、奏本、题本。如果是真的文物，那是很珍贵的。因为这些文物，当年官员到年底都要上交的，保留在手中的情况极少。北洋政府时期，曹锟当总统时，因为缺钱，曾经把明清内阁和清朝军机处保存的奏折和本子卖出去过几个麻袋。现在市面上流传的遗物，可能是那几麻袋的东西。大量的本子和奏折应该还保留在故宫博物院里。

回到正题。这一套公文处理流程，怎么样呢？效率太慢，机密性太差！

地方官员的通本，要登记、复制三四次，通过多重衙门、官员、书吏的手续，经过那么长的时间、那么多的人手，皇帝的处理意见还没出来，该知道的人早就知道得一清二楚了。比如，浙江杭州的命案，等红本到达刑部，刑部办事官吏就说："这事我们半个月前就知道了。"又比如，某人要揭发一起造反阴谋，结果皇帝还没看到本子，阴谋集团就已经闻风而动。可见，如此公文流转，效率不高不说，一点保密性都没有，君臣双方都不满意。

明朝中期以后，皇帝恩准部分官员可以绕过正常的公文流转渠道，把本子直接送到宫门口，快递处理。这就极大方便了君臣双方的交流，加快了政务的处理。但此举并没有形成常态。有权这么做的大臣，非常少。大家一般把直送宫门的"上奏权"，当作是莫大的恩宠，而不是一项制度。清朝的康熙皇帝，开始将这种做法制度化。康熙常常命令亲信官员及部分重要岗位的官员"密折奏事",汇报一切他们觉得皇帝应该知道的信息。刚开始,密折类似于康熙皇帝的微信朋友圈。能够进入圈内的都是康熙熟悉、亲近的人。比如,康熙皇帝在康熙四十八年(1709)给苏州织造李煦发了一道密折:"近日闻得南方有许多闲言,无中作有,议论大小事,朕无可以托人打听。尔等受恩深重,但有所闻,可以亲手书折奏闻才好。"李煦回了两道密折,内容是报告户部尚书、江苏巡抚等高官小道消息的。私信最大的特点就是一个"私"字。类似,奏折最大的特点就是一个"密"字。康熙皇帝就再三叮嘱江宁织造曹家:"凡有奏帖,万不可与人知道。""凡奏折不可令人写,但有风声,关系匪浅。小心,小心,小心,小心!"康熙的"密折",绕开了正常的公文体系,直送内宫,由皇帝亲自批阅,不允许任何第三者拆阅。这种新的公文,在封面和封底都有硬折,因此得名"奏折"。[1]

奏折的要求,比本子要严格。首先,对写奏折的人有严格要求,必须是身居高位或者特定角色的人才能上折子。其次,奏折的内容必须是机密事件,例行公事还是要求用本子流转。康熙一开始就是让奏折作为密报来用的。再次,奏折一般要求大臣手写,不允许幕僚代笔。奏折不允许备份。封面也写"奏"字,但不加盖官印。为什么呢?因为加盖官印,多一个人经手,奏折泄密的概率就增加一倍。正文第一行也是何官因何事奏,每页也是六行,但每行二十四个字。奏折写得更密,写完后由专人快马加鞭送到北京。

奏折直接送奏事处。奏事处,顾名思义是向皇帝奏事的部门,是公文送交皇帝的最后一关。因为大臣不能入后宫,清朝分内奏事处和外奏事处。外奏事处在宫门口接收奏章,再递给内奏事处。外奏事处办事的是正常人,内奏事处全是太监办事,他们当中隔着一道厚厚的宫门。大家在影视剧中会看到用托盘托着一叠

---

[1] 本子可能是纸张折一下就行了,奏折是有封皮的,比较讲究的会用一些黄缎子做成前封后底,很精美。后来雍正皇帝说物力维艰,就把封皮取消了,只允许"贺折"保留封皮。

折子、一路小跑送给皇帝的太监,叫作"奏事太监",就隶属内奏事处。[1]

皇帝接到奏折后,没有固定的处理程序,因人而异、因事而异。皇帝可以直接批,批完后送回上折子的人,这个过程极快。皇帝也可以不批,把折子下发给军机处或者由相关部门讨论。第三种方法,皇帝可以把折子扣留,冷处理,叫作"留中不发"。那么,上折子的人就得揣摩皇帝的心意了。有时候,上折子的人可能只是为了试探皇帝的态度,还有可能是告状、告密、风闻言事的,事关机密或真伪不辨,不宜公开,根本就不需要皇帝批回,完全可以"留中不发"。更常见的处理,还有皇帝把折子批红,转给军机处,那它的后续处理程序,基本和红本处理程序一样。

奏折的好处很多,除了上面说的保密之外,在实践中还有很多微妙之处。比如,官员弹劾官员,如果用题本,经手的各级官员都会知道,无异于将矛盾公开化,摆出撕破脸皮、拼个鱼死网破的架势。其实,这也给同僚和上司们拦截题本、居间斡旋留出了充分的时间和可能性。如果弹劾用的是奏折,那就不是闹着玩的了,那就是有相当大的把握,追求速战速决。在实践中,官员真要干架,一般用奏折。又比如,一些官员在上本子之前,对于例行公事的前景没有把握,都先上一个相关的或者无关的奏折,试探一下皇帝的态度再说。再比如,奏折制度让皇帝很方便就绕开了相权,直接指挥全天下。皇帝也爱用。奏折有这么多的好处,到了后来,几乎没有人用本子尤其是奏本了。大家有什么私事,都习惯直接用奏折。乾隆中期,朝廷废除了奏本,只剩下题本来处理日常公文。清朝官员们常常"汇题",就是汇总相关的公事后,很多事情只上一道题本——反正是例行公事,不追求效率。到了光绪时,连题本也废除了。

中枢公文系统,主要是由内阁、军机处在负责运转。内阁的核心部门是典籍厅。典籍厅相当于内阁的办公与秘书机构,负责接收各衙门的奏章文件,分发内部处理。内阁并没有大印,对外行文用的是"内阁典籍厅"的印章。清朝的内

---

[1] 奏事处的另一大功能是安排引见人员觐见皇帝的事宜。引见,是清朝人事制度的重要内容,在后面章节会有涉及。内外奏事处都隶属于御前大臣管辖。

阁，还有满本房、汉本房、蒙古房等部门，负责把题本翻译成满汉两种文字，并撰写贴黄；满票签处、汉票签处等，负责审核题本并票拟意见，过程是这样的：内阁中书草拟意见，经侍读学士审阅后，交大学士们终审，最后作为正式票拟，交由皇帝裁定。票签处还负责回收红本，根据朱批意见草拟圣旨。满汉票签处还负责把红本和朱批的大意逐日逐件汇抄成册，汇编成内阁《丝纶簿》。此外，内阁还有稽察房，负责统计移交各衙门办理的红本情况，并在年终收缴红本；红本处，负责把红本交给六科，六科再交给相关衙门办理；副本库，负责储藏红本。题本的原本由六科于年终汇交内阁，也要统一保存。可见，内阁承担了中枢公文的处理重任。

军机处的公文处理就相对简单。就公文处理而言，它大体是清朝皇帝和内阁、大臣的中间人。皇帝的意旨、朱批，军机处转给内阁发表，就是"明发"，所有人都能看到；军机处绕开内阁，直接寄给相关大臣，就是"廷寄"[1]。廷寄的一般是不宜公开的事情、皇帝对臣下的耳提面命或斥骂，或者干脆就是秘密任务，所以由军机处直接发给受命对象。[2]廷寄反映了军机处才是清朝中枢政务的核心，也反映了此时的皇帝为政几乎可以随心所欲，不受相权的束缚了。

---

[1] 无论是廷寄还是明发，圣旨发出之前，军机处都要复制一份副本存档。圣旨原件下发遵行后，相关官员要缴还皇宫，不准私自存留。所以，市场上交易的清朝圣旨，如果是真品，那是相当难得的。

[2] 清朝公文传递系统，在此一并赘述。清朝兵部车驾司设有捷报处，地处皇城东华门外。捷报处负责传递文书。各地奏折、本子，先送捷报处，该处再送奏事处。军机处、内阁返回的奏折、本子，也有捷报处发往各地。在帝国更广大的地区，清代建设了驿站系统。驿站传递公文，分为三等，最快的日驰六百里，其次是四百里，一般二百里。俗称的几百里加急，是日驰六百里和四百里。不同速度传递的文书，处理的先后、轻重顺序不同。公文加急，有严格规定。一般来说，只有遇到省里军政大员病故或丁忧，以及城池失守、收复等情况才能动用六百里加急。四百里加急，只限于秋审案件、每三年大计奏报和其他紧急公文。官员滥用，要受降级处分。

第六讲　天下衙门：中央政务和朝堂官制

大家在读古代历史或者古文的时候，会遇到一系列的衙门，如果不把这些衙门搞清楚了，是很头疼的。严重的话，书都读不下去。从第六讲开始，我们就讲古代官府和官员设置，这属于"官制"的内容。正史往往有几卷"职官志"，专论本朝官制。

没有一个朝代的官制设置是一成不变的，就是同一个朝代同一个官府，从开国到灭亡，它的职能和设置也是随着人事和形势的变化而变动。所以，笔者选择中国古代政治制度成熟期的明清官制为主体，来讲解"天下衙门"问题。当然，我也会涉及纵向的历史，介绍历朝历代官制的大致情况。

我们先从中央层面的官制讲起。上一讲的内容可以归纳为两句话，"政治源于人事，人治决定政治"。帝王专制主导了中枢政务机构的演变，用制度设计来不断强化皇权。在制度设计的过程中，不断有些人事方面的小动作，比如北门学士、比如从中书省到军机处，这些都塑造了中央官制。

六部是行政主体

明确的中央官制出现在秦汉时期。秦汉的朝廷，三公之下设列卿，分别主管礼仪、刑狱、财务等专门事务。"三公九卿"说的就是秦汉时期，中央政务公卿施政的结构。三公是中央政务决策者，九卿是落实者。至于具体是哪九个卿，似乎没有定论。秦朝的九卿似乎是奉常、郎中令、典客、卫尉、太仆、廷尉、宗正、治粟内史、少府；汉朝似乎是太常、光禄勋、卫尉、太仆、廷尉、大鸿胪、宗正、大司农、少府。九卿当中，廷尉主管司法刑狱，典客（大鸿胪）主管礼宾外交，治粟内史（大司农）主管赋税财政，和我们理解的国家事务有关。其他的六位负责的基本上是皇家事务，管理皇帝身边的事情。比如，奉常（太常）掌管皇家祭祀，郎中令（光禄勋）管理皇帝随扈，卫尉负责宫廷护卫，太仆负责皇家车驾，少府管理皇帝的小钱袋，宗正负责的是皇家的血脉和族谱，他们几位处理的事情，和国家行政的关系有点疏远。可见，当时围绕皇帝转的中央政务比较多，处理祭祀、礼仪和宫廷事务的政务比较多，还保留有宗法制和贵族政治的浓厚色彩。

从汉末到南北朝，最高决策机构在变，九卿的设置也有所变化，而且日益边缘化，但作为行政主体的基本情况没有改变。期间，尚书省侵吞了越来越大的行政实权，省内各部处理中央政务，经常和九卿在业务上打架。双方的职责交叉不清。南北朝时就有人提议把九卿并入尚书省，但一直到清末，九卿一直存在。隋朝把尚书省的各部独立出来，设置了六部，中央政务通过六部流转。九卿作为行政主体的地位彻底丧失了。九卿和三公一样，都"备员"而已。

尚书台（省）原本内含各曹（部），名为吏曹、主客曹、五兵曹、度支曹、东西曹等等，到隋朝开始独立成部，至唐朝明确为吏、礼、兵、刑、户、工六部。原来的九卿部门，在隋朝演变为九寺、五监。九寺基本对应秦汉的九卿，另外又成立了少府、将作、军器、都水、都水五监。从隋唐开始，中国中央政务的行政系统，就确立为"六部+寺监"的格局——六部独揽大局，寺监居于绝对边缘。

那么，六部和各寺、各监之间的关系是怎样的呢？六部负责全面事务，把握整体工作，各寺、监负责专项性事务工作，并且在业务上接受相应部门的指导。其中，礼部在政令上传承、指导的监寺最多，有太常寺、光禄寺、鸿胪寺和国子监。这些部门都涉及礼法、文教，和礼部的执掌高度重合。至此，先秦之前带有宗教、宗法等色彩的官衙，都统一到了礼部系统之中。户部在业务上指导太府寺、司农寺，大家都和财政赋税有关；工部对应少府监、将作监、都水监，这些部门都和工程制造、器械制造或者水利有关；兵部对应卫尉寺、太仆寺、军器监，顾名思义，和宿卫、兵器有关；刑部则和大理寺对接，吏部和宗正寺对接。

隋唐六部，每部都是四个司。一般第一个司名称与本部名称相同，负责主体业务，称为"本司"，比如，吏部的本司就是"吏部司"，工部的本司是"工部司"。另外三个司，分掌其他三方面的业务。"六部二十四司"，结构相对比较简单。明朝打破了一部四司的格局，户部、刑部都按照地区设置了十三个司，比如浙江司、山东司、四川司等，每个司掌管冠名省份的相关事务，并兼管特定的全国性事务。明朝这样做，便于按照地区来管理、掌握情况，也能解决之前存在的各部门之间"忙到死""忙却效率不高"的问题，总的来说，便利了行政管理，是一个进步。清朝沿用明制，户部设十四司，刑部分十七司。机构增加的主要原因是全国行政区划变动。我们就以清朝的六部设置为例，来看看各部的设置情况。

六部的排序是：吏、户、礼、刑、兵、工。这有些类似后世领导排顺序，实权大、地位重要的排在前面。清朝的军机大臣，一般从各部尚书当中选拔。吏部尚书进入军机处的概率最大。户部尚书的概率也很大。但是，工部和兵部的尚书一般不太可能进入军机处。为什么呢？因为，工部和兵部的职权比较边缘化，尚书的实权比较小。甚至，吏部侍郎、户部侍郎进入军机处的概率，都比工部尚书大，这和级别没有关系，主要看你所负责部门的实权大小。

在政治实践中，最主要的两项权力，一是人事权，一是财权，这两样是最核心的。大家想想，自己家里的事情，最主要的是哪两样？一是家里的小孩子该不该打，谁说了算；一是家里的钱谁在管，一般在这两个问题上说了算的人，才是真正的一家之主，跟户口簿上"户主"写的是谁，关系不大。吏部侍郎比工部尚书的实权要大得多，原因就在这里。

清朝的总督，上调中央，一般是安排担任各部尚书；巡抚上调中央，一般担任各部侍郎，反过来也一样，这算是平级的调动。万一，某位总督资历特别深，比如担任过好多任的总督、年头很久了，他调到中央来，一般安排排名比较靠前的那个部的尚书。如果这位总督的资历很浅，就会安排他担任六部中排名靠后的尚书。这也表明了六部的实权大不相同。光绪初期，军机大臣沈桂芬援引门生王文韶进入军机处，当时就遭到了非议。因为王文韶当时只是湖南巡抚，而且只担任过一届巡抚，上调中央后直接担任户部左侍郎、代理户部尚书，兼军机大臣。反对的派系就认为王文韶资格太浅，攻击沈桂芬在结党营私。

六部中，首重吏部。吏部权力最大，因为它管理的是官员的任免、升迁、考核、惩罚，和所有官员的切身利益相关。

吏部真的能够决定天下官员的仕途吗？这个问题其实很复杂。从名义上说，天下官员的任免奖惩都由吏部操作。但实际上，吏部的权力大打折扣。吏部尚书能任免各省的巡抚吗？任免不了。不要说巡抚不行，就是布政使、按察使，吏部也任免不了。吏部尚书虽然不能任命巡抚，但是可以审核候选人的资格。同时，吏部可以提名人选。这两点权力也是很要命的。我们可以把人事权分解成很多阶段，按照人事任命的过程可以分为考察、提名、决策。皇帝掌握了最终的决策权，考察、提名的权力在吏部。所以，吏部还是掌握了相当一部分人事实权的。关于中国古代官员的任免程序，第九章会有专门的论述。在这里，大家需要记住一点，吏部的实权虽然有限，对天下官员的任免奖惩更多的是名义上的权力，但是吏部依然保留了相当大的权力。尤其是对中低级官员的任免，吏部的操作还是非常关键的。这是因为，皇帝不可能所有的官职都亲自过问，他只掌握高级官员和极少数的关键岗位。中低级官职，就放手给吏部了。吏部实际上负责中低级官员的任免和高官的审核、提名，外加办理所有人事案的程序事务。

中央各部，部下分司。各部的长官是尚书和侍郎，一般尚书有一位，侍郎有左、右两位。（清朝特殊，有满汉两套班子。）他们几位就组成了部领导班子，清朝称为"堂官"。各司的负责官员是郎中、员外郎、主事，称为"司官"，是政务的实际执行者。吏部一共有两百多名官吏。请注意是"官"和"吏"。吏也称书吏、经承、典籍等，他不是官，而是一种差役，是政府向老百姓征发的徭役，让老百姓到政府机关来义务工作，是"在官之民"。和官员一样，吏也是有编制的。吏部的官和吏合在一起，有超过两百个编制。在实际工作中，官员们先前读的是四书五经，没有受到专门的业务训练，加上在一个岗位待上三五年就调任转走，因此对业务工作很生疏。承担具体工作的几乎都是吏。书吏反过来操纵政务，上下其手、营私舞弊的现象在明清两朝都很严重。这一点，之后还会涉及。

吏部下设"文选司""考功司""稽勋司"和"验封司"四个清吏司。文选司、考功司是核心部门。文选司负责文官的选拔、分配、任免；考功司考核官员的功劳，考察一个官员有无功过是非，进而决定奖惩。吏部是权力最大的衙门，文选司和考功司又是吏部当中权力最大的部门。有一些官员宁愿在文选司和考功司当郎中、员外郎，也不愿去地方上当知府或者道台（郎中外放道台、员外郎外放知府是升官）。当中的玄妙之处，想必大家能够体会。人在仕途，更多的时候追求的是实权的大小，而不是级别的高低。不知大家有没有看过电视连续剧《大宋提刑官》，最后的案子里有一个大反派，是郭达饰演的。他虽然罢官为民，却能够暗中操纵朝廷官员，颐指气使。为什么？因为他掌握了吏部官员人事的大量档案，知道官员们的小辫子、小把柄。他用这些档案资料威胁涉事官员服从自己。这两个司的郎中，是核心岗位，吏部尚书都没有权力任免，必须请旨、由皇帝圣裁。

吏部第三个司叫作"稽勋司"，管理官员的资历、守制、终养等情况。简单地说，就是记录官员的履历，在什么地方当过什么官、当了几年等等；还有就是负责搞清楚官员的家庭情况是怎么样的，是不是身家清白，有几个老婆孩子。现代人可能觉得这些事情并不复杂，但在古时候，稽勋司的工作很繁复。古代官员的家庭，和现在不一样，不是一夫一妻、一对父母，往往妻妾多人、正庶有别，加上还可能过继、兼祧，亲属情况就相当复杂了。而古代政治又尊崇家族，讲究礼法，许多行政制度是和官员的家庭情况密切相关的。[1]所以，稽勋司必须把天下官员的家庭情况尽可能摸清楚。你说，此项工作能不繁复吗？官员有涉及行政法的家庭情况变动，要及时报告该司。

第四个司是"验封司"，管理官员的封爵、奖励、抚恤和土官的世袭等。封爵和奖励，比较好理解。抚恤指的是，官员死后，朝廷给予多少抚恤银、致祭银，死者可以以什么规格下葬，能否立石碑，立什么样的石碑，都是有严格而详细的规定的。官员死后的哀荣，和生前的级别、当时的形势紧密相关。这就是验封司负责的抚恤事务。比如，清朝嘉庆年间，江苏候补知县李毓昌刚正清廉，不和贪官同流合污，结果被贪官害死。嘉庆有意树立李毓昌为典型，所以下令李毓昌按照知府级别"赐恤"，修墓、致祭、立碑。嘉庆还赐《悯忠诗》一首，并自掏一两千银子抚恤李家人。这在当时被官员看作是"旷古未有之恩典"。此外，验封司还管天底下的土官。土官是什么人呢？清代西南少数民族地区，虽然隶属诸省，但是基本上是自治的，由当地的土司或者酋长也就是土官自治，并不执行州县制度。这些少数民族治理者的任免也有别于正常的文官，归验封司监管。土官大多数是世袭的，老人死后，继任者的手续由该司办理。

吏部四司，清朝人以喜、怒、哀、乐四字视之，谓选缺补缺，喜也；议处分，怒也；丁忧，哀也；得封典，乐也。

四司之外，还有其他行政和后勤部门，比如司务厅、清档房、本房、饭银处、督催所等等。它们具体干什么的？四司从事主体业务，那么日常行政、书吏差役的管理，谁来负责？这就需要一个专门的行政部门，所以设立了"司务厅"，负责吏部的行政事务，兼及接收地方公文。清档房、本房负责公文流转，保存档案文书，兼及满汉翻译。饭银处负责行政开支的银两——不光管饭。督催

---

[1] 比如说，某位官员"过继"给他人，他就存在生父生母、嗣父嗣母两对父母；他还可能同时作为好几门的儿子，这种情况叫"兼祧"。这是他本身的亲承关系，他的父母、他的儿子也可能存在类似的情况。加上又有长幼、正庶、旁支等标准，让亲属关系更加复杂。而这些都和官员的封赠、赏恤、回避、丁忧、奉养等制度直接相关。

所负责监督大家的行政效率，类似今日的"绩效办公室"。今天，大家找工作都想去行政和后勤岗位。当月处（监印处），接收中央衙署的公文，向内阁送题本，领回公文，保管印信等。当月处工作最磨人，需要日夜有人值守，一般委派分发部院实习的新人"当月"，卷着铺盖住在办公室。

行政部门的工作人员，升迁比业务部门的老师或者办事员要顺畅得多、快得多。清代中央部院也有行政后勤部门，但是各部、各院的侍郎、尚书，优先在业务部门产生。吏部要提拔侍郎，优先考虑文选司、考功司的郎中，接着是验封司、稽勋司的郎中，不会考虑司务厅、饭银处的负责人。因此，清朝人希望进去的还是四大清吏司。

仅次于吏部、第二重要的部门是户部。户部管理全国的财政、民政、人口户籍、国土资源、地下矿藏、海关、税收、审计等等。现在我们为了科学管理和精细化管理，将收钱的、用钱的、审计的都分开，国内税收和海关关税要分开，国土资源和能源矿藏也要分开，甚至有些省份把煤炭之类的都单独分出来，成立专门的部门。但是古代没有那么多概念，只要和人有关、和钱有关的，全归户部管，因此，户部也是个要害部门。

吏部的官吏有两百多，户部的官吏翻一番，有四百人。吏部有四个司，户部有十四个司，在规模上完胜了吏部。户部的十四个司不是按照具体业务划分，而是按照地域来分的，比如浙江司、江西司、福建司、湖广司、山东司、广东司等。每个司管理一个或者两个省的事务，同时兼管一项全国性的专门事务。比如，浙江司除了掌管浙江的民政钱粮外，还负责统计全国人口和谷物，相当于国家统计局；云南司兼管漕运粮食；贵州司兼管全国的海关和关税，相当于海关总局；江西司管理全国各地的协饷，什么叫作"协饷"？各个省份的财政收支情况不同，有的省份盈余，有的省份亏空，江西司就负责调剂盈余省份的钱粮去支援亏空的省份，这叫作协饷；广西司兼管采矿、铸币和内仓出纳，相当于国土资源部、造币总公司等；福建司兼管抗震救灾，哪个地方决堤了、发大水了或者地震了，由哪个部门负责赈济？户部福建司。只有一个司没有兼管事务，那就是山西司。山西司只负责山西钱粮，不兼管其他。

户部机构比较庞杂，除了主体业务司，第二部分就是一系列行政后勤部门。户部下设"八旗俸饷处"，清朝八旗子弟是有"铁杆子庄稼"的，按时领取口粮，由户部八旗俸饷处管理。户部"现审处"，负责审核八旗子弟的民政和财务诉讼，至于刑事案件，还是由刑部来审。户部还有一个特别的部门，叫作"捐纳处"，其实是在国家卖官鬻爵的时候，负责收钱的。历朝历代都在买官卖官，但不能直白地说。清朝就说是老百姓报效朝廷，主动捐钱纳物，所以叫作捐纳。捐纳朝廷一万两银子，朝廷封个官。这种事情不能大张旗鼓地干，更不能成立太大的部门负责，所以就在户部下面设捐纳处，主管全国的买官卖官的收入。买官者，到此处交钱。当然了，户部也有档房、督催所、司务厅、饭银处之类的部门。户部的饭银处，除了管理本部门的饭银和行政开支外，兼管向其他部门的饭银处拨款。等于说是，吏部饭银处需要到户部饭银处拿钱，再给吏部的官员发伙食津贴、行政费用等。

以上这两部分机构组成了户部的本部，户部还有一些附属机构在相对独立运转。第一个是"钱法堂"，相当于造币总公司。铸币不算是行政事务，但又不能市场化，不可能让民间私铸货币，所以就在户部下设钱法堂，管理全国货币事务。钱法堂下面又设立了"宝泉局"，负责造币，宝泉局就相当于现在的印钞厂。现在只有一个中国造币总公司，只有它有铸币权，各个省是无权铸币的。古代交通运输和通讯不发达，全国不可能只有一个造币厂，那样的话货币的运输、调剂压力极大，会出大乱子的。而且，像云南、黑龙江这些边远省份，从首都千里迢迢运铜板过去，成本太高了。所以，清朝允许各个省自己造币。全国就有很多的造币厂。各省的造币厂一般叫作"铸币局"，由布政使主管，冠以省份的简称，比如浙江省铸币局叫作"宝浙局"、山西省铸币局叫作"宝晋局"。各局严格按照钱法堂的标准来铸币。工部就有意见了。工部有很多工程，用钱量很大，大老远的运输货币很麻烦，也要自己造币！朝廷也允许工部拥有造币厂，就地造钱，叫作"宝源局"（与户部的"宝泉局"并为"源泉"）。

户部还负责管理京畿地区的粮仓。南方的漕粮运到北京来后，集中储存于京畿地区的各大粮仓，由户部管辖。户部委派一名侍郎主管此事，叫作仓场侍郎。

仓场侍郎负责漕粮的到达、验收、运输、保管和发放等全流程，驻扎在通州新城，下设有郎中、员外郎和各仓库监督等。仓场职位是很肥的，而且比较独立，几乎自成一个系统。以前的时候，现在的北京通州区到朝阳区，尤其是通惠河两岸，就是仓场系统的天下。现在朝阳门附近的"南新仓"，就是清代的一个国家粮仓，主要给北京城八旗子弟发放口粮。

户部管理朝廷"三库"，一个叫银库，一个叫缎带库，一个叫颜料库。其中最主要的是银库，其实就是国库。户部的银库可不就是国库吗？朝廷所有的钱都存在银库，要用钱，都通过银库来盘转。它和缎匹库、颜料库，合称"三库"。清朝往往会派一个大臣专管三库，叫作"管理三库大臣"。这个人选极为重要，当年和珅就干过这事。可见，三库虽然归户部管辖，但独立性很强，皇帝的眼睛一直盯着呢。各库又分别有郎中、员外郎、司库等等。清朝管理三库的所有官员都由满族人担任。

国库很重要，所以户部银库有一套非常严格的管理制度。银库有很多库丁，库丁就是码放搬运官银的人。这个活很累。大家可以想象一下，天天把官银搬来搬去，没有上千斤也有几百斤，得需要多大体力！而且，这个活本质上是徭役，是没有俸禄的。但是，几千个人在银库门口争着要当库丁，为什么？因为稍微藏一点官银，出去就抵得上别人干一个月的了。官府自然也要防止这一点，就要求库丁必须赤身裸体、高举双手进出。为了防止把银子塞在嘴里，还要学鸭子叫之类的；为了防止把银子藏在肛门里，库丁还要跳跃进出。但是，防不胜防，库丁发明了不少很恶心的作弊手段。具体手段不方便说，这里提示一下：库丁会喜欢一些特定省份的官银，这些省上交的官银不仅成色足而且光滑。遇到库丁轮换或者病逝，外面的人得花几千两银子行贿官员来争夺职位；同时还得赶紧请保镖，为什么？防止别人绑架。万一不能按时上班，旷工了，职位就会被革，所以库丁得请保镖。

以上就是户部的情况，接着谈第三个部——礼部。礼部为什么重要？有两个原因：

第一，礼部负责全国的礼法和思想观念工作。朝廷需要有一个部门来证明自己的统治是合法的、正确的,自己推行的法律法规是合理的、先进的。这个重担,主要落在了礼部。晚清四大奇案中,有一个"杨月楼案"。上海京剧演员杨月楼,和一位出身良好的铁杆粉丝小姐订婚成亲,结果被女方亲属给告了。这事儿放现在,也就是个娱乐界的八卦,但是在清末却演变成大案,最后由慈禧出面解决。因为杨月楼是戏子,是贱民,怎么能和大家闺秀成亲呢?传统中国是个礼法社会、身份社会,杨月楼案涉及礼法,关系到社会和政治运转的意识形态基础,所以能够酿成一场大案。

第二,礼部负责全国文教事业。朝廷重视文教,倒不是重视臣民文化知识水平的提高,而是与科举有关。隋唐以后的官员,主要是由科举考试选拔的。礼部管文教,顺带管了科举。文教事业就关系到后备干部队伍的素质,也分割了部分官员选拔的实权。

礼部总管国家礼制庆典、文教科举和外交工作。礼部官吏不多,不到两百人,内部分四个清吏司。第一个司是"仪制司"(典制司),负责礼仪制度的制定实施,同时管理全国的官学和科举。第二个司是"祠祭司",管理祠堂祭祀,同时管理全天下的和尚、尼姑和道士,相当于国家宗教事务局。第三个司是"主客司",近似于外交部,负责中国与周边国家的双边关系,同时掌管朝贡、册封事务。朝贡和册封是古代中国和外国交往的主要内容。礼部的第四个司是"精膳司",负责元旦庆典、皇帝万寿、皇帝大婚和其他的庆典。准备庆典不仅要准备歌舞饭菜,更重要的是准备庆典上的节目,排定百官的班次,谁走在前面,谁走在后面,大家行什么礼。庆典不是娱乐活动,而是政治活动。

礼部下辖还有附属机构,主要的是"会同四译局",类似于外交学院,专门培养翻译和外事人才。"神乐署",神乐署历史悠久,汉朝的时候叫"乐府"。后来名字改了,但是文人骚客还习惯称呼它"乐部"。它虽然是户部的下属机构,但老把它升级为一个部,这就好像文人骚客也总喜欢把工部下面的"都水司"叫作"水部"一样。神乐署雅称"乐部"。礼部下辖还有管理外国使团居住逗留的宾馆,如"朝鲜馆""琉球馆"。哪国朝贡的人来了,入住相应的宾馆。各馆里通常都有"通事"或"大使"。现在看到有某国驻某国大使,其实在明清时就有大使。当时的大使是宾馆管理员的意思,朝鲜馆大使、琉球馆大使、越南馆大使不是这些国家驻华的大使,而是各国住所里面的中方管理人员,负责安排使团的居留、协调他们和中方其他衙门的关系。

礼部最重要的附属机构,可能要算"铸印局"了。铸印局负责铸刻全国官府的印信。刻印暗含着另外一层意思——编制。只有承认了你这个部门的编制,铸印局才给你刻官印。这就相当于朝廷编制办公室。这是很要命的。官印虽小,但是它能够承认一个衙门的合法性。清朝印信管理制度非常严格,官印必须有专人保管。我们在电视剧或者电影当中经常会看到一些很不尊重历史的现象,比如说上任的时候拿着一个官印。这肯定是假的。为什么?官印是在衙门里由专人看管,官员本身并不携带官印。新官上任,绝对不可能携带本部门的印信。官印是不动的,动的是人。另外,丢失官印,是要革职的。官员将官印丢了,就不能证明本部门的合法存在了。另外,万一偷窃官印的人去盖了很多空白的文件怎么办?所以,丢印是很严重的事件,立即革职。盖印也有很多讲究。盖印模糊,罚俸一个月;印信倒盖,罚俸三个月;漏盖官印,比如官员给皇上上奏,忘记在封面盖官印了,罚俸一年。官印如果有污损,罚俸六个月。各衙门必须定期清洗官印,如果有必要更换,要及时上报,申请换印。

第四个部是刑部。刑部负责全国司法事务、审核天下刑名案件,并管理狱政。

表面来看,刑部的权力很大,集所有司法权于一身,既是警察,又是检察官,还是法官,同时管着监狱,等于把所有的案件从头到尾都管了。实际上,刑部和吏部一样,有很多事情管不了。比如,重大恶性案件,皇帝常常亲自插手,刑部就管不了;所有的死刑判决都需要皇帝御批,刑部只管终审。对于很多案件,皇帝常常下令由刑部、大理寺和都察院进行"三法司会审"。三法司,就是中央的这三大司法部门。此外,特定案件刑部不能专断。比如遇到宗室成员犯法,刑部需会同宗人府一起审理;涉及八旗子弟的民事和财政纠纷,刑部必须和户部的相关部门会同审理;涉及少数民族案件,刑部要会同理藩院一起审理。因此,刑部虽然能够插手司法的整个过程,但它的实权是受到分割、牵制的。

即便如此，刑部的司法实权依然很大，事务繁重。刑部的官吏人数在六部中是最多的，超过了四百人。跟户部一样，刑部也按照地域下设十七个司，也是一个司主管一个或者几个省的司法刑狱，同时兼管全国性专项事务。比如，刑部直隶司除了管理河北司法刑狱，兼管察哈尔左翼刑名案件；浙江司兼管刑部的题本、奏折的定稿呈堂；江苏司兼管恩赦，赦免的事由江苏司负责；山西司负责统计年终时全国各地案子的执行和汇总情况；四川司负责"秋审"的行文。古代死刑犯被判处"缓决"的（这项判决在所有死刑判决中比例很高），都要经过秋审，也就是俗称的"秋后问斩"。秋审，类似于对死缓罪犯的最后一轮复核。除了秋审，公卿会审的重大案子的行文，也由四川司负责。四川司还负责刑具的制造，并监督各级司法机关不能滥用刑具——在严刑酷罚泛滥的明清时期，四川司的这项职责颇为扎眼。刑部的奉天司管理盛京（辽宁）、吉林、黑龙江的刑名案件，陕西司管理陕西、甘肃和新疆的案件，没有兼管的全国性事项。

刑部下设的行政和辅助机构，主要有："督捕司"，追捕逃犯的；"秋审处"，负责秋审的事务性工作；"减等处"，负责审核犯人减刑的事务；"提牢厅"，相当于国家监狱局，主管全国监狱，负责管理全国的狱卒和监狱里犯人的衣食住行、药品医疗等。刑部还有两个处，一个是"赃罚处"，案件罚没的赃银、抄家的家产由该处汇集，转交户部；一个是"赎罪处"，负责官员的罚银事务。清朝对官员行政处罚有一项是罚银，官员可以交纳罚银来减轻罪责，此事就由赎罪处负责。

古代刑部隐含着一项巨大权力，就是立法权。古代中国并没有明确的立法来源。皇权是最高权威，皇帝的话就是法律。可皇帝老说不一样的话，那么法律就得跟着变。如果一定要找一部明确的基本法的话，明朝有《大明律》、清朝有《大清律》，都是开国之初皇帝下令编撰的。这些律令只是法律原则，很多时候不具备操作性。这样，判例就成了律令的补充，可以被援引，变为新的法律。此外，各个部门的则例，也就是工作流程和部门规定，也具有法律效力。在这样的环境中，刑部的判例可以成为新的法律；刑部选择哪个来源的法律，这个行为本身就类似于立法。为了规范多源头的法令，清朝设置了"修订律例馆"，整理圣旨、律、例、则例等等，编撰类似"法律大全"之类的文件。修订律例馆负责人由皇帝委任，但干事人员主要是刑部官员。刑部在实践中主导了律例馆，进一步扩张了立法权。

第五个部是兵部。可能有人有疑问，兵部为什么只能名列第五，军权难道不是核心权力吗？军权是核心权力，在政治斗争中很重要。但是，军权从一诞生就从来没有集中在某个部门或某个人手里。军权可以进一步细分，负责军队调遣、参谋作战的，可以视为军令权；军队的后勤保障，官兵的职衔抚恤，军队的训练军需等，可以视为军政权；至于临阵打仗，冲锋陷阵，又是第三项权力，可以称为军队指挥权。中国古代，这三项军权从来就没有完整统一在一个部门。现在，世界各国也没有把军权统一到一个部门。美国有总统、有五角大楼、有各大兵种和各大战区司令部，总统做出战和决策、调兵遣将，参谋长联席会议参谋作战，具体的司令部负责军事行动的指挥。五角大楼管不了很多事情，中国兵部的情况也类似。兵部表面上看是负责全国军务，但一个兵也调不动，只管军政。明清的兵部其实是军政部。

兵部的官吏有两百多人，下设四个清吏司。第一个司是"武选司"。武选司和吏部的文选司相对应，负责全国中低级军官的任免，高级军官它管不了。武选司还负责全国的营房建设，土司武官的世袭。第二个司是"车驾司"，管理全国的军马、驿站，就是军事运输和通讯。第三个司是"职方司"，管理军官的考核、奖惩、抚恤和阅兵。职方司还兼管明清时期的海禁。明清海禁比较严格，除了特定口岸和特定对象，寸板不得出海。第四个司是"武库司"。武库司是出了名的肥缺。它管理三军粮草、器械、军备，还负责管理军籍和全国的武举。武举和文举相对应。大家对文举比较了解了，那么，武举考什么呢？武举第一是考射箭，就是所谓的"百步穿杨"，走一百步，要求考生射中靶心。考完之后再考力气，看考生能举起两百斤还是三百斤。第三是考武艺，其实类似于耍大刀，拿着大刀耍一回。当然了，武举也考基本的文化知识，但是文化知识是点缀，考生能把姓名、籍贯、家世写对就行。这就是武举，由武库司负责。

极少有武官出任兵部官职，这是从隋唐到明清的一大趋势。到了清朝，我们会看到兵部的官员都是文弱书生。兵部尚书年迈体弱，走路可能都需要人搀扶，而且一天兵都没有带过，但是他负责全国的军政。武选司的主事，也许是二十出头的新科进士，那些四五十岁、虎背熊腰的军官的升迁祸福都操在这小子的手里。这个现象的背后，体现了中国古代政治"重文轻武"的原则。武人掌兵弄权，是皇权的一大祸患。因此，皇帝一方面要分割军权，一方面让文官集团凌驾在武将集团之上。兵部的存在，就是这个原则的表现。当然了，过度重文轻武难免要牺牲军队的战斗力，牺牲国家的军事实力。

六部中最末的部门是工部。工部负责天下工程，掌管全国的水利、土木、机械制造等事务，并负责度量衡的统一。这么重要的部门怎么会在六部当中排末尾呢？现代社会，工程建设是国民经济的支柱产业，但在古代，重农抑商。农业才是根本，工商业是细枝末节、是奇技淫巧。工匠的地位是很低的，一般人家除非是过不下去了，否则是不会让儿子去学泥瓦匠、木匠，去走街串巷的。在这种大环境下，工部整天和泥瓦匠、木匠打交道，它在古代政治格局中能占多大分量？一个读书人，二十年寒窗，考中了进士，结果分配工部任职，很可能哭丧着脸不愿意去。

六部当中，其他五个部门都带有政治统治的职能，只有工部是单纯的社会管理机关，纯技术活儿，不涉及政治核心，自然在古代政治格局中被边缘化了。其次，工部虽然负责工程建设，但是它没有完整的财权。清朝对官办工程的监察和审计非常严格，工程的工价超过五十两白银，料价超过二百两白银，都要奏报皇帝御批。工料银在一千两以上的，要奏请皇帝派大臣督造。工部官员腾挪的空间，不像人们想象的那么大。当然了，工部官员还是可以从官办工程中谋取一些灰色收入的。民间有"金工部、银户部"的说法，谈的是工部官员的收入还是要比其他部门优厚一些。可以说，工部官员权力不大，但各种收入比较多。

清代工部官吏编制超过了三百名，有四个清吏司。第一个是"营缮司"，负责工程的修缮、估价、筹措和核销工程款。下辖有琉璃窑、木厂、木仓等。这些工厂，相当于只供应官府订单的国有企业。工部和其他中央机构，下辖不少类似的工厂。秦汉以来，就有这样的国有企业，供应宫廷器物、承接国家工程或者建造制式工具。第二个司叫作虞衡司，虞衡司负责全国的度量衡的统一，负责工程修缮、估价、筹措和核销工程款，还负责制造、收发各种官用器物，下辖有军需库、硫黄库、炮子库、铅子库、官车处、措薪厂等。第三个司叫作都水司，负责全国的水利、河道、海塘、沟渠、江防、桥梁、道路工程，并且负责修造战船、渡船和其他船只，而且还铸造乐器、祭器，征收船税和部分货税。都水司雅称水部，大家想想历史上最有名的水部的官员是谁？唐朝诗人张籍。朱庆馀写了一首诗《近试上张水部》，"洞房昨夜停红烛，待晓堂前拜舅姑。妆罢低声问夫婿，画眉深浅入时无？"以女子的口气问他化妆化得行不行之类，其实是科举考试之前暗通消息，张籍其实是都水司的员外郎，雅称"张水部"。第四个司是屯田司。屯田司和屯田关系不大，清朝中央控制的屯田土地没有多少，屯田事务被地方和军队控制着。屯田司就变为主管皇帝陵墓的修缮及其费用，同时主管全国的煤矿开采和官府所用的煤炭、柴火，而且也负责工部所有工匠的定额和钱粮。

以上就是朝廷六部的编制和职权概况。

辅助行政部门

我把清朝的中央机构总结了"六五四三二一"来概括。这六个数可以概括明清时期的中央衙门，分别是：六部五寺四院三府两监一司。六部是行政主体，接下来就是五寺。

从先秦一直到隋唐时期，六部是不存在的。六部的职权由五寺来执行。当时五寺才是行政主体（不管是实质上的还是名义上的）。随着形势的变化，政治不断发展，各个寺已经不能够满足政务运行的需要了。皇帝设立了新的专权机构。所以，各个寺开始退居其次，到了后来越来越可有可无。但是，帝王对于各寺，就是不废除，而是摆在那儿，供在那儿，一直到清末。

说到这里，中国古代政治制度就是这样——习惯于创建，不会废除，最后机构叠床架屋。各寺如此，"三公九卿"现象也是如此。先秦时代的太师、太傅、太保是三公；到了秦汉，丞相、御史大夫和太尉，变成了新的三公，原来的太师、太傅、太保变成了三师。三公九卿合称公卿。中国人说一个人位列公卿，说的是他当官当到了很高的级别。公卿其实是先秦、秦汉时期行政高官的称谓，到了后来，无论是公也好卿也好，都已经没有实权了，但是称谓保留。那么，三公九卿具体指哪些人呢？清朝因为没有丞相、御史大夫和太尉，三公是太师、太傅、太保。清代三公是莫大的光耀，轻易不授予大臣。九卿有很多种说法。清代谕旨常以"六部九卿"并称，可以被理解为六部尚书不在九卿之内。一般认为是五寺当中除去鸿胪寺卿，其他四个寺的卿，再加上都察院的左都御史、通政使、理藩院尚书、顺天府尹和宗人府丞，这九个人合起来就是清朝的九卿。凡是全国性的重要案件，特别是每年判决的斩监候、绞监候案件，需要由九卿组成最高一级的会审机构会同审理，以示重视。

五寺的官吏总数分别从二三十人到七八十人不等。各寺设有卿与少卿，为正副长官。清代卿的地位大为降低（一般是三品官），但还受到诸多优待。

我们接下来讲四院：都察院、翰林院、理藩院，还有一个太医院。

我们先说都察院。都察院是古代官府的自我监察机构，监察百官的言行和衙门的绩效。任何一套政治体制都不能没有监察机构，必须进行自我监察、自我纠正，不然机构的运转是会出问题的。都察院就是这样一个机构。

清朝都察院的前身可追溯到御史台和门下给事中。古代有一个说法叫作"台谏"。台指的是御史台，里面的工作人员是御史；谏，指的是谏官。御史不是谏官，御史是监察官，谏官是劝谏皇帝的，主要是纳言、拾遗、补缺、给事中等。"诗史"杜甫短暂出任过左拾遗，就是一名谏官。杜甫当左拾遗的时候，是在安史之乱当中，他老想着给皇帝出谋划策，规劝唐肃宗要怎么怎么做，结果没当几天就被皇帝赶走了。台谏的区别是，前者对下，御史等人是监察文武百官的；后者对上，给事中的眼睛是向上盯着皇帝的。台谏是两个机构、两套班子。

从皇帝角度来说，他只希望有台官，不希望有谏官。为什么？谁愿意有人老在耳边批评自己？明清时候，瞄准皇帝的给事中基本上只是起到上传下达的作用，很少有给事中真的批评皇帝了。到了雍正时期，雍正皇帝干脆把给事中并入了都察院，史称"台谏合一"。之后的都察院既包括御史，又包括给事中。给事中混同于御史，变成了监察百官言行、督促衙门效率的监察官。台谏合一，使皇帝脱离了行政机构的劝谏，是君主专制加强的一个表现。

御史按照监察范围划分为各道。御史台发展到清代就是都察院，都察院有十五道监察御史。给事中分为六科，分别对应中央六部的业务，称为六科给事中。所以，台谏官员又称"科道之官"，科道之官又统称为"言官"。意思是，他们是靠动动嘴皮子工作的，是靠动动嘴皮子获得声望和历史地位的。大家可不要小看了动嘴皮子的工作，威风得很、力量大得很。都察院的言官可以"风闻奏事"。刑部的官员判案需要有真凭实据，不能只动动嘴皮子，但是言官可以毫无证据地上奏，听到什么消息或者揣摩到什么信息，都可以上奏。最后证明是子虚乌有的事情，言官也不需要承担诬告、乱说的责任。这就极大地降低了言官上奏的成本，提高了他们工作的效力。他怀疑谁有问题、哪个部门有问题，就可以上奏弹劾。你说说，文官百官和天下衙门，能不忌惮言官吗？

有人就担心了，这要是遇到了品质不良的言官，以权谋私，诬陷他人，那可怎么办？古代制度设计的时候，也想到了这个情况。所以，首先言官的人选要非常慎重。言官是监察其他人的，有关官场风俗和朝堂纲纪，是"风纪之官"，所以自身必须素质过硬，品行优良。[1] 只有那些身家清白、品学兼优的年轻人才能成为都察院的候选人。在明清时期，一般是从进士出身的、在中央部院（主要是翰林院）工作过三五年的文官中"考取"御史。其他出身的官员，没有资格进入都察院。进士官员，如果曾受降级、革职处分，也不能选取。这是人选的一个限制。其次，言官违规、犯法，要罪加二等，从严从重处理。其他部门官员受罚降级或者革职后，因为各种原因可以官复原职（清朝称"开复"）。言官一旦罢职就不能开复，即便符合复职条件，也只能安排到其他衙门任职。同时，限制言官的级别，一般不让其超过五品。好处不能都让言官占了去。清朝还规定，三品以上京官以及外官巡抚以上的子弟不能考选科道官，为的是防止高官插手监察、

---

[1] 明清御史的官服补子上统一绣獬豸，而不是其他文官的各种飞禽。獬豸是古代"别忠奸""辨善恶"的神兽。这个细节可以表现御史的职责。

权力勾结。可以说，言官虽然职权大，但是受到的限制也比较多。

从历史实践来看，言官在有些时候成了权臣的凶器，用来镇压他人；或者沦为党争的工具，参奏弹劾偏离事实。但是在多数时候，言官们还是洁身自好，比较自律。两宋以来，入选言官的几乎都是读书人，品质相对较好。这些读书人难免书生意气，自觉不自觉地以澄清朝政、表率士林为己任，做出了不少冒死直谏、固执强项、为了原则不顾个人荣辱安危的事情来。史书上有不少的记载。

清代的都察院主要是两部分机构。第一部分机构是十五道御史。这十五道御史分为京畿道、河南道、江南道、云南道、贵州道等，每道除了监察所冠名的地区以外，还对口监察一个或者几个中央机构。比如，京畿道御史负责监察内阁，同时负责监察官员的考核；河南道御史负责检查吏部、詹事府、步兵统领衙门和五城都察院。吏部在选官的时候河南道御史可以在场，监察选官过程是否公平公正；浙江道御史监察礼部和都察院本身，都察院内部有不恰当的或贪污腐败的现象，浙江道御史可以纠察；陕西道御史监察兵部、六科和仓场系统；山东道御史监察刑部和太医院；山西道御史监察工部、宝源局，以及所有工部负责的工程。十五道御史一共有五十多人。

第二部分机构是六科。每科监察行政主体六部中的一个部，对应吏部的给事中就是吏科给事中，同样还有户科给事中、礼科给事中等。每科给事中有若干人，为首者称都给事中。六科具有封还上谕和驳正高官的特权：凡是圣旨有"未便施行之处"，六科可以原封交还，或者内阁票拟错误、堂官督抚又没有办理的圣意，六科可以驳正。此外，六科稽查政务，考核有关衙门的行政效率。中央公开的政令，六科都会先登记，然后发往相关部门处理，到达期限之时，六科还要跟踪政务有无按期办妥。六科的第一大块职能，从唐代门下省的驳议职能演变而来；六科的第二大块职能，类似于现在的行政绩效办公室。

明清都察院还直接参与首都北京的管理。比如，清代的北京城分成东西南北中五个区，都察院分派御史巡城，承接诉讼、缉捕盗贼、纠察官吏，设立了巡城御史公署，也称五城都察院。这些御史专门负责京城的治安和监察工作，民间俗称巡城御史。公署下设一个兵马司，兵马司里面有兵马司指挥和副指挥。同时，巡城御史公署还开设了粥厂、栖流所、育婴堂，北京城里无家可归的弃婴、乞丐可以寻求救济。

都察院的监察范围还追求"无死角覆盖"，另设有：宗室御史处，负责监督宗人府对王公大臣和宗室成员的赏罚，并稽查宗人府的钱粮册籍；稽查内务府御史处，内务府各部门的钱粮账册，稽查紫禁城宿卫情况。现在北京北海公园的东门门口，就有晚清的稽查内务府御史处遗址，处在北海和景山之间，方便监察内务府和紫禁城。至于监察的实效如何，就另当别论了。

说完都察院，我们来说翰林院。翰林院始设于唐朝，脱胎于唐高宗时期的"北门学士"，后来专门成立了翰林院安置这些文学才俊。这个机构从成立伊始，就不承担具体的行政管理工作，而是务虚的。后代加以继承。清朝的皇帝对翰林院是有很清楚的认识的，说，翰林院这个机构无裨行政，但必须存在。因为这个部门"培养干部"，古文说是"储才之所"。比如，皇帝觉得一个新科进士，学问不错、人品上佳，想要栽培他，那把他放在哪儿呢？如果让他到地方上当个知县，琐碎的工作会消耗大量的精力时间，不利于他的成长。那就把他留在身边，放到翰林院里一边精研学问、一边观察政治。这样有助于他尽快熟悉政治运作，增加阅历，三五年后再看是否是可造之才。还有另外一方面的考虑，天下官职是有限的，每一次新科进士两三百人，难以尽数安排。怎么办？挑选其中的优秀者进入到翰林院，缓解官员分配安置的压力。基于这两点考虑，翰林院一直存续到清末，而且官员人数还不少。储才之所，把人才储蓄在那儿备用。

翰林院的特点，决定了翰林官员们接近皇帝、工作轻松、升迁较快、地位清要，让其他人羡慕得不得了。唐宋开始，宰辅重臣多出自翰林，皇帝也往往从翰林中选拔钦差，处理要事。翰林学士虽然品级不高，但往往见官高一级，备受追捧。北宋的苏东坡，曾经当过翰林，之后虽然官职多变，但始终以"翰林学士"的名号行走江湖。明朝开始明确规定，非进士不能入翰林，非翰林不得入内阁。翰林就成了位极人臣的一个必要的台阶。要想冲击宰辅高位，得先考中进士，再入翰林，才有资格入内阁。因此，人们又尊称翰林们为"储相"。

那么，翰林学士在翰林院中三五年，只是看书做学问，不做其他事情吗？当然不是。翰林院也有一些日常工作。除了看书，翰林还要编书、写书。皇帝成立很多编书处或者修书的班子，抽调翰林编辑出版文史图书，比如《四库全书》主要就是翰林在编。同时，翰林学士随时准备入值随扈，充当皇帝的侍从。乾隆皇帝一辈子写了四万多首诗，估计其中大部分是翰林学士捉刀代笔的。每逢科举考试，翰林学士还要充当考官和阅卷官——不然，各地、各级科举考试的那么多考官哪里来？

此外，翰林院还得承办经筵日讲。经筵日讲，就是给皇帝上课，皇帝也得加强学习。从顺治朝开始，翰林院都要遴选四名官员充当日讲官，每天都给皇帝讲解经书，同时在春秋两季举行经筵大讲，就是公开大课堂，目的是提高皇帝的学问和素养。翰林学士最想做的就是给皇帝授课，担任经筵日讲官。为什么？且不说给皇帝授课，有"帝师"的名头可以炫耀（传统读书人很看重这个身份），更重要的是，此举能够招皇帝待见。皇帝觉得这个人讲得不错，不用在翰林院待着了，直接安排要职。那这个人不就要扶摇直上了吗？要知道，翰林院是很清贫的，没有什么额外收入，只靠那一点点俸禄。

经筵日讲也是因人而异。顺治皇帝和康熙皇帝执行得不错。为什么？因为他俩都是小皇帝，刚开始当皇帝，的确得加强学习。雍正皇帝就执行得不好。雍正登基时年纪很大了，还需要别人天天给他上课吗？而且雍正很忙，所以日讲慢慢就流于形式了，走一下过场。到了乾隆时，乾隆刚愎自用。他认为自己的水平比那些翰林学士高得多了。他不仅不需要别人教，还拿本书来，问别人："你知道这句话什么意思吗？"翰林学士只能说："臣不知道。"乾隆就说："来，我给你讲解。"古代不少皇帝都是这样的性格，觉得自己文武全才，不需要学习了，还"忍不住"要时时处处教导别人。总之，经筵日讲执行好坏，和皇帝大有关系。

翰林院的长官叫作掌院大学士，满汉各一人，下面还有侍读学士、侍讲学士、侍读、侍讲，接下来是修撰、编修、检讨等官。翰林院的官员变动大，因为它是储才之所，官员不会常待，快的三五年即升迁调转。翰林院下设机构有：国史馆，负责编辑出版本朝历史；起居注馆，起居注就是记载皇帝的日常起居言行,其实就是给皇帝修年谱。皇帝什么时候起床、当天说了什么话、去了什么地方、干了什么,由起居注馆负责记录;第三个是庶常馆。

庶常馆是干什么的呢?是新科进士深造的场所。每次殿试后,挑选优秀的新科进士,进入庶常馆深造。这些新科进士就是"庶吉士",也称"庶常"。翰林院委派翰林学士给庶吉士授课,优中选优,正式担任翰林,淘汰的庶吉士就分流到其他岗位。庶吉士一般在庶常馆学习三年,期满以后进行大考,叫作散馆。散馆考得比较好就直接成为翰林,不好的分流到部院或州县。庶吉士并不是官,只是一个过渡,按照七品官发放俸禄。鲁迅的爷爷就当过庶吉士,散馆考得不好,发往江西出任知县,又因为脾气不好,跟上司拍着桌子对骂,被上司参了一本,革职罢官。可见,新科进士并不是进了翰林院就能入阁当大学士的,也有像鲁迅的爷爷那样,在中途被淘汰掉。

但总体而言,古代朝野视翰林院和都察院的官职是"清要之职"。清要什么意思?有的政务比较混杂,又复杂又累,而且干这些事情的人长期得不到升迁,在中下级别沉沦;有的比较简单、轻松,还容易得到升迁,不断往上走。这就好像是一杯水,混浊的东西沉到下面,清澈的东西浮到上面。都察院和翰林院的官员,干的就是简单的政务,而且不断往上走。以新科进士为例子。如果一开始就分配到地方担任知县,辛辛苦苦二三十年,很可能还是知县;如果一开始入选翰林院,五六年说不定就是知府,八九年成道台,二三十年后出将入相的都有可能。

四院中的都察院和翰林院,朝野艳羡,而另外两个院,情况就不一样了。

第三个院是理藩院。理藩院是清朝特有的。清军入关前,蒙古等部落纷纷归顺,清朝设立理藩院,处理归顺藩属事务。清代"藩属"是一个比较混乱的概念,既包括现在的国内少数民族地区,也包括了现在的一些外国。蒙古各部、新疆各族、青海、西藏都归理藩院管理,俄罗斯事务也属于理藩院管。这是因为,俄罗斯与清朝产生联系较早、较密切,中俄关系也被归入理藩院管理。其他外交事务则归礼部负责。

清朝把天下分成不同的层次,最核心的是京师和十八行省,外圈是南方土官土司，次外圈是各个藩属，再外面是朝贡国，就是定期朝贡、接受册封，承认清朝老大地位的国家。朝贡国再外面就是蛮荒之地，化外之外，清朝人认为他们都是野蛮人，自弃王化，没法和他们交流。这个观念和现在的国际体系观念不一样。英国使团第一次到中国来，清朝官员给他们插上一面"贡使"的旗子。英国人觉得很没有面子。其实大清已经给你很大面子了，把你从化外的野蛮人一下子拉到朝贡国那层。清朝把俄罗斯归入理藩院管理，也是给俄罗斯很大面子了，把它看作跟新疆、西藏一样地位。清朝没有把俄罗斯划到礼部管，已经算作是天大的恩赐了。

理藩院的官制其实和六部是相同的，长官也是尚书，副长官也是侍郎，分左右侍郎。下面的各个司也是郎中、员外郎、主事。官吏的总数在一百五十人左右，除了极少数翻译和文字官员使用汉族人以外，理藩院绝大多数官员是满族人和蒙古人。理藩院下面设六个司，分别是旗籍、王会、典属、柔远、徕远、理刑六个清吏司。旗籍司管理内蒙古各部落；王会司管理内蒙古王公的俸禄，办理朝贡和赏赐等事；典属司管理外蒙古各部落，同时主管喇嘛事务，负责与俄罗斯的贸易；柔远司管理外蒙古各部落王公的俸禄，办理朝贡和赏赐等事；徕远司负责管理新疆等西北地区少数民族部落和西南少数民族土司；理刑司负责审理涉及以上藩属部落的案件。理藩院下辖一个俄罗斯馆，负责招待俄罗斯使团、商团，还设有蒙古官学、唐古特学等翻译学校。

第四个院是太医院。太医院，自古有之，《甄嬛传》里的温实初就是太医。太医院是皇帝及其家族的专有保健医院，不给外人看病。皇帝如果让太医院给大臣去看病，那是天大的恩赐。康熙时期的大臣张廷玉，是一个工作狂，一天到晚都在康熙皇帝身边待着。张廷玉的儿子快要死了，他都没有时间回去照料。康熙皇帝很感动，决定给他天大的恩赐，这个恩赐不是让他回家照顾儿子，而是让太医院去治他的儿子。张廷玉算是清朝的一个奇葩大臣，基本上没有私人生活。他的一辈子经历了康熙、雍正、乾隆三个朝代，先是在南书房干，接着是在军机处干，一年四季基本上都在工作，很少回家。他跟皇帝在一起的时间比跟家人在一起的时间都长。康熙皇帝让太医院去给张廷玉的儿子看病。雍正皇帝更绝，觉得张廷玉太忠君报国了，说张廷玉死后牌位不要放在张家家庙里了，入祀太庙。张廷玉感激涕零，因为自己的牌位能够放入太庙。清朝的历代皇帝在祭列祖列宗时，前面有一个牌位是张廷玉。他是清朝从建朝到灭亡以来，唯一一个入祀太庙的汉族人。

严格来讲，太医院是一个专业机构，进入门槛比较高，职责单一，跟其他政府机关往来并不密切，所以在中央行政系统当中比较边缘化。太医院的官员有太医院使、御医、医士和医生等等。太医院在紫禁城神武门内有一个值班室，每天有太医值守，随时准备给皇室看病。太医院还承担着另外一项功能，就是给全国各地官办医院培养医生。电视剧《大长今》里面的朝鲜的太医院，就是照搬中国的，它也承担了给全国各地培养医生的功能。长今的医术，就是在太医院学的。所以，太医院兼具皇家医院和对地方官办医院进行业务指导两项功能。

古代中国从上到下都有官办医院的系统，最高的自然是太医院，最低的基层州县也有医学官，是基层的官方医生，主持基层的官办医院。官员的身体健康，可以找同级的官办医生诊治。奇怪的是，官员们生病了，喜欢找社会上的医生诊治，去同级官办医院的不多。根本原因是官办医院的业务水平不行。就连皇帝生病了，还常常面向全社会招募名医入宫诊治呢！

说完了四院说三府。三府分别是内务府、宗人府和詹事府，都和宗室事务有关。

内务府管理皇家事务，皇帝的衣、食、住、行和一切家产等都由内务府承办。贵族政治下，国家机构主要是负责君王事务的机构，行政管理机关是次要的。贵族政治褪色后，行政机关日益膨胀，负责君王内政的机构逐渐萎缩、分散。清朝将负责宫廷事务的所有机构统一为内务府，虽然导致内务府成为一个"巨无霸"，可也算是制度上的一个进步。

内务府是清朝最肥的部门，因为它不接受正常的财务审计和监察，自立一套系统，独立于行政系统之外。六部有很多规定对内务府不起作用。它自己收钱，自己开支，给营私舞弊提供了很大的便利。北京城里有民谣："房新树小画不古，此人必是内务府。"房子是新的，院子里种的是小树苗，家里挂的是当代人的画，这就是暴发户，此人必是内务府的官吏。

宗人府在皇帝制度部分也讲过了。清朝宗人府管理皇帝家系，是古代宗正官的延续，位居六部之上。皇族犯了罪，其他衙门无权管辖，只能交给宗人府按照"家法"处置。宗人府下辖的空房，就是专门圈禁爱新觉罗皇室犯人的。

詹事府是干什么的？詹事一职自古有之，而詹事府创于明代洪武年间，是辅导太子、主持东宫事务的部门。现在就有一个大问题，清朝除了康熙皇帝立过一个太子以外，没有立过太子，雍正朝改为"秘密立储"，就在实质上取消了太子制度。那詹事府干什么去？詹事府就成了一个没有任何实质工作、空闲的清水衙门。

詹事府编制极少，詹事和少詹事为正副长官，以下只有左右庶子、洗马、左右中允、左右赞善、主簿和若干笔帖式，就没有其他官员了。

朝廷原本习惯从翰林院中选拔青年才俊辅佐太子。詹事府和翰林院关系密切。后来詹事府无事可做，基本上就被翰林院吞并了，成为翰林院安排官员或者升迁调转的一个台阶。比如，翰林院侍讲学士是有定额的，侍读想升侍讲学士，名额满了，没法升上去，那怎么安置呢？就把他安排到詹事府去，让他去当少詹事或者左右庶子。詹事府就变成了翰林院安排自己官员的后院。朝野习惯于"翰詹"并称。清朝几乎把詹事府视为翰林院的组成部门。

虽说詹事府冷清，但翰詹官员和科道官员一样，都是清要之职，形象比较好，升迁比其他部门还是要快。同样，翰詹官员也要接受科道官员类似的限制。

两监分别是国子监、钦天监。隋唐就有诸监衙门，比如都水监等，负责专项事务。随着六部和其他行政部门的增加，诸监越来越边缘化。先说国子监。现在的北京大学，本校在1898年戊戌变法的时候就已经成立了，是中国第一所大学。如果那么在意建校时间长短的话，我倒建议北大把历史直接追溯到汉武帝时期的国子监。汉武帝建立的国子监，相当于国立最高等学府，同时西汉在全国各地普及官学。从那时起，中国就建立了官办学校系统，官学传统就没断过。大家有没有这个印象，一般家乡都有一所以地名冠名的中学？比如，我是浙江台州人，台州有台州中学，旁边有古代府学的遗迹。台州中学前身就是古代台州府的府学，是官学传统的遗产。现在很多地方上最好的中学，都脱胎于古代的官学。所以，各地的中学如果要搞校庆的话，都可以追溯到汉武帝时期，都可以说："我们即将迎来两千两百年校庆了！"

国子监是中国历代的最高学府，同时兼有部分教育行政权。它相当于国立唯一大学兼高等教育部。中间曾经改名叫作太学。两宋时期的太学生，是非常厉害的，闹学潮能够左右朝政，涌现了一批慷慨激昂的人物。到了明清，朝廷加强了管理，但国子监的学生还是比较活跃。清代国子监设管事大臣，管事大臣一般是从内阁大学士当中挑选，以示庄严郑重。下面有祭酒、司业、监丞、博士、助教、学正、学录等等。国子监的官吏总数大概有一百五十名，相当于六部中一个较小部门的官吏总数。

国子监的教学是分门别类教的，不是一个老师对着所有学生讲课。国子监下设六个堂，各个堂的教学有所侧重，有不同的老师在教。国子监只招收秀才，当然并不是所有的秀才都能进去，还要各地的官学来选送。选送有期限和人数限制。这就等于是不断挑选各地最优秀读书人集中到国子监深造。

清代国子监系统特殊之处，在于它设有八旗官学。八旗官学是什么？清朝入关后，随军八旗都安置在北京内城。子弟需要读书，就在每个旗设立一所八旗官学。很多八旗官学的遗址现在还存在。如今北京后海和南锣鼓巷地区是著名的文青、小资集散地。后海有一条胡同通往南锣鼓巷，叫作黑芝麻胡同。胡同里有个"黑芝麻胡同小学"，它是清朝入关以后建立的第一所八旗官学——镶黄旗八旗官学。八旗官学的老师从国子监六堂当中选派，学生称为官学生，他们定期要到国子监接受考试。汉族人要想去国子监读书，必须要有秀才功名；同时，汉族人要想参加顺天府乡试，也得有秀才功名。但是八旗官学生可以自动参加这两项考试，这就是默认官学生等同于秀才了。官学生通过考试，可以转入国子监学习；考不中的，学满十年，可以去参加吏部的考试，选拔当官。清代的官员出身中，专门有"官学生"一项。即使吏部考试也没通过，还能安排官学生到各个衙门去当笔帖式。笔帖式是基层的文书、翻译人员，是给满族人特设的。清朝有不少满族重臣就是抄抄写写的笔帖式出身。八旗官学的存在，更多的是照顾八旗子弟的读书、当官。

第二监是钦天监，掌管天象，推算历法。跟太医院一样，钦天监在整个政治系统当中被边缘化。太医院就为皇帝服务，钦天监服务的范围更广一些。古代人的天文、气象知识匮乏，很多自然现象解释不了，就习惯和政治联系起来。天文、气象就不是简单的天文、气象了，附着上了浓厚的政治色彩。钦天监也不是单纯的国家气象局，常常沦为政治斗争的工具。大家看看《甄嬛传》，皇后和甄嬛双方都利用天象为自己服务。此外，钦天监担负推算天下历法的职能。每年一次，地方州县都要购买钦天监编辑出版的历书。钦天监的工作也是门技术活儿，不是想干就能干的。明清时期，一些西方传教士来华，凭着他们带来的西方天文技术，在中国的钦天监任职，比如汤若望。

最后一个独立的中央部门是通政使司，简称通政司。清朝地方上报过来的题本和奏本由通政司汇总，叫作"通本"。在京各部院衙门的本子直送内阁，称作部本。虽然通政司管不了部本，但官员上奏题本时，必须附上多份副本，称"呈文揭帖"，简称"揭帖"。其中一份揭帖要送通政司保存，另外一份送有关部院，一份送六科。

通政司的长官是"通政使"，副长官是"通政副使"，下面有参议、经历、知事等。通政司是一个小官衙，一共才二十左右个官员。通政司里有个"登闻鼓厅"。敲登闻鼓，就是直接向皇帝申诉。敲这个大鼓就表示出大事了。告御状去哪里告？官员敲鼓惊朝，去哪里敲？去登闻鼓厅。任何人都可以去敲鼓，这是法定权力，至于能不能进去敲那个鼓，这是另外一回事。法定权力是一回事，能不能行使这项权力是另外一回事。

笔者补充一下内阁和军机处的内部设置情况。

清朝的内阁大学士一共六位，分别是"三殿三阁"：保和殿大学士、文华殿大学士、武英殿大学士、文渊阁大学士、体仁阁大学士和东阁大学士。尊卑先后顺序也是如此。这六位是正式的大学士，另外还有两个资历比较浅的、新进内阁的协办大学士。下面有内阁学士、侍读学士、侍读、典籍和内阁中书等官。

内阁没有大印，它发文用内阁典籍厅的官印。这就好像现在国务院发文，用的是国务院办公厅的印章。国务院办公厅发的文件代表的就是国务院的意思。清代，内阁典籍厅发的公文，就代表内阁的意思。典籍厅负责处理内阁的行政事务、公文往来和登记、内部工作的分配；草拟奏章、奏表；筹办重大庆典。国家重大庆典的公文、定期颁发的隆重谕旨等，需要盖国家宝玺。皇帝会允许内阁暂时保管、盖上宝玺，这也由典籍厅负责。每年动用宝玺的时候，内阁格外重视，每次至少委派两名中级官员监印。内阁还有满本房和汉本房，汉本房的主要任务是把汉语奏章翻译成满文，满本房则是满译汉。此外还有蒙古房，翻译蒙古文的。此外还有满票签处和汉票签处，就是用不同语言进行票签；还有红本处、稽察房、副本库、饭银处等。

最后说军机处。严格意义上来说，军机处始终不存在。它是一个临时机构，在故宫隆宗门外那五间小平房办公，办公场所属于违章建筑，是在宫墙外临时搭的，叫作"军机直庐"。军机大臣们都是花甲老人了，还挤在小房间里，头也不能抬直，脚也伸不开，还要冥思苦想，回忆皇帝的训示、批阅往来的公文，实在是值得同情！军机处所有的官员都是临时"借调"的，随时都可能退回原衙门，他们没有委任状，军机处没有大印。这算是一个政府部门吗？但就是这个临时机构，在清朝政治运作中起到了最高的和核心的作用。

军机处处理军国重务，要做好保密工作。军机大臣议事，太监、宫女不得在场，也不许靠近。军机大臣只准在军机处撰写当日所奉的上谕。因为军机大臣的本职是各个部院的尚书或总管大臣，皇帝不准他们在军机处办理本部门公事，自然也不准各部官员到军机处向本衙门大臣请示工作。除借调军机处的官员外，其他官员不准踏入军机处，否则严惩不贷。为了严肃纪律，都察院每天派一名御史在军机处旁的小屋里监督。为了保密，军机处洒扫、整理的差役，都是用二十岁以下、不识字的内务府童子，用的就是他们年幼无知，不会泄露政务。

大臣之下就是军机章京，从内阁中书、郎中、员外郎、主事和笔帖式等官员中抽调字画端楷、文思敏捷者担任。满汉军机章京各两班，每班八人，一共三十二人。各班中有"领班章京"和"帮领班章京"。军机章京的品级依本职而定。光绪末期定领班秩视从三品，帮领班为从四品，其余照旧。军机章京不用参加正常的官员考核，赏罚升调都由军机大臣酌情处理。平均每三年，军机处就保举一批军机章京升迁调转，或者遇到重大事项或者立有功劳都可以特保，因此军机章京升迁较快。志在升官者，莫不视章京为捷径。

军机章京接近皇帝，容易得到皇恩眷顾，常得到越级迁升。同治初年的八大"顾命大臣"中，穆荫、焦祐瀛二人就是由章京超擢的。辛酉政变之后，军机章京曹毓英超擢为军机大臣，就是因为他在军机章京任上给奕䜣一党传递消息，助力后者在政变中胜利。

军机章京俗称"小军机"。相较于军机大臣，军机章京人数多、品级低，容易结交；他们负责具体事务，消息灵通，稳操权柄，请托办事可能更方便。中高级官员，尤其是地方藩臬、道府，都要结识一两位军机章京，引为奥援。尽管有规定，军机章京不许与地方官员往来，但在实践中，章京们不仅偷偷接受外官的馈赠，还接受地方官员的到访、宴请。

军机处下辖同为临时机构的方略馆。方略馆设于紫禁城内隆宗门外，负责编纂君臣决策方略和其他官修图书，同时保存军机处全部档案，以备随时取用。方略馆官员全部是兼职，除个别纂修从翰林院抽调外，其他官员都由军机章京再次兼任。

第七讲　天下衙门：地方变迁和州县官制

中国的基层情况和地方政治是一个很大的话题。任何地区，其实都在"地方"行政之下；任何人，都可以归为某个"地方"的人。从官制的规模来看，朝廷衙门设置再多再复杂，永远是少数。朝廷是脑袋，地方是四肢，脑袋指挥四肢。有再好的思想，没有健全的四肢去落实，也是白搭。所以，地方搞好了，全局才能搞好——而且，地方治理的难度更大。这就好像是一个人，首先他要四肢健全了，才能是一个正常人，然后才能谈聪明与否。同时，如果四肢强壮，但是脑子指挥不了四肢，也是一个大问题。帝王如何杜绝出现地方强权、军阀割据，是个难题；中央集权体制下如何实现中央对地方的牢固控制，也是一个难题。总之，不论是从管理角度还是从统治角度，地方政制都关系重大。

从君王的视角来看，地方政制是如何管控地方的问题。贵族时代分邦建国，君王和诸侯的关系是权利与义务的关系，君王治理的地区很小，不过问广大的诸侯封地，所以谈不上有什么地方行政。中央与地方的关系，具体称为"内外服制"，类似以国都为核心的同心圆结构。国都周围方圆五百里的地区为甸服，为天子服田役、纳谷税，是天子直辖的领土。甸服以外方圆五百里为侯服，为天子侦查顺逆和服侍王命，与天子关系密切，是卿大夫的采邑和诸侯的封地。侯服以外方圆五百里为绥服，是接受天子安抚、学习王化的地区，大多是接受三代威慑、服从天子的异族部落。绥服以外五百里为要服，还受天子约束。要服以外五百里的荒服，就是自弃王化的蛮荒之地了。当时，中央和地方的关系比较松散，距离越远关系越松散。诸侯国和地方部落有很大的自主权。虽说礼乐征伐自天子出，但地方实体之间战乱不少，甚至地方实体和天子也发生过战争。

秦朝建立了郡县制，开始了中央集权，中国的地方政制开始了另一番景象。

中国行政区划变迁

中国的行政区划，是比较固定的。秦朝时，中国就大约有一千个县；清朝中期的时候，全国大概有一千五百到一千六百个县级行政单位。在这两千年当中，中国增加了五六百个县。这五六百个县是怎么增加的呢？主要原因是中国版图的扩大，清朝的版图比秦朝的版图要大很多；其次是原有版图内的蛮荒地区得到了不断开发，人烟日渐密集，就增设了行政单位。比如，贵州和广东在秦汉的时候都不是国家的中心地区。随着长江以南地区的持续开发，贵州、广东两地的行政区划越划越密。而秦汉时期的千余个古县，相当一部分持续到明清时期没有废置，所以，中国的行政区划比较固定。

笔者是浙江临海人。笔者的老家"临海"，秦朝就有，到现在名字没有变过，还是一个县。这一点在中原地区可能更明显。现在的河南、山东和安徽北部，有很多县早在秦朝就设立了，名字一脉相承，行政区划变化也不大。大家有兴趣的话，可以拿张地图，一一比对。

我们讲地方官制，首先要搞清楚中国是如何划分地方行政区划的。贵族政治时代，没有地方行政区划。到了春秋战国，中央集权兴起，贵族政治消减，才慢慢有了地方行政区划。

中国语言中有好几个词，是专门指代中国的，比如，华夏、神州、赤县等等[1]。最常用的，可能就是九州。"死去元知万事空，但悲不见九州同"，"九州生气恃风雷，万马齐喑究可哀"，这九州指的就是当时中国人认知的世界，指的是中国。

九州是传说中的行政区划。它到底是哪几个州呢？任何学术概念可能都有争议。《尚书·禹贡》的说法，是现在主流的看法。《尚书》记载，现在河南所在的州叫"豫州"。豫州是中华民族的主要发源地。河南有很多古人类遗址。黄帝和炎帝的战争，主要就是在豫州打的。夏商周三代的战争，也主要是在豫州打的。豫州的大致范围，包括现在河南省的黄河以南的大部分地区和安徽省的北部。豫州的首府在"谯"，谯是现在的安徽亳州。此地出了一个很有名的人——曹操。我们按照顺时针方向转，豫州东边的州是"兖州"。兖州和现在的山东省兖州是两回事。古兖州相当于古黄河和济水之间的地区。济水现在已经没了，留下一个著名遗迹济南，这座城市在古济水之南，所以得名济南。古济水是我们现在看到的黄河下游，古黄河则横穿现在的河北中部，注入渤海中部。古黄河与古济水之间地区就是兖州，大致是山东省的东北部和河北省的东南部。兖州顺时针下来是"青州"，大致是现在山东省的大部，从山东半岛的尖角一直到兖州。兖州、青州都是狭长的形状。接下来是"徐州"。徐州不大，相当于山东省的最南部和江苏省的苏北地区。古徐州的核心地区，就是现在的江苏省徐州市。再顺时针下来是"扬州"。《尚书》分九州时，视野局限在以黄河为中心的地方，最南也就到长江流域为止，所以像广东潮州、贵州铜仁之类地区，还不在写书人的视野范围内。因此，古九州是不包括长江以南地区的。先秦很少有人能够在恶劣的条件下横渡长江，到了西汉，司马迁到各地游历，也是九死一生才到达长江以南地区。古扬州包括现在的江苏省中部、安徽省中部地区，和现在的扬州是两个概

---

[1] "中国"一词，似乎源于"中原"。我们一般用中原指代汉族核心区、黄河中下游地区。绝对没有冒犯少数民族的意思，但我们这个国家的历史，的的确确是以汉族为中心，慢慢融合、发展起来的。汉族核心区长期居于四方之中，物质和文化也领先周边地区，所以有种"万物以我为中心""万邦来朝"的错觉。久而久之，我们可能就认为"中国"是好的、先进的、优秀的。

念。扬州再顺时针过来是"荆州"。荆州大致是现在的湖北省。核心地区则在现在的河南南阳、湖北襄樊一带,而不是现在的湖北荆州。托《三国演义》的福,荆州的名气不小。之后是"梁州"。梁州大致包括四川省除川南以外的大部分地区、重庆市、陕西的秦岭山脉以南部分。这块地区大致是巴蜀大地。梁州再上去是"雍州"。雍州包括现在甘肃省的东南部、陕西省秦岭以北一直到黄河大拐角的大部地区。雍州东去是最后一个州,叫"冀州"。冀州的主体部分是山西全部、河北省的西部和北部、北京天津一带,还包括内蒙古南部的小块地方。

大禹治完了水,在浙江绍兴的会稽山汇集天下诸侯,铸了九口鼎,每个州铸一口鼎,所以九鼎也就代称天下。九鼎的重量只有天子才知道,所以鼎之轻重一般人是不能问的,问了就是"僭越之罪",说明你有不臣之心。"问鼎中原",指称追逐做天下共主的意思。

需要说明的是,九州并不是真实存在的行政区划。它只是写入《尚书》的理想化的地方行政区划,表达了作者所处的列国纷争、贵族政治分崩离析的时代,人们希望对国家进行一种有效的、精细化的划分和管理。这就好比一个空想理论家设计出了一套制度,但这套制度从来没有实行过。虽然没有实行过,但他提出了非常重要的一个字,成为中国地方行政区划中很重要的一个概念。这个字是"州"。

春秋时期,地方行政区划是不存在的。贵族在封地的核心筑一座城镇,叫作"邑"。随着战争和兼并越来越激烈,诸侯新占领的领土,不再分封给贵族,自己直接管理;或者,君王开疆拓土,在荒原上开发了新的领土。随着直辖于君王的领土越来越多,地方行政制度呼之欲出。比如,楚国原来主体部分是在长江沿岸,后来不断向长江南岸拓展,占领了湖南、江西等地。楚国就在这些边远地区设置了"县"。在古文中,"县"字即"悬",意思是远离诸侯国都、诸侯统治中心之外的新地区。北方诸侯国,比如,燕国、赵国、秦国,他们大量的领土是在和少数民族的斗争中占领的北方荒漠和草原,面积很大,地广人稀,一般由军队占领,直属于国君。国君在这些地区设置"郡"。春秋战国时期,中国地方行政区划就有三个类型:"邑""县""郡"。

后来，贵族政治越来越衰弱，很多贵族被消灭了，土地被兼并了，国君把郡和县推广到新占领的领土。比如，楚国灭了蔡国，在蔡国设了"上蔡县"；晋国灭了曹国，在曹国设了"曹县"。邑逐渐消亡。秦朝统一全国后，将国家直接划分成两级行政区划，"郡"和"县"。郡和县本是平级的，后来因为郡地广人稀，郡下往往设县，秦朝就变成了郡县制。全国有四十多个郡。郡的长官叫太守，万户以上的县的长官叫县令，万户以下的县的长官叫县长。

西汉也是郡县二级制，在郡县之外，还有一个国。比如，河南有梁国，梁国由梁王来统治。国是分封给贵族的地方行政区，分封给王的是王国，相当于郡；分封给侯的是侯国，相当于县。它是贵族政治的遗迹。贵族政治不是说到了哪个时间点就不存在了，而是一直存在，它的遗迹多多少少显露出来。两汉的时候就显露出这个"国"。国的长官是国相。经过汉武帝强力削藩，各国基本上分崩离析，不复存在了。

到了东汉末年，地方不稳，中央为了强化地方控制，同时也为了监察地方官吏，东汉朝廷在郡县之上又加了一级"州"。州一开始是监察区划，长官刺史是监察官，因为刺史掌握了地方官员的进退祸福，又因为刺史常有其他兼职，刺史逐渐参与地方行政，指挥郡县，州也渐渐成了带有实质意义的行政区划。从东汉末年开始，中国的地方行政区划就变成了"州""郡""县"三级，州下辖郡，郡下辖县。到现在为止，中国地方行政区划也是三级。

东汉末年把全天下分为十三个州。这是"州"的概念在中国真正施行。我们来看看东汉分成哪十三个州。以豫州为中心来讲，豫州还是豫州，基本情况不变，但是稍微有一点变动，河南西部不归豫州了。豫州顺时针过去还是兖州。东汉的兖州和《尚书》记载的兖州不一样，已经向南扩展了。先秦的兖州在黄河和济水之间，只相当于现在河南省的东北部、河北省的东南部和山东省的西北部，就在现代三省交界的地方。兖州首府是"昌邑"（地址在今山东省巨野县一带）。兖州的旁边是青州。青州的区划也有变化，整个辖区向北、向东移。兖州向南挪，青州把原辖西部的几个郡县划给了兖州，自身向北把兖州空出来的地方占领了。于是，青州就直接跟冀州接壤了。山东半岛的尖部，依然是青州的。青州的首府是"临淄",就是现在山东省的淄博。青州所领地方是齐国和鲁国的故地。豫、兖、青三州所在的中原地区,在唐宋之前都是中国的经济和人口中心,所划得州县最多。虽然所占土地比例不大,但估计集中了当时一半左右的郡县。

青州往南是"徐州"。徐州的领土土地扩张,从山东省南部一直扩张到了现在长江的北岸,包括安徽省的东部。徐州的首府经历过三次变化,开始在"滕",后来迁到了"下邳",再后来迁到了"彭城",彭城就是现在的江苏徐州市。

徐州顺时针下去是"扬州"。东汉的扬州,包括安徽省中南部和全部的江西省、浙江省、福建省、广东省、广西壮族自治区,还有海南省。可见,扬州是一个巨无霸。扬州首府开始在"和县",后来搬到"寿春"(今安徽寿县)。中国古地名也是传统文化的一分子,扬州便是一个地名饱含传统文化深意的上佳例子。"天下三分明月夜,二分无赖是扬州。""故人西辞黄鹤楼,烟花三月下扬州。""十年一觉扬州梦,赢得青楼薄幸名。"说的都是扬州这个地界的味道。但是,诗歌中的扬州,指的都是现在的江苏扬州,并非东汉的扬州。江苏扬州在长江北岸,在东汉叫作广陵,属于徐州地界。广陵后来改名为江都,直到唐朝才正式定名扬州。

扬州再往西还是"荆州"。东汉荆州也有大面积的扩展,从湖北拓展到了湖南省、贵州省。荆州的首府在"襄阳",现在还叫襄阳。

荆州再过去是"益州"。益州相当于现在四川省大部、重庆市的几乎全部和现在秦岭以南的陕西省部分,还有青海省的东南部、云南省大部和贵州省的西部。益州也是一个巨无霸。益州首府原本在"广汉",后来搬到了"成都"。"王濬楼船下益州,金陵王气黯然收",说的就是益州的地理优势。一是地理封闭,易守难攻;二是居高临下,对长江中下游的荆州、扬州构成战略威胁。

益州北上,就到了"凉州"。东汉的凉州也有变化,包括现在甘肃省的中西部、青海省的一部分和内蒙古的西部。凉州的首府在"陇县"。凉州总是和异域风情、金戈铁马联系在一起,凉州词、出塞诗里的凉州总是"黄河远上白云间,一片孤城万仞山。羌笛何须怨杨柳,春风不度玉门关",或者"葡萄美酒夜光杯，欲饮琵琶马上催。醉卧沙场君莫笑，古来征战几人回"这般模样。

凉州往东是相当于州一级的"司隶校尉部"。司隶校尉是主管两京地区的行政长官，他所辖地区独立出来管理，就是司隶校尉部。两京指的是什么地方？长安和洛阳。野心家都想占领两京，如果占领这两个地方，就觉得自己可以称帝了。想当年，黄巢占领了长安就急着去当皇帝，李自成也一样，占领了长安就急着当皇帝。长安和洛阳政治意义非常重大，所以把两京及其周边独立成立了一个"司隶校尉部"，魏晋时改为"司州"。它所管辖的地方是以长安和洛阳为中心，现在的河南省西部、陕西省中北部。首府在洛阳。[1]司州再往东是一个新成立的州，叫"并州"。并州基本上就是山西省，只不过现在晋南的河东地区属于司州。并州的首府在"晋阳"，就是现在的太原。司州和并州，也是和少数民族征战的前线。"秋日并州路，黄榆落故关。孤城吹角罢，数骑射雕还。"从匈奴，到鲜卑、突厥，再到蒙古，总是把并州当南侵主战场。

并州再往东是"冀州"。冀州原来是一个大州，并州划走了山西，并州北部又成立了一个新州，所以东汉的冀州就变成一个小州，只相当于现在河北省的中部和西南部。冀州首府是"邺"。西门豹治邺，就是在这个地方。南京的古称叫建邺，意思是希望能够把它建设成像冀州首府邺一样的大都市，所以取名"建邺"。由此可见，汉末的邺是一个多么繁华的地方，当时的南京多落后。

冀州再往北是"幽州"。幽州的首府是"蓟县"，在现在北京城区西南部一带。当时幽州管辖的地区很大，不仅包括北京、天津和河北的北部、内蒙古的一部分，还包括辽宁，远至朝鲜半岛。东汉在朝鲜半岛设了三个郡：带方、乐浪、玄菟。三郡也属幽州管辖。幽州在古代人眼里，就是边疆，就是塞北。"念天地之悠悠，独怆然而涕下"，这样的感慨就是在幽州城里发下的。

---

[1] 首都周边行政，朝廷很重视。秦汉设内史，管理首都及关中地区。西汉中期后在长安设京兆尹，管理首都；又设左冯翊、右扶风，负责关中行政。三者合称"三辅"。关中地区由此得名"三辅"。东汉首都东移洛阳，设河南尹，专责首都行政，地位高于一般郡守，为九卿之一。

东汉末期,朝廷又划了两个新州。一个是把陕西省北部划出了一个"雍州";一个是从扬州的南部,将广东省、广西壮族自治区、海南省划为"交州"。交州首府原来在"苍梧"(今广西壮族自治区梧州市),后来搬到了"广州"。实际上汉末不止十三个州,但是各州建制并非同时,所以一般叫作东汉十三州。

这十三个州在三国魏晋时频繁变动。有些割据政权总喜欢另立新州。比如,占领一个县的军阀,总是不好意思自命太守,怎么也想多占领几个县或者把一个县分成好几个县,然后成立一个新郡。占领几个郡的军阀,总喜欢另立新州。军阀公孙度占领了幽州东部。公孙度以辽东郡为根据地,占领了朝鲜三郡,又占领了昌黎郡,政治诉求膨胀,不局限于当辽东太守,先从辽东郡分出了辽西郡,再把上述郡县拼凑成了"营州"。公孙度知道在陆地和曹操硬碰硬,自己没有胜算,所以他发展海军,跨渤海占领了青州在山东半岛尖上的几个县。以上就是营州大概范围。割据四川的军阀,也觉得天府之国,沃野千里,就把益州划分了好几个州:陕西省南部,也就是秦岭以南和大巴山以北地区,自然条件相对独立,就成立了"梁州",首府在汉中;四川省的东部,也就是重庆市和四川内江等地,也在乱世中成立"巴州"。

扬州面积最大,拆分得也很厉害。江西省分出了一个新州,叫作"江州"。大家在古典文学中经常读到这个词。江州的主体是江西省靠近长江的地方,首府在九江。九江一开始叫"柴桑",就是刘备娶孙尚香的地方,后来又改名"浔阳"。陶渊明就隐居在这个地方,庐山也在此地。交州原本就是从扬州分出来的,后来又一分为二,东边属于"广州",西边属于"交州"。荆州的南部分出了"湘州"。

州是越分越多。尤其是在南北朝,割据政权安置官员的压力很大,但是官职是固定的,怎么办?设置更多的州。多划行政区划,就能多安排人。同时,南北朝发展了"侨州"制度。很多北方人流亡到南方,老百姓思念故土,旧官僚谋求职位,南方政权于是就地侨治州郡。比如,青州原本在山东省,现在在长江边上另成立一个"南青州"。以此类推,南方就有"南豫州""南并州""东弘农郡"等等。州郡越设越多，很可能一州之下只有两个郡，或者一个州就管一个郡，一个郡只管几个县，甚至是州下面连一个郡都没有，就只管一两个县。隶属关系也很极为混乱。南北朝时期，天下合计多达二百五十三个州，可见地方行政之混乱。

隋文帝统一全国，干脆把郡给取消了，实行州、县两级制。从此，郡就彻底走下了历史舞台。虽然之后人们习惯上还称某地是什么郡，或者把州的长官叫"郡守"，那都是附庸风雅。隋朝把全国分为上百个州，一州下辖近十个县。到了唐朝，朝廷觉得这样的管理比较混乱。因为中央直接管理上百个州，事务繁杂，随着各地人口增加、经济发展，每个州的事务都直接向皇帝汇报，朝廷要处理的公文像海水一样涌来。所以，人们倾向于恢复三级地方行政，减轻行政压力，提高行政效率。唐朝中期开始施行道、州、县三级制，把全国分成了三十七道，比如，四川大部属于"剑阁南道"，简称"剑南"，贡酒"剑南春"就是这么来的；长江中下游分为"浙江东道""浙江西道"，简称"江东道""江西道"，江西省的名称也可以追溯到这里。朝廷根据需要在各道设置行军大总管、观察处置使、团练使、防御使等官员。

到了宋朝，地方行政还是三级制，只是"道"变成了"路"，宋朝是路、州、县三级。全国分三十几个路。路的长官是经略安抚使。另外，朝廷将特别重要的州或者皇帝的"龙兴之地"提升为府。比如，北宋首都所在的"汴州"，提升为"开封府"。宋高宗赵构逃难的时候，颠沛流离，后来在"越州"安顿了下来，并且改年号为绍兴。为了纪念，宋高宗把历史悠久的越州提升为"绍兴府"。同样，南宋临时首都"杭州"也提升为"临安府"。此外还有"大名府""应天府""济南府"等。"府"的概念出现了，行政区划变成了路、州、县或路、府、县三级。

元朝在大一统王朝当中算是时间短的，不到一百年，但它在地方行政上有一个很大的贡献，那就是确立了行省制。中央有中书省，是元朝的中枢行政主体。

元朝地方上的一级政区，就叫作"行中书省"[1]，简称"行省"，再后来直接叫作"省"了。省，一开始是中央官衙的名字，元朝正式把它定为地方行政区划的名称。日本至今还把中央部门叫作省，比如防卫省、外务省、大藏省、厚生省等等。元朝在汉族地区的各省划分，奠定了现在我们省级行政划分的基础。多数省份的情况都和现在的省份相同。

元代实行省、路、府（州）、县四级制。到元英宗至治时期，天下共十一个行省，长官是平章政事、参知政事等，统领一省军政事务。二级政区为路，三级政区为府（州），四级政区是县，路领府，府辖县（少数重要地区，不隶属于路，而直隶于省，称为直隶府、直隶州）。路的长官是总管，府的长官是知府或府尹，州的长官是知州或州尹，县里则是县尹。但是，从路至县，各级官府都由蒙古官员掌握实权，称"达鲁花赤"，其蒙古语意思是镇压者、掌印者。达鲁花赤既是地方行政长官，又是监督同级官员的钦差大臣，这体现了蒙古人的不自信。

明清时期，中国行政区划基本还是省、府、县三级。中国现有的行政区划，在这个时期慢慢清晰、定型。比如，甘肃省有一个甘州、一个肃州，这两个主要的州合在一起就叫作甘肃；江苏最重要的两个地方，一个是江宁府、一个是苏州府，合起来就是江苏；安徽省也是如此，最重要的两个地方安庆、徽州，合称就是安徽。江西省、山东省等则是沿用古称；而陕西省则是因为在陕县以西。就好像宋朝把一些重要的州提升为府一样，明清也把一些重要的县提升为州。比如，北京昌平区在清朝不叫昌平县，叫"昌平州"。现在有很多上了年纪的昌平农村老百姓到昌平去办事，叫作"去州里"，到北京市称作"去京里"，而不是叫作"去区里""去市里"。再比如，河北省易县，在清朝不叫易县，叫"易州"，因为清西陵在易县，所以把县升为州。

---

[1] 省本来是官署名，如尚书省、中书省、门下省等。魏晋开始，朝廷就有将中央部门的部分官署临时派驻地方的习惯，派出机构在名称前加"行"。比如，尚书省的派出机构就是"行尚书省"。金、元两代，朝廷在重要地区设置行尚书省或行中书省，集中管理当地事务。但这些都是权宜之计，不是正式制度。元世祖忽必烈正式固定为行政区划。

清朝有一个特殊情况，那就是它直接治理许多少数民族地区，尤其是西南多民族混居的地区。在这些地区推行州县制度，有点困难。所以又有一个新的行政区划，叫作"厅"。清朝在一些尚不具备条件设立州县的地区，设厅，主要是一些交通要道，或少数民族聚居区。厅如果直辖于省，那就类似于府的级别，称为直隶厅；如果属于府，那就类似于县的级别，称为散厅。清代云南省的蒙化厅、景东厅、永北厅，就是直属于省的直隶厅；浙江省的玉环厅，则受台州府管辖，是散厅。州也一样，如果属于府，就类似于县，称为散州；如果直辖于省，就相当于府，称谓直隶州。直隶州往往有下辖县。比如，易州是直隶州，除了易州本身，还下辖涞水县、广昌县。而同省的磁州，就隶属于广平府；开州隶属于大名府；蔚州、延庆州、保安州隶属于宣化府，它们就都是散州。

战国时期，各国开始在城市之下设立乡和里，演化至今"乡里"成为故土、邻居的代名词。秦汉时期，最基层的社区组织是乡和亭，官府挑选"强且谨"的居民担任乡长、亭长。历史上最有名的亭长可能就是刘邦了。唐宋开始，城镇开始普及厢、坊制度，现在一些古城还保存着规矩、严整的厢、坊结构。这些城乡组织的作用，一是替官府征发税役；二是监视地方动静，维持治安，带有居民自治组织的味道。北宋王安石变法，有一项"保甲法"，强力在城镇、乡村推行保甲制度，名称虽有变化，可实质延续到民国。若干家编作一甲，若干甲编作一保。保设保长，甲设甲长，虽然还是协助征发税役、维持地方治安，但强制性更高，对基层社会的搅动更厉害。比如，保甲内百姓有司法连带责任，一人犯罪可能株连乡亲。王安石设计制度之初还想寓兵于民，可见官府想对村镇控制之深、之强，后来保甲的军事功能因为各种原因才没有保留。[1]

乡里、保甲，都是官府设计的基层组织，中国老百姓更熟悉的可能还是

---

[1] 基层保长、甲长的地位，有类于衙门的差役。甚至在部分基层官员看来，保甲长就是协助官府工作的"壮丁"。保甲长的地位低微，还要承担半强制性的责任，比如及时上报案件、协助征税、为官吏下乡提供后勤保障等等。保甲长是没有俸禄的。从我阅读可见，老百姓当保甲长的积极性不高。因为后继乏人，一些地方的保甲长存在世袭现象。

"镇""市""乡""村"。人们自然而然地聚居在一起，形成一个村落。"村"，就成了最小的人类居民点。周围几个村落合在一起，形成一个"乡"。乡、村大家都可以理解，那镇和市是什么？为什么有的地方叫乡，有的地方叫镇？镇不一定就比乡要大。"镇"起初不是一个行政区划，而是军队驻扎的堡垒。比如，北魏为了抵御北方蛮族的入侵，屯兵六地，建立北方六镇。这些官兵世世代代当兵，把家属、子女也安置在军事重镇里。慢慢地，镇子就发展出了商业、娱乐业、教育业，不再是一座单纯的军事堡垒，变成了一个功能比较齐全的、多种多样的聚居区。镇和乡的区别在于，乡里面可能没有详细的社会分工。不知道大家有没有印象，小时候周边好几个乡的乡亲们，去同一个镇上赶集？乡里不一定有集市，集市往往在镇上。到了明清，商业比较发达、社会分工完备的乡，成了一个地区的核心居民点，称为"镇"。如果把镇和乡的区别理解为社会分工的完备、商业的发达与否，那么"市"（集市）则更多的是从商业角度衡量。古代人男耕女织，商业贸易的机会不会太多。需要进行商业交往的时候，大家就到一个定点的地方去，这个地方就变成了一个市场，形成了"市"。

以上就是中国地方行政区划的演变。在古代这么多行政区划中，存在时间最长的是县，从春秋末期一直到现在都存在，都是作为设置政府机构的、最基层的行政区划（现在已经把行政区划建设到乡和镇了）。最低级的官府是县衙门，县以下是没有官员的。古代很多读书人考中了进士，不愿意去当县令，因为这是最低级的地方官。还有就是中国历史上的多数时间，都是实行三级行政区划。

纵观古代行政区划的发展变化，行政区划的划定，主要是由地理条件和政治考量两方面塑造的。首先是地理条件，尤其是大江大河、大山大沟的存在，天然起到了划分地界的作用。比如，许多地方志的《地理志》都要谈到本地的形势，都说本地地势如何重要。江河的中间线、山脉的山脊，天然就是各行政区的界线。很多地方的名字，就以山河为名。但是，大一统帝国不希望这种"依凭险固""四塞巩固"的地方出现。朝廷怕有野心家利用地理优势，搞独立、割据，最后分裂国家。比如，历朝历代对四川省都盯得紧，就是因为四川省具有独立的地理优势。统治是第一位的，这是统治者在划分地方行政区划时优先考虑的问题。地理因素要让位于统治需求。所以我们就会看到,地方政区并不是和地理界线完全一致,存在犬牙交错、七扭八拐的情况。比如,山西省在黄河南岸有飞地,河北省也在黄河南岸有凸出的州县。

地方官

关于地方官员的设置,我们先来说两个概念。第一,地方官的设置分两个系统。第一个系统是条状的,第二个系统是块状的。条、块是什么概念呢?条是指垂直的,比如说州、郡、县这一条线下来,一级对一级负责,就像一条纵线。块又是什么呢?有一些负责专门事务的官府,比如漕运系统,自成体系。漕运系统里的漕运总督、漕标官兵,都属于地方官,但不属于纵向线上的官员,这就可以归属于块状系统。块,就是自成体系的专项事务部门。此外,官员也分主要官员和辅助官员,还有一些杂职。套用现在的说法就是,领导班子成员有很多,排名第一和排名第九是有大区别的。他们的职权不一样,发挥的作用更不一样。在讲地方官制之前,我们在头脑当中要有概念,地方官设置是非常复杂的、交错的。

我们先从省一级开始说,主要讲中国古代政治制度成熟时期的明清时期的地方官制。

在清朝,省一级的官员大概有六七个人:总督、巡抚、布政使、按察使、学政、将军、提督。这是最理想的状况。有的省既有总督,又有巡抚,但多数省份只有总督或者巡抚中的一位。他们两位,都是全面负责军政事务的主官。总督、巡抚的官制,都开始于明朝。朝廷派遣某个官员去某个地方巡视,解决特定的问题,叫作巡抚;派遣某个官员督察好几个地方的军政事务,就叫作总督。总督也好,巡抚也好,一开始都类似于钦差大臣,是中央政府官员的一个临时差使。慢慢地,因为总督、巡抚在地方上的实际权力太大,而朝廷又觉得这种直接派人插手地方事务的管理方式更直接,更有效,就把总督、巡抚给普遍化、常态化了。几乎每个地方都有朝廷派下来的总督、巡抚。结果,总督、巡抚就成了最高地长官。这是一个"差使"异化为"职务"的典型例子。

清朝一共设立了八大总督：直隶总督、两江总督、两广总督、陕甘总督、湖广总督、云贵总督、闽浙总督、四川总督。其中地位最重要的是直隶总督，因为他管辖的是京畿重地。直隶总督管辖现在的河北、北京、天津。其次是两江总督，管辖江苏、安徽、江西三个省，是中国经济最繁荣、人口最密集的地方。当时，上海市是江苏省松江府上海县，后来才扶摇直上，跨越了好几个等级，变成直辖市的。所以，两江总督其实是管辖三省一市。有三个省没有总督只有巡抚，分别是山西、河南和山东。还有三个省没有巡抚只有总督，直隶、四川、甘肃。有几个省是总督、巡抚同城，比如，武汉既有湖北巡抚，又有湖广总督；昆明既有云南巡抚，又有云贵总督；广州既有广东巡抚又有两广总督；福建既有闽浙总督，又有福建巡抚。那么，督抚同城，到底谁说了算？中国古代很多政治制度的贯彻执行，关键看人事。督抚同城，行政效率的高低，关键就看两人的个性。谁比较有手腕，谁比较强硬，就能指挥全局。从理论上来说，总督和巡抚都直接向皇帝负责，都有权管辖地方事务，并不存在谁是谁下级的问题。只不过，总督的级别比巡抚要高。巡抚是正二品，总督是从一品。就一般情况而言，总督要压过巡抚。除了总督级别要高一些外，总督一般都是元老重臣，资历、威望各方面都要盖过巡抚。当然也发生过一些督抚不和，把对方逼死或者挤走的情况。

江苏省比较特殊。按理来说，两江总督和江苏巡抚都驻扎省会江宁。江苏巡抚借口苏州府非常重要，要加强管理，就移驻苏州去了。因此，江苏巡抚不驻扎在省会江宁，而在苏州。辛亥革命的时候，江苏巡抚陈德全拿了一根竹竿，把屋檐上的瓦片挑落了一块，宣布起义，摇身一变就成了江苏都督。但是有一个问题，占据江宁的两江总督张人骏不愿意起义。这就变成了江苏宣布起义，但是省会江宁还效忠宣统小皇帝。最后辛亥革命打了一场硬仗，也是唯一一场攻坚战，就是江浙联军会攻江宁，根源就在于江苏省督抚不同城。

清朝的总督也好，巡抚也好，都加兼职。比如，两江总督一般加兵部尚书、都察院右都御史、总督两江等处地方兼管提督粮饷、监理盐务，操江阅兵等事。巡抚一般加兵部侍郎、都察院右副都御史、巡抚某某地方、兼理粮饷、提督军务之类。这些兼职是为了工作方便，客观上极大地扩张了总督、巡抚的实权。总督一般是由中央各部的尚书或者是资深侍郎或者是地方上资深巡抚来升任；巡抚一般由他省的布政使或者是中央各部的侍郎，或者是中央各寺资深的卿、内阁学士升任。总督上升空间不大，再往上升就只能是入阁了。巡抚上升的空间是担任尚书，或者晋升总督。

次于总督、巡抚的行政长官是布政使。布政使全称"承宣布政使"，它才是严格意义上的地方行政首长。宋朝在地方上分设三大行政长官：转运使、提点刑狱公事、提举常平使，分别负责财政、司法、赈灾或盐铁专卖。三使之上，由经略安抚使统其责。明朝去掉了安抚使之类的负责人，在地方分设承宣布政使、提刑按察使、都指挥使，分别掌管民政财政、司法刑狱和军事，以布政使为首。清朝的布政使就延续明制而来，职权有所扩张，主管地方上的民政、财政和人事。因为总督、巡抚的存在，布政使在实践中沦为了督抚的下级，职权受到严重侵蚀。

总督和巡抚没有直属官（首领官），布政使有直属官。这一点也是二者的本质区别，督抚源于使职，布政使是正式职官。督抚衙门没有下设部门，布政使司则下设三个部门："经历司""照磨所""理问所"。经历司负责公文往来、处理行政事务，相当于现在的办公室；照磨所负责监督公文的处理，负责行政效率和监察地方官员，相当于监察局、人事局；理问所负责审核司法刑狱案件，相当于司法厅、监狱管理局等。三个衙门分别有经历、照磨和理问等官。从秦汉到南北朝，官员都有自辟僚属的惯例，这些人既是官员的幕僚，又是他们的属官，朝廷承认他们的职务，授予相应的级别。当时不少政治人物的仕途，就是从给他人做僚属起步的。征辟僚属的权力，是朝廷和官员博弈的一大热点。从隋唐开始，官员只能雇佣幕僚，不能征辟属官了。地方官员的直属官，都归朝廷任免。布政使的直属官，经历、照磨、理问都是六品官，比知县级别要高。此外，布政使的下属还有仓大使、税大使。布政使管理省里的官库、储运钱粮税收，就需要一个管理仓库和财务出纳的官员，这就是仓大使。税大使更多的是催科征税。按察使、知府等人，也有类似的这么一套班子。只不过按察使、知府衙门没有照磨所，而是叫作"司狱司"。[1]

按察使负责司法刑狱，例由盐运使、道台升任，自身的上升空间为布政使和中央的大理寺少卿、通政副使。总督和巡抚合称督抚；布政使和按察使则合称两司，前者是藩司、后者是臬司。

布政使有辅佐官员：参政、参议；按察使有辅佐官员：副使、佥事。他俩分派这些官员监督一个或者多个府的政务。布政使派遣的称分守道，按察使派遣的称分巡道。分守道侧重钱粮事务，分巡道侧重刑名司法，二者往往兼兵备道之名，有调兵用兵的权力。在实践中，分守道与分巡道职权并无细分、交叉融合，都负责全面政务，从派遣官员逐渐化为地方实职，俗称道员、道台。这样一来，府和省之间，就多了一级"道"。地方文书申报程序是县申府、府申道、道申两司、两司申督抚。但是，道并没有成为一级实实在在的地方行政区划，清朝还是省、府、县三级。道员并不专责地方行政。各省常有四五位道台，此外还有负责特定事务的道员，比如海关道、驿传道、盐法道、粮道等。[2]

省级官员中的最后一个文官是学政。古代的学校和科举事务，由专人负责，叫"学官"，也称"教职"。学官自成一个系统，一省最高的学官就是学政。学政从严格意义上来说并不是官职，而是一份差使。朝廷委派具有科举功名的京官到省里担任学政，学政的级别根据他在京城原有官职的级别而定。学政没有属官，他的主要工作有这几项：第一项是管理读书人的功名。在传统社会里，功名是很重要的。有了功名就有各种政治、经济、司法等方面的特权；有了功名就可以是"老爷"，不然再有钱也只是个土财主。地方官看一个秀才或举人再不顺眼，也不能把他怎么样，因为读书人有功名在身，可以不受刑讯。只有学政才能够剥夺读书人的学籍。学政的第二项工作是负责当地的科举考试。比如说，一个

---

[1] 布政使一般由按察使升任，或者由朝廷各寺卿、内阁的侍读学士、侍讲学士升任。布政使可以调任其他省的巡抚或者是升任中央的侍郎、各寺卿、内阁学士。除了江苏省有江宁、苏州两位布政使、分驻两地外，其他省份都只有一位布政使，驻扎省城。

[2] 道台例由给事中、御史转任或由知府升任，自身的上升空间为按察使和鸿胪寺卿、太常寺少卿、光禄寺少卿、太仆寺少卿、通政使司参议。

读书人要考秀才，由学政最终确定；秀才到省会参加举人考试，之间的程序问题和组织工作，学政也得负责。学政负责地方上低级别的科举考试。学政的第三项工作是管理地方官学。官学就是官办的学校，官学由官府建造、出资维持，学生享受国家发放的津贴。

学政负责全省的官学，各地学官负责当地的官学。比如，府里面有"府学"，杭州府有杭州府学；杭州府下辖的钱塘县有钱塘县学。负责府学的学官是"教授"，是七品官。负责县学的学官是"教谕"。每个州有州学，由"学正"负责。同时，州县学官都有辅官，叫"训导"。明代的州县教职没有品级，是未入流；清代提高教职的地位，学正和教谕都是正八品，训导是从八品。即便如此，学官品级还是低于同级行政长官。明清常以州县官"才力不及"而改调学官，学官们的地位更显得低下。学官受双重领导，既受上级学官的领导，又受同级行政长官的指挥。

学官在清水衙门，负责事务没有实实在在的物质收入。一般情况下，新科进士不太愿担任学官。客观上，学官升迁也比较难，很多人当了一辈子官还是教授。朝廷把科举考试当中名次末尾的或者是年纪大的进士，分配去当学官。

说完文官，就说说省里的武将。省级官员中的武将主要是将军和提督。

将军自古有之。汉朝的将军，级别很高。汉朝军衔自下而上分校尉、中郎将、将军。将军是最高等级的将领。三国两晋时，将军越设越滥，出了很多杂号将军，将军就越来越不值钱，到最后差不多碰到一个军阀都称他为大将军。但是清朝的将军不能乱称。将军是八旗将领的专称，在清朝，奴才和臣是不能乱称的。清朝只有满族人才能在皇帝面前自称奴才，汉族人只能称臣。这是亲疏有别，奴才所对应的是主子，主仆相称说明是一家人，君臣相称说明是两家人。满族人和汉族人联名上书，要统一称臣。满族人带着汉族人一起称奴才也是不行的。同样，在清朝，将军特指一个省内八旗驻军的最高军事统帅。

清朝八旗军队有二十多万人。满族人用二十多万的军队，统治了整个中国，统治了四亿汉族人。如果清朝把八旗军队平均铺到全国，每一个县才百来个兵，早就被汉族人给干掉了。它必须尽可能地把八旗军队的威力发挥到极致，把军队驻扎在交通要道和重要城镇，才能以小博大。比如，八旗军队驻扎在江宁和杭州，于是就有了杭州将军、江宁将军。湖北省的八旗军队驻扎在荆州，湖北的八旗驻军长官就是荆州将军。但是湖南没有驻扎八旗军队，因此湖南省就没有将军。和学政一样，将军也不是一个官职，而是一个差使。将军是中央官员，是带领一支军队驻扎地方的中央官员。地方上的八旗驻军，包括将军在内，旗籍都在北京。从户籍上来说，他始终是北京人。

提督则是绿营的最高统帅。绿营是什么？清朝在统一全国的时候，改编了许多明朝的降军，同时招募汉人当兵。这些汉族人不编入八旗军队，单独编成绿营。因为清朝规定汉族军队打绿旗，所以叫作绿营。指挥绿营的提督是正儿八经的地方官，又分水路提督和陆路提督。比如，河南绿营是陆军，指挥他们是陆路提督。浙江有水师，驻扎宁波，由水师提督指挥。后来，近代中国编练海军，海军的最高官员叫什么呢？叫将军不合适，因为不是八旗军队，还是沿用水师提督的官称。总督、巡抚、将军和提督都有直辖部队。其中，总督统辖的军队叫作督标，巡抚所辖军队叫作抚标。

绿营主要有三种建制：标、营和汛。在很多影视剧里，演员常常自称"标下"，这里的"标"就是绿营的最高建制。标下面设营，营下面设汛。提督之下有总兵、副将、参将、游击、都司、守备、千总、把总。这些都是绿营军衔。清朝在一些战略要地设置总兵，负责某个区域的军事。总兵虽然不是提督也不是将军，但常常独当一面，直接向朝廷负责，独立性很强，足可以和将军、提督分庭抗礼。副将及以下的军官都不能自立门户。副将，顾名思义就是高级将领的副手。比如，督标的负责人就是副将；抚标因为低于督标，指挥官不可能是副将，就降一级，是参将。军官的级别很高，比如游击是从三品、守备是正五品。但是社会重文轻武，清朝官场上普遍轻视军官。大抵上，正七品的知县和正五品的守备平起平坐，心理上还大有优势。最低级的把总，更为文官群体所轻视。

上述是条状的地方行政长官。清朝地方上还有漕、河、盐三个自成系统的行政机构。漕、河、盐三个都是肥缺。漕指的是漕运。从唐宋开始，中国的经济中心就已经转移到东南地区。南方的税赋和粮食支撑着中央王朝的运转。那就有一个问题，把物资从南方经济中心运到北方政治中心的问题。这个运输问题，在清朝就表现为漕运。漕运就是把江南的漕粮运到京畿地区。为了管理这项事务，成立了漕运系统，长官是漕运总督。漕运总督跟八大地方总督一样，都是平级的，从一品。漕运总督驻扎江苏淮安清江浦。淮安是淮河和京杭大运河交汇处。清朝，黄河夺淮入海。黄河、淮河和京杭大运河交汇的那个镇就叫作"清江浦"，清江浦不仅驻有漕运总督，还驻有河道总督。河道总督就是上述的"河"，河其实指的是水利。

中国古代经济以农业为主，最大的灾害是水灾。古代治水，重点和难点在于治河。大江大河一发洪水，几十个县就淹掉了，人是几万、几十万地牺牲。朝廷把修理河道、防治水灾看得很重，专门成立了河道系统。河道系统有三个总督，一个是北河总督，由直隶总督兼任；一个是东河总督，驻扎在开封，后来由河南巡抚兼任；第三个是南河总督，本来驻扎在山东，黄河夺淮入海后改驻清江浦。他们负责海河、黄河、淮河、京杭大运河及其周边地区的水运、防洪，重点是黄河和运河。驻守清江浦就扼住了河道工作的关键点。

漕、河之下有盐务系统。在古代，盐务是桩大事。古代食盐是国家垄断专营的。谁有资格生产食盐，谁能够卖食盐，怎么个卖法，都由国家说了算。清朝的食盐垄断设计得很精细，规定甲地的特定居民可以生产食盐，但必须通过特定盐商运到乙地销售。甲地的其他居民也生产食盐，是非法的；非官府认可的盐商来甲地采购食盐，也是非法的；即便是官府认可的盐商，把甲地的食盐贩卖到丙地，还是非法的！要想实现这么死板的规定，必须要设计一套庞杂的制度。它就归盐务系统管。各省最高盐务长官就是盐运使。

天底下漕运总督只有一位，河道总督有两位，盐运使则有好多位。其中最肥的就是两淮盐运使。两淮盐运使管辖苏南、上海一带的盐务。两淮辖区是中国的经济中心和人口最密集的地区之一。盐商最聚集的地方是哪里？扬州。两淮盐运使就驻在扬州。盐商富可敌国，但两淮盐运使说明天不让他卖盐了，他明天就得失业。所以，盐商定期不定期地孝敬盐运使真金白银。《红楼梦》里林黛玉的父亲生前就是两淮盐运使，可惜命不长，没当几年就死了。为什么贾府收养了林黛玉？因为林黛玉的父亲留下了巨额财产，这对正走向没落的贾府来说是一剂强心剂。虽然林黛玉这个人的脾气不是很好，一般人不太会喜欢她，但你不收养她，有的是人愿意收养她。[1]另一位是长芦盐运使，掌管京畿地区和河北北部的盐务。他的辖区内，达官显贵和吃官饭的人多。盐运使官不大，从三品，长芦盐运使在京畿地区也就是个中等官员，但是不吃盐不行，朝野都高看他几分。

漕、河、盐三个系统，事关民生，职责很重，但是弊病百出、腐败严重。漕粮等级的粮食在杭州售价一两银子，运到北京就要四五两了。当中的钱被谁拿走了？消耗在了漕运系统之中。而且，运到北京的漕粮掺假、掺水、加药，账实不符等等。又比如，河道衙门每年拨款数以百万计，但是黄河依然年年决堤年年修。银子有没有花到实处呢？这个问题太复杂了，人们看到的是河道总督衙门长年累月有戏班子唱戏。河道系统官员懂戏多过懂治水。不仅是上演一台戏，有时是三四台戏同时在唱，为什么？拨款太多，用不完，要赶在拨款使用期限之前突击花钱。盐运系统的弊端也不少。清朝落马的盐运使，都有"巨额财产来源不明"一项罪。漕运、河道和盐运三个系统为什么腐败，为什么效率低下？因为它们自成系统，是独立的一块。这印证了那条政治铁律：没有监管，必然腐败。

说完省一级的官制，接下来讲府县官员设置。

隋唐以前，州县官府大多有行政和军事两套班子，统辖于刺史、县令等长官。比如，汉朝的大县，主官是县令，其下分别有县丞、县尉负责行政、军事。《三国演义》里的刘备，镇压了黄巾起义后，担任的就是县尉。魏晋南北朝时期，一州的最高长官自然是刺史或者州牧，其下分行政、军事两套人马。行政班子按辅政、政务、文书三条线来分工，分别有别驾、治中、主簿等；军事班子有长史、司马等。除了两套班子里的负责人由中央任命外，刺史自己决定班子的分曹设置，自辟僚佐，决定掾史小吏。这些僚属、掾吏一般任命当地人担任。部门

---

[1] 相关论文可参考：李俊著《林如海的家产被贾琏侵吞挪用稽考》（载于《南都学刊》2007年第3期）、陈大康著《论贾府的经济体系及其崩溃》（载于《红楼梦学刊》1990年第3期）等。

的多寡、书吏的多少，视辖区大小和事务繁简而定。隋唐之后，地方官的人事权全部收归中央，也不再有行政、军事之分。军事指挥权只有省一级的督抚才有，相对还比较强力，其他地方官的军事权几乎丧失殆尽。地方官只剩行政职权了。

明清一府的行政长官是知府，从四品官。知府有两个副职：同知和通判。县的行政长官是知县，七品官，副职是县丞、主簿等。州的行政长官是知州，从五品官，副职是州同（州同知）、州判（州通判）。还有比较特殊的政区厅的长官，一般由通判担任，也有极少数由同知主政的厅。[1]

明清政治制度当中有一个概念是"正印官"。什么叫正印官？一个衙门里承担责任的、领衔的（往往级别最高）官员就是正印官。一府的正印官是知府，一县的正印官是知县。他们掌握着所在部门的大印，是最终的决策人。与正印官相关的概念还有：佐贰官，就是辅佐正印官的官员，他们比正印官的级别要低，但并非下属，比如，县丞、主簿等人就是知县的佐贰官；直属官，就是组成本衙门的直接下属。比如，知府衙门内设机构有经历司、照磨所、司狱司等，有经历（正八品）、知事、照磨、司狱等直属官。知县的直属官有典史，本是治安官，后来也干些杂事；杂职官，处理特定事务的、边缘的官员，往往级别很低（大多数没有品级）。杂职官有巡检、闸官、驿官、河泊所大使、仓大使、税大使等。税大使是管课税的，仓大使是管官仓的，闸官管水闸、水库。巡检负责特定地域的治安，比如钱塘江有个渡口，很重要，为了稽查行人、货物，防止发生踩踏事件，就在这个渡口设了钱塘江巡检。广东沿海的很多船户，漂泊海洋，以船为家，河泊所大使管理这些船户。

府、州、县还设有一些不给俸禄的杂职官。比如医官，属于府里的称医学正科、属于州里的称典科，县级的称训科，各一人；管理阴阳学的风水官，府级称

---

[1] 地方官员的品级不是绝对的。知州的品级一般是从五品，但直隶州的知州能升为正五品；知县一般是正七品，但京县知县是正六品。相应的，京城、直隶州的其他官员的品级也上升。上级行政单位治所所在的下级政区，名称前冠以"首"字。比如省级政权所在的府是一省的首府，府所在的县是一府的首县。首县知县和首府知府虽然品级不变，但位列同僚之首，事务比较多、责任也比较重，一般委任资历深厚、才能出众者担任。

正术，州级称典术，县级称训术，各一人；管理僧侣的僧官，府级称都纲、副都纲，州级称僧正，县级称僧会，各一人；管理道教事务的道官，府级称都纪、副都纪，州级称道正，县级称道会，各一人。他们都是未入流的小官，其实更像是有官员身份的专业技术人员。这些杂职官的任命与其他官员不同，不经考试，由相关部门挑选熟悉业务的人担任，报朝廷备案就行。国家不发给他们俸禄，他们的靠自己的业务能力赚钱谋生。

不同类别的官员，身份不同，任职要求和升迁顺序也不同。正印官的要求比较高，升迁也比较迅速。担任高一级的正印官，往往要求有下一级的正印官任职履历。清朝把地方官分为两类：正印官和"佐杂官"，后者包括了其他类别的官员。佐杂官要满足不少条件，才能转为正印官。在实践中，多数佐杂官辛苦几十年还是佐杂官，难以转正。经历转为知县的，那就是不小的进步了。至于地方医官等最底层、最细微的杂职官，终生的调转升迁几乎都局限在特定领域，彻底边缘化了。

明清官制中有"独任制"，正印官职权畸重、大包大揽，几乎负责所有事情。一个县大到镇压造反，小到造桥铺路，都是知县一个人负责。县丞或者主簿，想替知县分担某一方面或者某一项职责，即使知县同意了，在程序上也是违法的。最后出了问题，知县不仅要替县丞、主簿承担责任，还要从重受罚。所以，知县事必躬亲。佐贰官只能给正印官提意见，给正印官出谋划策，把自己降成了幕僚，而不是副职。由此也可见，正印官优于佐杂官很多。新科进士优先出任正印官，被分配出任佐杂官的是少数。分配上的，往往垂头丧气、如丧考妣。佐杂官一般安排科举失利的举人、贡生、监生，或者非正途出身的人担任。

地方衙门里除了正印官、佐杂官，还有吏和役。什么是官，什么是吏，什么是役？

现代社会，凡是掌握一定的公共权力，行使社会管理或政治统治职能的人员就是公务员。中国古代没有公务员这个概念，公共权力和行政职能分散于官、吏、役三个群体手里，甚至还包括一些师爷、幕僚。他们都算在现代意义的公务员范畴之内。在古代，官就是有官员身份，列入官员序列，依照人事制度考勤奖惩升迁的人。官员人数是很少的，多数集中在京城和省会城市，其他地方的官员很少。康熙年间，一代廉吏于成龙的第一个职位是知县，他上任时，县里就他一个官员——佐杂官不一定配备。工作主要是由吏[1]完成的。比如，打官司的时候记录的那个人就是书吏；老百姓交税的时候，收粮收银的那个人也是书吏。州县衙门中，对应朝廷六部，都有吏户礼刑兵工"六房"，分担六大块工作，各房干事的就是书吏。这是标配，各地往往还有收发房、漕房、捕房、总房（草拟文书）等，在里面工作的都是书吏。

吏和官，是有天壤之别的。官员代君牧民，是一方父母，上承天地爱民之心，下顺百姓生息之情，是何等神圣、金贵？事实上，历朝历代大致秉承了这一共识，认为"冗官冗员"和"十羊九牧"等现象是不对的。官员的数量不能随意增减，保持高度稳定。清朝秉承"增员不扩编，加人不加官"的原则，官缺正式编制三万至四万个。除了领土扩张、分府设县等极少数情况外，清朝不增加衙门与官职数量。那么，大量的工作谁来做呢？书吏承担了几乎全部技术性、事务性工作。吏不是官员，且地位低微，为人所轻。读书人"读书不读法"，法律、判例、行政规章和惯例等在他们看来不是真正经世治国的学问，而是手艺，是刀笔小技。而操习这些的"吏"，就是"匠人"了，自然要低读圣贤书、济世救民的官员们一等。

明清对书吏的管理比较严格。书吏是有编制的，小县十几名，大县几十名。可在实践中，各州县普遍存在上百名书吏，个别大县甚至能有上千名书吏。他们大量聘用"编外书吏"干活。编外书吏分两种：一种由衙门自行招募充任，名为帮书、散书等；另一种为在编书吏个人聘请的，称为贴写、贴书、缮书、清书

---

[1] 清朝中央和地方内外各官署吏员统称为书吏。书吏的称谓因隶属衙门不同各有差异，在中央机关办事的称作京吏，在地方官府办事的称为外吏。京吏之内有儒士、经承、供事等名称；外吏之中则有书吏、典吏、承差、攒典等名称。武职衙门中也有办理文档事务的书吏，称为书识或字识。

等。除了个别皇帝或者高官整顿过编外书吏外,大家都睁一只眼闭一只眼,默认事实。同时,书吏是有任期的,一般是五年。五年一换,目的是防止书吏坐大。可在实践中,书吏逾期比比皆是,更有人更名改姓、呼朋唤友,恋栈不去。加上地方行政的确需要有一定的能力和训练,门槛比较高,书吏们父子或师徒相传为业。普通老百姓想当书吏还求之不得。这个行当逐渐被既得利益者垄断。

书吏没有俸禄,只有少量"饭食钱",管饭不管生活。而且书吏几乎不能调动工作,只能在一个衙门办公到老被辞退为止。书吏也几乎不可能升为官。即使有少数幸运儿因为劳绩、保举获得了官员资格,也是不入流的小官、杂官,且是杂途出身,升迁无望。因此,书吏群体就把这份职业当作了养家糊口的工具,以权谋私,营私舞弊,乃至敲诈勒索,为害百姓,蒙蔽长官。清朝朝野就认为"无吏不贪"。朝廷各部中有"小吏大贪"[1],地方官府里有"小吏害民",都是官员集权太重、过分依赖书吏,同时缺乏监管的后果。

书吏从本质上说,是官府征发来干活的识字百姓,是一种"役"。什么是役呢?到乡下催粮食的差役是一种役;在监狱里,忤作、牢头、刽子手这些都算是役;看城门的、巡夜的差人,也都是役。役一般分缉捕、青壮劳力和辅助性劳动三个班次,所以称"三班差役"。而书吏则俗称"六房书吏"。吏和役从法律上来说是履行义务的老百姓。去官府里当吏和服役,其实是尽一个老百姓的义务。服役是没有任何报酬的,而且多数差役受社会歧视。比如,站堂的差役,常常打人板子、掌掴他人,被认为是不道德、不光彩的工作,类似的还有狱卒、刽子手等等。但是,大家都争着去服徭役,为什么?因为当书吏、差役有利可图。他们可以沾染公权力,进而以权谋私。收税的时候,老百姓交的粮食过不过关是由差

---

[1] 比如,地方财政报销必须通过户部的审计。户部书吏就反复刁难、批驳,不是说"账目不清"就是要求"发回重做",目的就是索取贿赂。户部书吏一般根据申请报销的金额来抽成。户部如此,工部、兵部等其他部门也是如此。于是,北京城就出现了"小吏巨贪""小吏巨富"的怪现象。下吏比大官还要富。书吏们到底有多少钱?晚清学者冯桂芬曾经做过估计,吏部四个司的书吏每年大概有三百万两银子的好处费,加上兵部、户部、工部,四部书吏每年所得应该不少于一千万两银子。当时全国的财政收入不过是四千多万两。

役说了算的；拘传嫌犯的时候，是把嫌犯五花大绑得结结实实还是客客气气地请过去，也是差役说了算的。至于把老百姓的事早办还是晚办，办得好还是办不好，更是书吏们的拿手好戏。这其中可以生财的地方，多了去了。所以很多老百姓争着去当书吏和差役。最后，书吏和差役恶化成了一个半世袭的职业。

在县衙门里，管理所有书吏和差役的官员，是典史；在州衙门，则是吏目。他们也被称为"首领官"。清朝的县衙门，必有知县、典史两位官员（州衙门必有知州、吏目）。其他官员，不一定有。比如，清朝配备县丞的县，不到一半；配备主簿的县，不到三分之一。这是根据州县的地理交通、政务繁简等情况而定的。比如，良乡县就有三个县丞，负责专项政务。同样，杂职官，诸如巡检、驿官等也就地而论，不是必备的。这样一来，清朝的基层官府，最少才两个官员，最多也就十来个官员。基层的官员数量很少，绝大多数官员集中在上面。

而直接和老百姓打交道、真正落实政策措施的，却是州县官员。《清史稿》规定"知县掌一县治理，决讼断辟，劝农赈贫，讨猾除奸，兴养立教。凡贡士、读法、养老、祀神，靡所不综"，层层下达的政令，最后都得由县官来执行落实。辖区百姓的温饱哀乐、生死祸福，和州县官员关系重大。他们是治民的"亲民官""父母官"。上面的官员，不直接治民，更多的是发号施令，是"治官之官"。遗憾的是，亲民之官少，而治官之官多。

国政之基在于县。天下事莫不起于州县，州县理则天下无不理。县治的好坏关系到国家的兴衰、百姓的福祉。州县官员责任重大。可是，一个县里面官员再多也就十多号人，那全县的老百姓有几十万！全县的面积有方圆百里！用十个人去管理几十万人、方圆百里，怎么办？康熙年间的于成龙，是山西人，走了几千里路到广西去当知县。到了任所发现只有自己一个光杆司令，连一个差役都没有，升堂的时候两旁的差役是用毛笔在墙壁上画的，就他一个人坐在那儿。于成龙怎么开展工作，怎么把辖区治理好？这不是他一个人的问题，而是中国古代政治中的一个普遍问题。这就涉及传统中国"基层官府和社会的关系"。

基层官府与社会

在中国几千年历史长河中,"亲民之官"永远是少数,官僚系统中绝大部分官员是"治官之官"。基层亲民官担子重、压力大。唐代的柳宗元是山西人,跑到广西柳州当官,第一感觉仿佛是来到了异国他乡,完全听不懂当地人在说什么,更不用说开展工作了。为此,他请了两个翻译,第一个翻译是把柳州话翻译成长安话,第二个翻译再把长安话翻译成山西方言。柳宗元怎么才能深入当地社会,不做浮在水面上的一层油?用一个人数极其有限、由人地两疏的官员组成的基层官府,怎么驱动数万倍于它的老百姓和数以百里计的广袤地方?而且在正印官独任制的制度背景下,所有压力其实都集中在知县、知州一人身上。难道他们是超人吗?

中国历史发展表明,几千年来中国传统社会按照一定的逻辑不断地发展,没有出现大问题,屈指可数的几个官吏持续在基层社会征收赋税、化解矛盾、收获忠诚,支撑着庞大的国家机器的运转。

在中国传统社会中,官府是很重要的存在。官府的力量不可忽视。但是,传统社会里不单单只有政府,有很多力量参与了社会的治理和运转。大家共同合作,形成一股合力推动社会前进。我们来看看,除了官府还有什么其他力量?

首先是乡绅。几千年的中国传统社会是一个"乡绅社会",乡绅的力量异常强大。传统社会是一个等级社会,而且等级森严。官和民是泾渭分明的,一个县官员屈指可数,其他都是老百姓("民")。民又分四民,"士农工商"。士为四民之首,就是乡绅。那么,什么是乡绅呢?乡绅也叫士绅、缙绅,是有科举功名在身的当地绅士,包括获得了秀才及以上功名的读书人,也包括赋闲在家的在职官员,比如丁忧在家守孝的官员,或者是患病在家休养的官员,还包括罢官、退休在家的官员。这些人组成了一个地方的乡绅群体。[1]

乡绅资格必须具备两个条件：第一是要有科举功名或官员身份，第二必须是本地人。说实话，古代大部分读书人是当不了官的，但是只要考取了功名，就可以把自己的社会地位晋升到乡绅阶层。社会阶层不仅仅是身份、地位的问题，也不仅仅是社会分工的问题，不是说乡绅团体就只能识文断字，各种各样的东西会紧随而来。不同的阶层承担不同的义务，享受不同的权利，包括各种特权。乡绅就是一个特色鲜明的社会阶层，享有很多特权。

我们先说乡绅的政治权利。只有士绅才是老爷，土财主再有钱也不是老爷；乡绅阶层见到官员可以不用下跪。这一点很重要。跪本身是一个带有很强的象征意义的社会行为。见到官员不用下跪，官员还要和你招呼寒暄，这就意味着你们俩具有平等的地位。从理论上讲，只要一个人考中秀才功名，哪怕他见到了军机大臣，只要作揖就行了。军机大臣遇到一个乡绅作揖，他可以很傲慢，但是必须回礼，如果不回礼那就是"非礼"；此外，乡绅可以参与地方政务的讨论，可以影响决策。乡绅虽然没有官员身份，但享受部分官员的政治待遇。

经济上，乡绅也是有特权的。乡绅不用服徭役。比如，地方上发洪水，官府征发老百姓去抗洪。乡绅可以不出力。为什么？因为他们是读书人，让他们去扛沙包有辱斯文。同样，乡绅可以不参加很多集体劳动，可以不用当差、当吏和服役。那乡绅要不要交税？乡绅是需要交税的。乡绅交税，地方官府允许他自己封包上交，这里面就有大学问了。比如，一个乡绅应该交十两银子，却只在包里封了一两银子，投到官府的税箱里，说我交完税了，我走了。官吏衙役们拿他一点办法也没有。为什么？因为你不能抓他、不能打他、不能骂他，乡绅有特权。当然了，绝大部分乡绅思想素质还是很高的，会按时按量交税。即使乡绅足额交税，他也获得了大利益。为什么？因为乡绅可以拒交苛捐杂税，一般老百姓不敢不交。

---

[1] 有人做过统计，明朝乡绅阶层三分之二以上出身于贫苦人家，清朝乡绅阶层有二分之一以上出身于贫苦人家，这说明明清时期多数乡绅是社会阶层流动的结果。

能够享受法定的税收待遇，在现代人看来没什么稀奇的。但在传统社会里老百姓看来，这就是天大的优惠了。明清时期超额收税现象非常普遍。普通老百姓甚至要缴纳法定税额两三倍的税收。这就导致有很多老百姓愿意把自己的财产假托到乡绅的名下，躲避税负。《儒林外史》里的范进，家里赤贫，连杀猪的岳父都看不起他。但是他一旦考中了举人就不一样了。范进中举消息传出的当天下午，就有人主动来投供。什么叫投供？就是把自己的地契和房契转到他名下。为什么转给范进呢？政府来收税时，我可以说"这是范老爷的地，你看着办"，范进的举人身份可以制止乱收税、多收税和其他各种刁难。此外，还有很多人主动要给范进做奴仆——当时范进住在一间茅草屋里。因为举人全家是免徭役的。

事实上，钱粮赋税是地方官员的首要工作，也是他们的头等难题，让他们头大。很多官府苦于不能按时、足额地收上钱粮来，往往委派乡绅替官府来收税。这类似于"财政大包干"，你把什么地方多少户的税收缴上来就行，至于你和他怎么说的，官府不管。承包税收的俗称"揽户"，大多是乡绅。那乡绅就分享了政府的税收大权。比如说，一个贵州人去上海当知县，到任后人生地不熟，马上就遇到了收税。摆在他面前最可行的方法就是把本地著名的举人、秀才或者赋闲在家的官员叫来帮忙，一个人负责几个乡，把税收了。这是最直接、最快捷完成税收任务的方法。乡绅有利可图自然愿意帮忙。老百姓也愿意把钱交给乡里乡亲的举人秀才，哪怕多交一两成也愿意，因为这大大低于官府的盘剥金额，而且不会有书吏差役们的侮辱刁难。所以，大家就会发现，范进中举以后，不到一个月家里就富了起来。

乡绅阶层第三项特权是司法特权。乡绅有相当大的司法豁免权，官府不能够传讯乡绅。乡绅杀人了，官府能传讯他吗？不能，得把他请到官衙来协助办案。乡绅和其他人发生了争执，他到衙门来可以不用跪，官员还得给他看座、上茶。乡绅涉案，不跪、不拜、不挨打、不受审讯。如果他确确实实犯了刑事案件，地方官府必须要请省一级的学政剥夺其功名，或者申报朝廷剥夺他的官员身份，才能够像对待一般老百姓那样走正常的审判程序。遇到民事案件，比如婚外恋、通奸，或者土地和财产纠纷等，乡绅可以不到庭。他就是这么任性，因为人家有司法特权。

　　乡绅为什么有这么大的特权呢？第一，乡绅是官员的预备队。今天他是乡绅，明年就可能考中状元。康熙八年（1669）冬天，浙江德清的举人蔡启僔到北京去赶考，路过江苏省山阳县的时候，听说该县知县邵某是同乡，就前往县衙门拜访。他把自己的名片递进去以后，邵某却在上面批道："查明回报。"他以为蔡启僔是前来打秋风、揩油的人。蔡启僔受到这种侮辱，当即拂袖而去。第二年朝廷公布了本届科举金榜，榜发到山阳县，邵知县赫然看到状元正是去年被自己拒见的蔡启僔，后悔得直撞墙。撞完墙后，邵知县赶紧给蔡启僔写了一封谢罪信，再附上重金。为什么？因为蔡启僔不仅同朝为官，说不定几年后还会成为自己的上司。所以，乡绅是官员的预备队，是官员的储水池（很多人本身就是在家养病、赋闲或者退休的官员），地方官多有忌惮。

　　官员面对乡绅，就好像是在看镜子里的自己。他们当官前，极有可能当过长时间的乡绅，卸任后也会融入乡绅阶层。仕途生涯是有期限的，终生为官的人毕竟少之又少，而乡绅的角色却是一辈子的。所以，官员和乡绅彼此有天然的好感，乡绅阶层和官府势力也就有了天然的联系。

　　第二，从意识形态上来说，乡绅群体饱读儒家经典，按照儒家经典来解释政府的合法性、解释方针政策的合理性，给政府提供统治的思想基础。朝廷为什么把士绅阶层列为四民之首？因为这个阶层牢固地接受了统治者的意识形态，接受统治。统治者也需要士绅阶层用这套意识形态为自己摇旗呐喊。如此一来，乡绅阶层就是中国历朝历代统治的社会基础。中国几千年来的传统社会，统治的社会基础不是农民、工匠、商人。古代中国不是农民的王朝，也不是工匠的王朝，更不是商人的王朝。中国传统王朝的统治基础是乡绅，是读书人。中国起码在隋唐以后，成了一个以读书人为社会基础的统治王朝。所以，官府把乡绅阶层列为四民之首，扶持他们，赋予他们荣耀和特权。

　　乡绅阶层也确确实实在地方事务中发挥了很重要的作用。乡绅的祖祖辈辈都住在这个地方，知县、知府在本地当两三年就走了，治理好坏跟他没切身利害关系。但是乡绅不一样，地方施政的好坏，他是有切身感受的。很多时候，很多事情,他们比地方官更在意地方行政。一般地方上出现了大灾大难,比如说老百姓没吃的了,要办一个粥厂,知县知府很愿意让乡绅去办。因为乡绅是在救自己的同乡,肯定不会在当中克扣。乡绅一旦克扣了同乡的活命粮,怎么在家乡立足?乡绅对于很多公共事务比官员更上心。一些未雨绸缪的事情、一些缺乏短期收益的事情,官府可能都没想到,乡绅自己就组织起来给办了。我们就会发现,在传统社会中,桥梁基本上是谁修的,路基本上谁修的,学堂基本上是谁修的?乡绅。大力推动广袤的基层社会发展的人,也是乡绅。区区几个官员,他们要面对几十万老百姓和上百里地,可能还是崇山峻岭,习俗各异、方言不通,的确需要依靠乡绅集团。地方官员上任、年节,都会主动拜访乡绅;遇到疑难杂事,也会征询乡绅的意见,寻求帮助。乡绅一只脚踩在官场,一只脚扎根乡土,在官府和当地之间扮演着桥梁和中介的作用。

当然了,乡绅的作用也不是绝对的。大概是一个地方,官府力量越弱,乡绅的作用越大;一个地方经济越繁荣、社会流动越活跃,或者官府的统治力量越大,乡绅的作用就越小。北京的乡绅集团就不成气候。为什么?北京的官员数以万计,而且北京城除了官员以外还有其他势力,商人可以组成行会,同乡可以组成同乡会馆。各种力量一中和,北京土著乡绅的力量就变弱了。在一些省会城市,乡绅的力量也很弱,因为省会是一省统治力量最强大的地方。比如,一个官员退休了,不一定回老家,可能在杭州造一座宅子,把妻小接过来就在那儿住下了。那杭州城得聚集了多少外地士绅的力量?康有为在民国建立后就住在杭州西湖边上,这造成省会本地的乡绅力量变弱。

说完乡绅,我们来说说宗族。宗族是以血缘宗法为基础、聚族而居的社会群体。他们定族规、立祠堂、置族田、选族长,和古人的生活联系很密切。如今的生活,宗族的概念已经很淡了。但是大家回忆琼瑶剧和民国的婚恋剧,里面经常会出现令人讨厌的宗族的族长之类的角色。

隋唐以前有门阀士族。门阀士族是以血缘关系相互标榜、具垄断政治地位的群体。那时候,只有高门显贵才能开宗立族,族谱就是地位的证明。唐宋以后,门阀士族的势力土崩瓦解了,宗法观念下移,普通人家也开始建宗聚族。比如说我姓张，周边姓张的人家往往就聚拢而居，一个宗族就产生了。这其实跟小农经济有关系。小农经济也是血缘经济，往往祖父死后，把田产分给子孙，子孙因田产相邻，导致相邻而居，并在此基础上继续扩展家业，慢慢地人数越来越多，周边的人家都是同姓亲戚，很自然就具备了建立宗族的条件。现在很多地方还以姓氏为名的，比如张家庄、张家港、张家口，又比如北京的岳各庄、庞各庄、马家堡、王家营、唐家村等等。这很难说就没有宗族的遗迹。

关于个人和宗族的关系，我来举个例子。袁世凯的生母是他父亲的妾，袁世凯是小儿子，所以他在宗法上居于弱势、边缘地位。袁世凯的胞兄叫袁世敦，是嗣子。等袁家长辈去世了，袁世敦就在家里说了算。袁世凯担任直隶总督时，生母去世了。袁世凯想把母亲的灵柩运回老家项城，跟父亲安葬在一起。在现在看起来，这是一件合情合理的事情。但是，胞兄袁世敦说，这事绝对不行！妾怎么能跟老爷安葬在一起呢？跟丈夫生同床、死同穴的只能是妻。袁世凯是直隶总督、北洋大臣，大权在握，从来都是别人来求他的，如今不得不屈尊恳求胞兄，希望把母亲和父亲安葬在一起。哥哥袁世敦就是不同意。结果，袁世凯的母亲最终没葬进去。事后，袁世凯发誓，今生今世永不踏进项城。大家就会发现，袁世凯是河南项城人，但是他告被削官回籍后住在河南彰德。即使袁世凯死了，他也没有回项城，而是安葬在彰德，主要的原因是他跟整个宗族的关系很差。袁世凯和族长袁世敦闹掰了。从这个例子我们可以看出，宗族的力量强大到可以跟政治力量相抗衡。一个族长能跟直隶总督抗衡，而且后者一点办法都没有。

袁世凯兄弟反目，现代人可能觉得没有什么，在古代这是一件大事。如果一个宗族不承认你，死了以后就进不了宗庙，就无法跟列祖列宗在一起，你就变成了孤魂野鬼。

宗族为什么会有这么强大的力量呢？宗族能够在精神上、物质上给个体强有力的支持，传统社会中的个体离不开宗族的支持。

从心理角度来说，每个人都需要有归属感。而个人最原始的归属就是家族；古代社会分工不明晰，最明确的归属也是家族。每个宗族提倡什么、鄙视什么，要求族人什么事情能做、什么事情不能做，都有族规，全族的人都得同意。很多民事纠纷（甚至包括部分恶性案件），在宗族内部参照族规就能解决。比如一户人家闹离婚，丈夫想休妻，现在离婚要到法院去打官司，古时休妻去找知县，知县根本就不管，让在族里自己解决。往往族长在祠堂里一说谁和谁不是夫妻了，这事就成了。再比如，一个人在外面乱搞男女关系，生了一个私生子。私生子要认祖归宗，拿着DNA鉴定去找知县大人，知县不管这事。只有你所在的宗族认这个人，这个人才能入这个族的族谱。还有土地纠纷、分家继承、财产官司，每个宗族都有各自的处理规矩，最终总是能得出一个说得过去的结论。族规规范了族人的社会言行，并且有合族之人共同维护。一个人只要遵守族规，族规就会保护他的生活。

　　有人可能会说，这样不太合理，宗族可能会干涉家庭生活和财产所有权。这个问题得这么看。中国古代是一个相对固定的农业社会，出现家庭纠纷、财产纠纷的情况并不多。而且处理的时候，往往不是族长一个人说了算，都是合族公议。族规背后的深层次意思，其实是希望家庭和睦，夫妻恩爱，大家都安居乐业。族规都洋溢着传统的仁、义、礼、智、信，没有哪家的族规是鼓励作奸作恶的。族长也好，族里的长老也好，的确在族内的话语权很大，地位很重。我们在影视剧作品里看着他们多是老奸巨猾、城府很深的样子。但是，他能当族长，首先自己要模范遵守族规，这样才能用这些标准来要求别人。权力这个东西，大家不要老把它理解成享受。跟权力相伴的是责任、担当和种种束缚。世界上没有免费的午餐，你必须得尽到这些职责才能享受权力所带给你的种种好处。族长肯定是遵守族规的模范，他才有资格用族规来要求别人。同时，族长、长老职位都是开放的，每个人都有可能成为族长。[1]宗族能在精神上给人归属感、安全感，规范大家的行为方式，这是宗族强大的一方面原因。

　　另外一方面，宗族之所以能够凝聚人心，在于它聚少成多、积小为大，发挥

---

[1] 唐宋之前，宗族中"宗子"（大宗的嫡长子）享有绝对权威，是当然的族长。唐宋期间，门阀世族瓦解，选举产生的族长取代了宗子的权威。族长是宗族中德高望重、实力强大、品行出众的成员。宗子淡出人们的视野，明清时期很多宗族甚至都不知道谁才是宗子。

了一加一大于二的作用。宗族把松散的个人整合成了一个组织，能够给族人提供组织支持；宗族还掌握了相当的公共财产，能在物质上帮助族人。每个宗族除了族长，往往还有一个祠堂。这个祠堂的产权不归任何个人，是整个家族共有。同时还有族田，族田就是整个家族公有的田地，收益用于公益事业。清朝南方一些大家族，经过几百年的经营，族田能达到几百亩甚至上千亩。如果宗族里出现了孤苦无依之人，宗族完全有能力供养这个人。因此古代的祠堂往往收养了很多鳏寡孤独之人。宗族还有能力兴办公益事业，比如说办家塾。科举考试成本好高，一个人聘请老师教学十几年，准备一系列的考试，没有相当的家底很难做到。有人统计，占总人口百分之十左右的富人和相对比较富裕的阶层，垄断了百分之九十九左右的进士；以贫农、贫下中农、手工业者和小商贩为主体的其他社会阶层，若没有外部力量的帮助，仅凭自己（一代）的努力，厕身科甲的概率超过百分之一的可能性也不到。[1]那么，普通农民家的孩子怎么去参加科举考试？他依靠的就是家塾。整个宗族用公共财产聘请老师来教书，教很多的学生。教书的地方往往是祠堂，教学、考试的开销都由族里出了。对于绝大多数人家来说，这非常有吸引力。

出身农村的人可能都有这个印象，往往有一家的老人去世后，半个村子或者是半个镇子的人都会参加丧事。这是因为宗族势力扩展到了很大的范围，人的婚丧嫁娶离不开宗族关系的撑托。宗族的力量在传统的基层社会是非常强大的。官府推行的保甲制度，建立在冰冷的数据和生硬的划分基础上，一接触到聚族而居的乡村，不是建立不起来，就是走样了、阳奉阴违了。

古代把一个人逐出家门，是非常严重的惩罚。逐出家门就意味着他要靠一个人的力量去面对这个社会。你想读书，得自己承担所有的费用；你要打官司，官府不理的很多事情找谁去裁判？遇到了任何问题，背后没有一个家族支撑，死了以后谁来操办丧事？这是一个很现实的问题，从精神和现实两方面都说明古代人是很难离开宗族的。

---

[1]　沈登苗:《关于科举社会流动讨论中的几个问题》，载《教育与考试》2008年第2期。

宗族这么强大，官府的态度是什么呢？官府支持宗族。官府力量有限，覆盖不到辖区的多数地方。同时，明清的保甲制度，在城镇还可以推行，遇到聚族而居的村庄，就完全打不进去了。官府就需要宗族的合作，用宗法来凝聚百姓，利用宗族组织来维持社会秩序。宗族也需要官府的支持。宗族订立族规，往往先呈送给地方官府，地方官府觉得族规可以，再颁布实施。族规还可能以官府和宗族共同的名义颁布。这其实是打着官府旗号的半官方的条例。此外，官府保护族产，维护族长的权威，甚至认可宗族有权处置部分刑事案件。比如，清朝前期允许宗族自行处死胡作非为、民愤极大的族人，这就默认了宗族有刑事司法权。

在传统社会，白发苍苍的老人家，凭借着辈分、威望，往往成为族长。知县大人下乡的时候，遇到老人家都很客气。因为这个老头不是一个人，他背后站着整个宗族。后来不一样了，县长下乡，遇到八九十岁的老人，搭理都不搭理，为什么？因为他就是一个人，已经没有宗族了。传统社会的土地是私有的，一家一户都有一块地。县里要修条路，如果一家一户去谈，这件事情八成是谈不成的，即使谈成了起码也得花好多年。县里会直接跟整个家族来谈，县长只要跟族长谈通了，说这块地我们征用了。宗族出面做工作，官府什么都不用管了。

宗族有好的一面也有坏的一面，难以清楚地区分开。比如说，宗族对通奸行为，最常见的惩罚是什么？把男女双方"浸猪笼"，这是宗族的权力，而且官府在一定程度上是默许这么做的。在东南沿海地区，宗族势力表现为家族械斗。为了争夺水源、田地，两个家族招呼几百个青壮年拿着锄头、砍刀互相械斗。官府遇到这种事情，派出官兵、差役远远地观战，没打死人最好，打死了人就由宗族双方商量好怎么解决，跟官府报告一声就行。在很多地区、很多情况下，主持基层社会运转的其实是宗族。中华人民共和国成立以后，宗族势力全都被打垮了。政府解散了宗族，把每个人都还原为个体，再组织到其他组织里去，把宗族好的坏的都剔除了，这就好像倒洗澡水的时候，把水里的婴孩也一并倒掉了。

除了乡绅、宗族，基层社会的第三大力量是宗教。

中国社会也好，中国政治也好，很早就走出了宗教的羁绊。和其他国家历史一样，中国原始社会的政治是和宗教、和神灵纠缠在一起的。神裁是常见的政治形式。很多制度，依据宗教而建，带有浓厚的"神彩"。但是，到了春秋战国，政治中的宗教色彩急剧淡化。我们从当时"礼崩乐坏""道德沦丧"等描述中，就能看到这种趋势。宗教官主要发挥礼仪性的作用，很少参与实质决策。到秦朝立政，政治和宗教在形式上已经彻底分离了。彼时的中国，已经是政教分离的体制。之后两千多年，两者渐行渐远。然而，只要皇权还要从神灵和迷信中寻求合法性，只要宗教继续影响人们的心灵和生活，政治就不可能和宗教、和鬼神彻底地一刀两断。皇帝说自己是真龙天子。有人就说自己见过真正的龙，皇帝能说他是胡说八道，说龙根本不存在吗？不能。既然皇帝标榜自己是龙，他怎么能否认龙的存在呢？这是政治不能否定宗教的一个重要原因。宗教对古代政治的影响始终存在。

几千年来，宗教在中国社会的痕迹无所不在。现在的城市，有很多地名是以什么寺、什么庙或者什么庵、什么观之类来命名的，比如北京有白云观、白云路、隆福寺街，杭州有香积寺街。古代宗教建筑散落在社会各个角落，宗教力量在基层社会扮演了很重要的角色。北方的胡同街巷、江南的枕河人家，房屋院落之间可能就散布着各式庙宇、道馆、祭祠、修庵道等。宗教在古代人们的生活中发挥了很重要的作用。

以西门豹治水的故事为例，西门豹治水过程中有两股力量在斗争。西门豹代表的官府要治水，以巫婆为代表的宗教界不同意治水。为什么？因为这样会惹怒河神。老百姓更相信巫婆，宁愿献少女、把很多财富扔到河里去，让河神息怒，也不愿意治理河道。西门豹治水最大的困难，就是让老百姓相信并不存在什么河神。在这里，有一股力量跟官府是并行的，能跟官府展开博弈，这股力量，就是宗教。

县城也好、府城也好，一般都有一座庙，叫作"城隍庙"，顾名思义就是保护这个城市的神明所在的庙。城隍庙在传统社会中有特殊意义。官府和老百姓都默认城隍庙是不受官府权力的制约的，是中立的。城市里面出了一些难事、疑事或者是一些恶劣大案，官民都可以聚集在城隍庙里商量着解决。这个问题没有预定的立场，没有说必须怎么办，在城隍庙里一切可以商量；或者，一个人觉得自己有什么冤屈，也可以跑到城隍庙去，衙役轻易不能在城隍庙抓人、打人；你要告状，可以去城隍庙告状，为什么呢？因为大家潜意识里就有这么一个观念：神灵超然于官府和社会之上。这就好像西方有一些宗教色彩比较浓重的地区，教堂是上帝所在，教堂里禁止暴力和杀戮。所以，军警不能进入教堂执法。中国的城隍庙类似于西方教堂的角色。在清朝的笔记小说里面，就有死囚鸣冤城隍庙、城隍夜审疑案等传奇情节。现在上海著名景点"城隍庙"，以城隍庙为核心发展出了很多社会景象，俨然就是一个民间社会的集合。

官民的思维、言行都有宗教的印记，信鬼神、重报应、盼神佑；官员们还在支持宗教场所的运转，利用宗教的力量来教化百姓、安定地方。地方官往往立碑，保护寺庙道观财产；地方上要举办一些宗教活动，地方官也愿意抛头露面，表示支持。北京城和各省大一些的宗教场所，往往标明"敕建"二字，不见得就是皇帝掏的钱，这么写更多的是表明立场，拉近和官府的关系。官府意识到，宗教可以用来维持统治，稳定人心。这是官府和宗教相安无事的根本原因。宗教势力也乐意与官府合作，借助世俗的权威来安定神明的地位。

同时，官府也意识到，宗教有着造反滋事的潜在威胁。历史上有很多的起义、骚乱，就是披着宗教外衣的。明太祖朱元璋早年参加白莲教策动的红巾军起义，他真真切切看到了民间宗教的巨大力量，这股力量强大到足以威胁朝廷的生命。所以，官府对正常宗教势力、合法宗教场所是支持的，还礼遇有加，但是对民间宗教力量、地下宗教场所警惕性很强，一概严禁，一露头生事就严厉镇压。朱元璋就严禁旁门左道。他把禁令列入《大明律》，严厉制裁"巫师假降邪神"等"一应左道乱正之术"。《大明律》设置了"禁止师巫邪术"条款："凡师巫假降邪神、书符咒水、扶鸾祷圣、自号端公、太保、师婆，及妄称弥勒佛、白莲社、明尊教、白云宗等会，一应左道乱正之术，或隐藏图相、烧香集众，夜聚晓散，佯修善事，煽惑人民，为首者绞；为从者各杖一百、流三千里。"清朝继承了这条法律，严禁旁门左道。同时，雍正皇帝怀疑正常的宗教派别中也隐藏着反叛的力量："僧道、医卜、星相之类，往往为奸宄之所潜藏，不可不慎也。"鉴于谣言谶语蛊惑人心、煽动造反，《大清律》刑律还有"造妖书妖言"一条：

"凡造谶纬，妖书妖言及传用惑众者，皆斩（监候，被惑人不坐。不及众者，流三千里，合依量情分坐）。若私有妖书，隐藏不送官者，杖一百，徒三年。"官府对待平行的其他力量，利用他们有利于统治的一面，对威胁统治的潜在可能性，都要严厉扼杀。

还有一股与官府平行的大力量是流民。顾名思义，流民就是背土离乡的流动人口。现在大家都觉得人口流动是一件很正常的事情，在古代人口流动却是不正常的。许多追求的是安居乐业。在一处地方安定下来，有一个固定的住所，有一份固定的职业，这是许多中国人的理想状态。你和他说"最好的风景永远在路上"，他会觉得不可思议。很少有人把自己的一辈子都放在旅游当中，所以徐霞客在古代只有一个。人们重视安居乐业。但是理想状态不可能永远存在，社会不可能是死水一潭，都会有人口在流动。

流民对于官府来说是最头疼的事情。黄巾起义是谁发动的？黄巢起义是谁发动的？都是流民。每一次大的造反的基干力量都是流民，刘邦造反的时候是流民，隋唐好汉多数是流民，朱元璋的身份也是流民。朱元璋当皇帝以后，明朝对他多有美化，说他出过家、修行佛法，其实就是没有东西吃了，把自己头发一剃、托了一个饭盘去讨饭而已，本质上是流民。明史说他游历于江淮之间，那不叫游历，应该叫盲流，盲目的流动。哪里有饭吃他就去哪里，这样的人是社会的不稳定因素，只要有一丁点的星星之火，就能把他们对这个社会的怨恨、不满全都燃烧起来，就会变成大规模的农民起义。之前说的乡绅也好、宗族也好、宗教也好，官方基本上是支持，起码是不反对的。但对于流民，官方明确反对、坚决取缔。历史证明，哪个王朝的流民到达了一定的规模，哪个王朝离末日就不远了。所以，招揽流民是基层官府的职责之一，安抚不过来了就要想方设法镇压。

为什么流民危险呢？第一，一个无所依托的人无所畏惧。流民没有田地、没有家产、没有妻儿家小，他就一条性命，什么都不怕失去。万一出现一个领袖人物，对流民说："造反吧，你失去的只是一条命，但是一旦改朝换代，你就是开国元勋了！"他愿不愿意赌一把呢？不赌，现实问题就摆在这，明天就可能饿死，与其饿死还不如轰轰烈烈赌一把，刘邦、朱元璋是这样崛起的。

第二，流民的能力比一般老百姓要高，在政治上很危险。一般老百姓成天在地里种地、在作坊里做工，视野受到局限。一个人没有走出过方圆五十里，他就难以想象五十里外的世界，他可能觉得这五十里以内发生的事情都是合情合理的。但是，当他一旦走出去，就会发现风景是不一样的。大家说不一样的话，吃不一样的东西，这个地方的官比老家的官要贤明或昏庸。流民的思想就有了比较，视野就开阔了，自然而然地开始思考。一个流民，从甲地流动到乙地，他有阅历，有思想。乙地的地方官员去管他。他首先就可能发问，你凭什么管我？这就说明他有了独立的意识，管不了了。所以，流民会成为不稳定因素，是因为人口流动引起了人的视野、观念、思想的变化。

第三，流民在流动过程中形成了组织。组织的重要性，是政治研究的一大课题。没有组织，一个群体就是一盘散沙；组织能够让个体起到一加一大于二的作用。比如，一班有六十位同学，一个同学跑上来跟老师说，你要给我打九十分。老师会说，凭什么给你打九十分？万一六十位同学全都跑上来要求老师给打九十分，那么，老师就要掂量一下这是怎么回事了。这就是组织的力量。流民也是这样的，他们在流动过程当中没有任何保障，就会去寻找组织来保障自己，逐渐形成了各种流民的组织。地下宗教、黑社会帮会，就是典型的流民组织。安居乐业的人是不会参加这种组织的，只有流民才会参加。在传统社会里，四川流民兴盛，所以地方帮会也多，比如清朝的袍哥，就在四川影响最大。在四川的一些地方，外人可以不去找官府，得先去袍哥据点"拜码头"。如果不拜码头，在这个地方就干不下去。

流民组织的力量是很可怕的。明朝把国号定为明，是因为它最初是依靠明教的势力兴起的。张角酝酿黄巾起义时，为了把队伍组织起来，号召流民说"苍天已死，黄天当立"，黄巾军很快就组成了。这股力量是非常强大的。

以上讲了有四股力量是和官府平行的，乡绅、宗族、宗教还有流民，都跟官府一起推动基层社会的运转。而高高在上的皇帝和基层社会距离很远，很隔阂，所谓"天高皇帝远"。一方面，皇帝作为个体，能力精力有限，时间更有限，他不可能顾及很细的事务，所谓"朕身居九重，虽周虑万千，然力有不逮，恩威不能遍施"是也。因此，皇帝和基层政务是很隔阂的（当然了，皇帝愿意的话，可以直接插手任何基层的事务）。另外一方面，下级官衙和官员，也不愿意皇帝事无巨细地插手。他们总是把需要皇帝决策的事情，把希望皇帝处理的问题，把希望皇帝知道的信息，传递给皇帝。皇帝根据这些"筛选"过的有限信息，即使有心插手基层，也很难做出全面、准确的决策。规模和实力都有限的地方官府，对这些基层力量分化利用，权衡各方，大家共同塑造了中国传统社会和基层政治。

需要强调的是，传统社会不单单只有官府，还有读书人、族长、黑社会以及和尚、道士、尼姑等人。社会的权威不仅只有政府，还有其他。它们共同推动传统社会的运转。当然，官府的力量始终是很关键的，甚至是最强大的。但是仅仅只有政府，这个社会是不可能运转起来的。作为一个基层主政者，在各股力量之间权衡是很困难的事，大家的关系都就很复杂。

第一，各方力量错综复杂，难以截然分开。你中有我，我中有你，传统社会中个人的角色也是复杂难辨的。一个人既可能是乡绅，同时又是宗族长老，还可能是当地的帮会老大。组织犬牙交错，角色也就拧在了一起。通常情况下，宗族和宗教的结合比较紧密。中国的农村往往是一村一庙，或者是周边几个村子供养一座庙。村民们遇到难题，会找宗族，也会去庙里求神拜佛。同样，乡绅和宗族的关系也走得比较近，乡绅往往在宗族里地位很高。族人都尊敬读书人。从乡绅角度来说，当初整个宗族供他读书、考试，后来才发达富贵起来的，他是不是有责任回馈宗族，造福乡亲？乡绅有地位有人脉，熟悉政治，很自然就变成了整个家族的核心骨干。当然，乡绅也可能是帮会老大。这种情况当然是不合法的，帮会始终处于被打压的状态。但是还是有很多人黑白两道通吃，既是族长又是黑社会老大，既是乡绅又是帮会领袖，甚至可能集更多身份于一身。比如，民国时期，中国社会还没有褪去传统社会的特色。四川军阀就把各种身份集于一身，亦官亦匪、亦白亦黑、脚踩多条船。他们利用袍哥组织组建部队，又利用部队压服地方官府和宗族。

伴随千百年的博弈共存，传统社会的各个因素已经相互渗透，几乎融为一体了。比如，朝廷保障科举制度，保证了权力在各个家族之间平滑流动，杜绝了魏晋时期垄断门阀的复辟，社会阶层不会固化，对宗族组织的普及、宗法势力的强化，是有帮助的；而宗族、宗教等因素的动员能力、财力，则弥补了官府的人力、财力不足，大家可以一起"集中力量办大事"；流民群体的存在，时刻提醒着官府检讨执政情况，遏制横征暴敛、竭泽而渔的冲动。一旦官府胡作非为，就会导致流民势力壮大，导致宗族和正常宗教组织对民众的凝聚能力变弱。宗族里的人可能流离失所，可能被地下教会、邪教、黑社会吸引走，最终导致其他社会力量对官府离心离德。到那时候，原有的社会力量平衡就加速瓦解，大家在寻找新的平衡过程中，牺牲品只能是旧政权。

第二，中国传统社会是一个身份社会，决定一个人社会地位的不是财富，而是具备什么身份。一旦具备了相应的身份，财富、名誉等都会接踵而来。范进中举前有财富吗？没有。中举以后，范进成了乡绅，财富立刻滚滚而来。相反，一个地主，即便特别有钱，他也不能称为乡绅，不能成为族长。当然了，地主可以组织帮会，但是流民不一定会听他的，因为在身份社会，身份决定财富、名誉、声望，而不是反过来。

每个人都生活在社会中，是社会人。大家都有相对稳定的社会角色，各种资源按照一定的规律在人群之间流动。人人都受到社会中各种因素的制约，言行举止有大致可以预期的标准。中国古代政治比较强势，不仅和社会对峙，还屡次想改造、压制甚至吞并社会，但一直没有成功。这一点，从那些新官上任的异乡人那里就可以看出，从朝廷律法在地方的改造与妥协的情况也可以看出来。社会和政治，两者势力此消彼长。（当然了，古代中国还有市场、文化和精神等领域，但这些领域或者说势力，没有强大到可以与政治、社会相提并论的地步。市场、文化、精神等，都依附于社会或者政治。）

这里就有中国古代社会是政治主导还是社会主导的问题，古人是被社会塑造的还是政治塑造的问题。近年来，这个问题日渐成为"显学"，论者纷纭。笔者的感觉是，古代政治和社会都很强势，谁都没有完全压倒对方。政治陆续侵蚀，持续改造着古代社会。但政治体制中的官员们，不可能一辈子是"政治人"或者当权者。他们总有退休、离开的时候。那时候，他们就回归了社会。政治标准对他们的影响迅速减弱，他们身份的政治痕迹迅速消退，而社会的影响迅速扩大。古代社会还是按照自己的标准，在持续发展着。宗族的崛起、商业的发展、技术的进步、人口的膨胀和流通，这些都不是古代政治主导或者能够遏制的。事实上，古代的盛世，都是政治和社会相处和谐的时期。双方关系紧张，往往两败俱伤。

第八讲 抡才大典：科举是一项好制度

中国古代政治制度中的衙门和官员设置，属于静态的内容。此后开始讲动态的内容。动态的内容指的是制度性的操作及其实践运转。首要的内容就是"官员是怎么选拔的"。

任何一项制度的设立都是非常艰难的，不可能做到绝对的公平公正，不可能让各方面都满意。比如选拔官员，按照任何标准来选拔，都不可能让所有人满意。所以，考察制度不能追求十全十美，任何制度都是有瑕疵的。那我们评判制度好坏的标准是什么？是这项制度在设计的时候是不是尽可能地做到公平公正，它在日后有没有自我调节的能力。如果我们判断一项制度做到了这两点，就可以认定这项制度是在当时条件下最好的制度——当然，它还要能解决问题。

科举的来由与利弊

什么样的人能够当官，也就是把权力交到什么人手里？这是一个重要问题。

在贵族政治下面不存在这个问题，因为当官的标准很简单，就是血缘。贵族的儿子永远是贵族，贵族永远当官；平民的儿子再能干，最多也就给贵族做家臣。春秋后期有一个有知识、有抱负的平民百里奚，演绎了一场"百里奚五羊皮"的传奇。

百里奚出身贫寒，想当官只能自己找机会，他决定游历列国求官。妻子杜氏很支持丈夫，把家里唯一的一只老母鸡杀了给丈夫送行，但是没有烧鸡的柴火，怎么办？杜氏把家里的门板卸下来，劈了当柴烧，让百里奚饱餐一顿后去闯荡天下。百里奚历经宋国、齐国，三十年时间里碌碌无为，最好的时候是做家臣，比如他给周王子当过家臣，因为他能够养马，王子和他谈论怎么养马，最后好不容易在一个小国——虞国做了大夫。很快，晋国灭掉虞国。晋国把百里奚充作媵人（陪嫁的奴隶），随公主送往秦国。百里奚中途逃到楚国牧牛。秦穆公听说百里奚有大才干，计划派使臣去楚国把百里奚迎回来。别人说，这样大张旗鼓，肯定迎不回百里奚，楚国把他留下来自己用了；应该派一个低级官员，用五张羊皮（当时一个奴隶的售价）把百里奚换回来就行了。楚国果然用囚车载着百里奚，送往秦国去了。跟百里奚关系不错的楚国当地百姓哭哭啼啼，给百里奚送别。百里奚安慰大家说：别怕，逃亡的奴隶多了，人家为什么要千里迢迢来抓我啊？这是人家是要重用我。果然，到了秦国，秦穆公对百里奚的才能大加赞赏，任命他为上大夫。当时百里奚快七十岁了。百里奚辅佐秦穆公称霸西戎，奠定了秦国日后崛起的根基。

与百里奚经历相似的，还有兴周七百年的姜子牙、挽救郑国的烛之武。姜子牙据说是贵族后裔，但多半是假托的，起码在他七十岁前，颠沛流离，没有长期的官职。周文王想重用他，最大的问题是他年纪太大了，姜子牙赶紧自我推销说："我不老，我才七十岁而已！"烛之武则连姓氏都没有，"烛"是地名，他的名字直译就是"烛那个地方一个叫作'武'的人"，和"王府井张三"有一拼。郑国在秦晋联军猛攻下要亡国了，郑伯才想起破格起用他。烛之武先抱怨了一通："臣之壮也，犹不如人；今老矣，无能为也已。"害得郑伯赶紧道歉："吾不能早用子，是寡人之过也。"那一年，烛之武也是七十岁。可见在贵族政治下，普通人家的子弟想当官是非常困难的，姜子牙、百里奚这样的例子实属凤毛麟角。

到了秦汉，贵族政治慢慢向贤能政治过渡，两种政治体系并驾齐驱。一方面，贵族子孙还是能够直接当官；但另外一方面，普通人家的孩子也能够当官。

秦汉通过两种渠道公开选拔官员：征辟和察举。

征辟是朝廷知道某人的能力、品行之后，自上而下地征召他当官。比如，汉武帝听说董仲舒很有才华，派一辆车将他接到长安来，经过一番考核后量才录用。这个过程叫作征辟，派出去的车叫"公车"。公车的本义是朝廷派下去征辟人才的车辆。晚清时期的"公车上书"，用公车指代那些来北京参加会试的举人，取的就是秦汉征辟人才的意思。察举是地方官府把本地的人才推荐给朝廷，通过考核后量才录用，这是秦汉选拔官员的主要途径。通过这两个途径当上官的有贵族子弟，但是绝大部分是普通人家的子弟，而且通过这个形式当上官的人越来越多，比例越来越大。察举也好，征辟也好，都是需要经过一定的考核的，不管是笔试还是面试，总之不是谁一句话说了就算的。这两种选拔形式大的问题，可能一是选拔的标准不够明确，存在较大的人为操作空间。当时的茂才、孝廉等名目，出现"举茂才，不识字""子孝廉，父别居"的闹剧；另一个问题是选拔不固定，征辟取决于朝廷，尤其是皇帝的心意，察举取决于地方官的热情。一旦有一方不积极，普通人出仕的道路就受阻。

征辟和察举，体现了中国式的"选举人才""选材举贤"的特点。"选举"两个字，在现代政治中是自下而上、民主投票的意思，在传统中国却恰恰相反。"选"是自上而下的挑选的意思，选贤用能；"举"是自下而上的推举，在一定的范围内推举人才，两种方式最后的决定权都在最高层手中。选和举的结合，就是中国传统中好的选拔制度。人们都拥护选举这种方法，争论的是标准问题。

到了曹魏，征辟察举变成了九品中正制。东汉末年，征辟和察举已经变味了。达官显贵操纵了人才的选拔和任用，父举子、兄选弟，最后上台的都是官宦人家的子弟，当时就出现了袁绍这样"四世三公"的政治世家。权力已经半公开地在权贵家族流传了。魏文帝曹丕为了争取政治大家的支持，接受建议，创立了九品中正制，其实是默认了当时的政治现实，用九品中正制来换取篡汉建魏，因为，九品中正制可以让权力的半公开世袭合法化、规范化。

九品中正制的本意并不是不要选举，而是把选举权交给了官员。这项制度的核心内容是设立大小中正官，分别负责一州、一郡的人才评定。一般是现任官员担任原籍地的中正官。他们把辖区人才定为上中下三等,每一等又分上中下三个级。最高级是上上,最低的是下下,一共是九品。朝廷再根据人才品级授予官职,上品(品级高的)授予起点高、升迁快的官职;下品授予起点低、升迁慢的官职。人才的命运,关键在于中正官的评定。在实际操作中,中正官自然把自己的亲戚、子孙评为上品,其他人家的子弟再优秀,也得让道。有权有势者变相地世袭权力,无权无势者想升迁比登天还难,所以最后就变成"上品无寒门,下品无世族"的情况。世族,也就是世世代代垄断官职的家族开始出现了。选拔人才异化成了查家谱,谁家的祖上荣耀,谁就当大官。家谱和政治权力密切相关,竟然演化出了名为"谱学"的专门学问。各个世族大家,都有严密的家谱制度,目的是防止其他人冒姓,混入自家谱系。自然,当时的中正官、吏部官员都是谱学的高手。

世族们又为了保证血统纯正,子弟的婚姻嫁娶都固定在门当户对的少数几个家族,形成相对固定的联姻网络。南齐时期,世族王源把女儿嫁入富阳满氏。当时的世族领袖沈约就弹劾王源,说怎么能把世族女子嫁给寒门子弟呢?王源辩解说,富阳满氏是曹魏太尉满宠、西晋司隶校尉满奋的后代,况且亲家满璋之担任侍郎,女婿满鸾担任主簿,他们家不算是寒门。沈约认为,满璋之的世族门第没有明确根据。况且满奋早在西晋就死了,后代默默无闻,满璋之突然冒出来,谱系是伪造的。最后,沈约成功弹劾王源"人品庸陋",与寒门联姻"蔑祖辱亲"。王源被逐出世族行列,禁锢终身。发展到后来,世族人家不和非世族交往,甚至想方设法地侮辱主动示好的寒门人士。宋武帝时,寒门出身的国舅路琼之,锦衣绣服、郑重其事地拜访门第最高的琅琊王氏的王僧达。王僧达冷淡地客套了几句,突然问路琼之:"过去我家有一个马夫叫路庆之,不知道是你的什么人啊?"路琼之大为尴尬,起身告辞。王僧达也不挽留,当即命令仆人将路琼之刚刚坐过的床榻拿去烧掉。可见,世族和寒门之间的界线泾渭分明。也可见,九品中正制的立意不仅谈不上光明坦荡,而且在实施过程中僵化顽固,缺乏变通,谈不上是一项好制度。

九品中正制到南北朝后期就不行了,问题越来越多。选拔出来的官员素质太差。其实都不能算是选拔的，而是世袭的。世袭制下，多数人哪还会学习、奋斗？南朝那些世族豪门的人，褒衣博带，大冠高履，涂脂抹粉，出则车舆，入则扶持，根本找不到能骑马的人。别人送世族周宏正一匹矮得只能在果树下走的马做礼物，周宏正学会了骑这匹小马，常骑出去溜达，就被世族圈子评为"放达"。建康令王复有一回听到一匹马嘶叫了几声，大惊失色，颤颤巍巍地对人说："这分明是老虎，怎么叫作马呢？"大家看看，这么能靠这样的人治国理政、领兵打仗呢？南朝在跟北朝的竞争中之所以节节处于下风，很重要的一个原因就是九品中正制导致南朝的官员队伍素质太低。南梁侯景叛乱，世族子弟们肤脆骨柔，不堪行步，体羸气弱，不耐寒暑，只能坐着等死。而北方的九品中正制实行得并不严密，所以他们还显得比较有活力。同时，寒门子弟通过战争机缘、个人努力等其他手段，逐渐掌握了政治实权。南宋的刘裕、南陈的陈霸先，都是赤贫出身；南齐的萧道成、南梁的萧衍，他们的世族门第也不高。

到了隋朝，隋文帝杨坚觉得不改革不行了。旧制度有问题了，主政者要有勇气破旧立新。这是政治人物的责任，也是他的义务。遗憾的是，勇敢承担起责任、开创新局面的人并不多。杨坚是其中一个，破九品中正，立科举取士。当然了，世族豪门自己已经腐朽得不行了，没有足够强大的力量来挽救九品中正制。杨坚创办科举，没有遇到什么正儿八经的敌人。

科举制度，简单地说，就是按照不同的科目，统一考试，根据成绩高低来选拔人才。它最鲜明的一个表现就是考试。科举考试有进士、明经、明法、明算、三史等多个科目，允许大家自由报考，"怀牒谱自荐于州县"，不需要第三方推荐认可。这就打通了皇帝和老百姓之间的障碍，任何人不需要原来的所谓评定或者推荐，也不需要皇帝事先知道他的名声。有志于政治的人都可以直接去考试。这样最大的好处就是公开透明。考场和官场连通，官场的大门向所有人打开了。

必须补充说明的是，科举对参考资格是有一些限制的。朝廷禁止一些群体应试，比如娼妓、优伶、皂隶、乞丐、大逆不道的罪臣之后。也就是说，《新白娘子传奇》里的许士林是不能参加科举考试的，因为他名义上的父亲是一个衙役。这些人是士农工商四个等级之外的"贱民"，贱民的子孙只有脱离祖先行业三代以上才允许参加科举考试。但是这些人在中国总人口当中占的比例很小，所以绝大部分人可以参加这个公开的考试。

科举制度的第二个好处是标准统一，程序规范，所以公平。所有人都考同一份试卷。可能有人说，万一试卷出的题目是自己不擅长的怎么办？任何一道题目都不可能是所有人擅长的，你擅长的可能别人就不擅长。只有所有人都用同一份考卷，才可能做到公平。考试后，试题散布出去，优胜者的文章也传播开来，加上所有环节都在众人的瞩目之下，科举有可能做到公平。这项制度从隋朝开始，一直到1905年才废止，延续了一千三百多年，正是因为它有诸多的好处。

千年科举的精髓是扩大了政治参与，提高了社会流动性，这是科举强大生命力之源。一个有才华的人如果不能进入政治体制，就可能站到你的对立面去。作为统治者，怎么让天下人才、为我所用，这一点很重要。现在你给人才一个选择，是造反然后有可能改朝换代呢，还是去参加考试然后有可能入阁拜相呢？由他选。参加考试对个人来说风险最小、收益最大。造反风险太大，而且收益不见得比参加考试大。所以，理性的人才都会参加科举考试，自动承认现有体制的合法性。拥护科举取士的人群，也就成了王朝统治的社会基础。这是扩大了政治参与。接着解释科举怎么提高了社会流动性。没有任何一个社会是彻底平等的，人人平等只存在于我们的理想当中。如果你觉得这个社会是平等的，那只能说明你的心理年龄还小。社会永远都不是平等的。但是在不平等的社会不能够让不平等持续下去。如果各个社会群体永远都是这样，那这个社会就僵化了，就会变成死水一潭。所以要让各个阶层流动起来，增加社会流动性。王侯将相的子孙不一定世世代代享有荣华富贵，最底层的人也能通过努力奋斗，跃升到社会上层去，科举就做到了这一点。最典型的例子就是"朝为田舍郎，暮登天子堂"，上午还在农田里干活，傍晚就跟皇帝一起指点江山了，这是一个戏剧性的流动，它真正把"贤能政治"落到了实处。有人做过统计，宋朝考中进士的人有一半以上是普通人家出身，明朝考中进士的人有三分之二以上是普通人家出身，清朝考中进士的人也有一半以上是普通的汉族人家出身。[1]一个农民,含辛茹苦培养自己的儿子去读书,考中了状元,他整个家族就晋升到乡绅阶层了。雍正年间的探花沈文镐,就是佃农出身。商人也一样,虽然传统社会重农抑商,经商行为被人看不起,但只要他的子孙考中了进士或者秀才,那他的社会地位就上升了。所以,中国传统社会是一个流动社会,社会阶层不是固化的。理论上,任何人只要肯努力读书应试,就可能改变命运。同样,现有的上层,如果不能在科举场上有所斩获,就可能"富不过三代",迅速衰落。笔者认为,《红楼梦》中的贾府之所以衰败,和贾家子孙没有博取科举功名,进而巩固家族权势有关。

江南乡村的田野里,散落着进士牌坊。牌坊的主人往往在考中进士之前都是本地的农民,这就是社会流动。例如安徽黄山地区,黄山市是古徽州,不客气地讲,徽州是个穷乡僻壤、穷山恶水的地方,但是它没有出刁民,而是出了很多进士。明朝的大学士、尚书,清朝的内阁大学士、军机大臣都有徽州人。笔者曾经在乡间的一个偏远农村里,看到一位农民大伯端着一碗饭,上面盖着很多菜,拿着一双筷子蹲在家门口的青石板上吃饭。他头上有一块镶嵌在高墙上的大石匾"尚书第"。笔者指着大石匾,说:"这是你们家的吗?"大伯说:"是祖上的。"笔者问:"您知道尚书第什么意思吗?"他介绍祖上曾当过明朝的工部尚书。可以想象,他的祖上就是从这扇门里走出去的,走过青石板路,走出山岭沟壑,走向朝堂的。同样,一位风光无限的权臣,如果子孙不好好读书,虽然权臣在世的时候,家族不会有大问题,一旦他走了,这个家族会迅速被原有的社会阶层抛弃。中国人碰面寒暄,首先谈的是什么?孩子。古代官员寒暄,也常常谈孩子。有官员感慨犬子不孝,不好好读书。旁边的人就会说,可怜了你几十年的奋斗与家业。意思是,一旦你没了,孩子会把家给败了,你的家族会被现在的人际交往圈子抛弃。

---

[1] 数据参见【美】贾志扬著《天潢贵胄:宋代宗室史》(江苏人民出版社 2005 年 11 月出版)之《开篇》和何炳棣著《明清社会史论》(联经出版公司 2013 年 12 月出版)第三章《向上流动:进入仕途》。

政治参与的扩大、社会流动的顺畅，都有利于社会的稳定。世界历史上的几大文明古国，最后延续下来的只有中华文明，其他文明都中断了。我们之所以能够保持"超稳定"，原因很多，有地理方面的原因，有气候方面的原因，有文化方面的原因，但是不能忽视的一个原因就是科举制度提高了中国传统社会的稳定性。科举让传统中国的每一个人都有希望。胡同里某个日夜操劳的寡母，全身心奉献给了儿子，只要儿子获得科举功名，就可以给母亲申请诰命，当官后更是提升了他们孤儿寡母的地位。

历朝历代都把科举称为抡才大典，国之根本，这是有道理的。只要开科取士，就有一大批人支持你。所以乱臣贼子篡位以后，或者是农民起义军建立王朝以后，第一件事情就是开科取士。洪秀全科举应试屡次名落孙山，他有心造反，发誓"待明日我也开科取士"。有类似表述的还有黄巢，他落第后《题菊花》是这么写的："飒飒西风满院栽，蕊寒香冷蝶难来。他年我若为青帝，报与桃花一处开。"可见，科举取士观念深入人心，是理所当然的"政治标配"。王朝在变，统治者在变，科举取士的做法雷打不动。

对科举制度的批评有很多。最主要的批评是说科举制度禁锢人的思想。强制写八股文，对读书人的思想发展是不利的，这个的确是。考试范围是固定的、参引书目是强制的，文章写作的格式是强迫的，甚至句段字数都是一定的，这就把人们的思维框进了一个筐子里，对人的思维造成了一种禁锢。

反过来想，如果参考书随便看，考试内容不限定，文章体例任意发挥，评判标准不一，那最后怎么评定文章高下呢？文无第一，武无第二，不限标准的文章是没法儿评判的。且不说思想观点本身难以分出高下，就是引用的文献、书写的论据过于庞杂，有些甚至是考官闻所未闻的。科举早期的唐宋，主考官面临着一个很严重的问题，就是怎么判试卷都会得罪人。但是他们必须分出名次来，在这种情况下获益的是哪些人？那些家学深厚、受到精良教育的上层子弟。因为他生在书香世家，衣食无忧，他的祖父、父亲都是读书人，见多识广、交游广泛，会教他很多知识、信息和经验。他引经据典，文章华丽。家庭背景和经济实力多多少少会转化为文章水平。这是很现实的一个因素。

在标准不统一、自由发挥的情况下，家庭背景对考生的影响很大。到了朱元璋的时候，情况改变了。朱元璋是草根出身，带有很浓烈的绝对平等的思想倾向。他看着科举考卷，觉得太混乱了，有很多人辞藻华丽，却不知道他想说什么，一是评判标准混乱，二是不实用，所以朱元璋规定所有的考生必须按照固定的格式来写文章。每一篇文章七百个字，分八个部分，每个部分怎么开头、怎么发展、怎么定论，都必须按照这个格式来写；体裁必须是政论文，也就是议论文；文章的观点必须出自程朱理学，不能逾越；而且，朱元璋强制划定参考书目，就是四书五经、程朱理学等固定的那几本书——这些书都是社会上流通量很大的图书。在判卷的时候，考官的工作量大为减轻。这样就尽可能做到了公平公正，有利于没有家庭背景的贫寒子弟。这种形式就是八股文。

所以，任何一项制度都不可能十全十美。如果不采取八股文这种形式，地处穷乡僻壤中的很多人可能一辈子都走不出去。我们不否认，八股文的形式确实不好，选拔出来很多书呆子；但是同样的形式里，也考出来了张居正、林则徐、李鸿章、曾国藩。隋唐之后，大家能提得上来的名臣干将，多数都是科举考出来的。真正有才华、有思想的人是不会被形式限制住的，一个人如果把自己的失败归结为一种选拔形式，就说明这个人的水平也就如此了。

那么，科举制最大的缺点是什么？是科举把考试和当官连了起来，助长了整个中国社会的官本位思想和人们的功利心。读书不应该仅仅是为了做官，读书应该是为了个人的提升和完善。但是，科举制挤压了读书的其他目的，把读书简化为就是为了当官。一个小孩刚启蒙，长辈就引导他去应试、谋官职。为了考上功名，读书人用各种功利、现实的手段，错误地把读书、考试、当官三个词画上了等号。现在很多人还觉得"学而优则仕"。现代人还受这种科举当官思想毒害，这才是科举的负面遗产。

科举考试指南

科举考试开始于隋唐，但当时科举并不固定，时间不固定，程序也随意，而且科目繁多（现在似乎都没弄清唐朝到底有多少科目的考试），每次考试录取的进士不多，少则十来个人，多的也就三四十人，所以影响不是很大。而且时人还有其他入仕当官的途径，比如从征辟演变而来的入幕当官的渠道还通着。隋唐的科举考试制度尚未稳固。但即使如此，已经很能振奋隋唐士人了。唐代文坛的活跃，文人精神之进取，与科举的开创有重大关系。入宋之后，科举科目收窄，注重进士科，时间固定，每次录取人数突破三位数，考试制度才规范、稳定下来。发展到明清，科举考试已经高度成熟，成为传统社会的有机组成部分。我们还是以明清为例，来讲科举考试制度。

古代读书人启蒙入学，就获得一个身份——童生。童生是没有科举功名的读书人的统称。一个人就算七十岁了，如果没有考中任何功名，他还是童生。童生考中了最低级的功名，就成了秀才。从秀才开始，就算具有了科举功名，进入到士绅阶层。秀才就算是登上了衙门口的第一级台阶。一个童生要考取秀才，得通过哪几级考试呢？通过县试、府试和学政的最终批准，才能获得秀才功名。

秀才接下来参加什么考试？乡试。各省每三年举行一次，在省城举行，秀才们竞争举人功名。并不是所有清朝秀才都可以参加乡试，学政会巡视府县，举行科试。只有通过科试的秀才才能参加乡试。乡试考中以后就是举人了。乡试是科举考试当中竞争最激烈的。为什么？因为秀才人数众多，到了举人这一级就强制性地大为收缩人数。一般情况下，人文荟萃的大省，乡试竞争比例接近于一百比一；一些文化比较落后的省份，乡试的竞争比例也接近五十比一。乡试是最难通过的，一旦考中了、获得了举人功名，他就迈上了一道很重要的门槛，基本上获得了直接当官的资格。举人有资格出任地方上的佐杂职务、教职。清朝对长期考不中进士的举人还有"大挑"制度：每六年对连续参加三次会试而名落孙山的举人进行挑选，大概会挑十分之一的落榜举人直接授予官职，称为"大挑"。有人做过统计，明清时期，有一半举人最终当官出仕了，另外一半当幕僚、当师爷，或者是做乡绅。为什么范进中举以后身份得到天翻地覆的改变呢？因为他通过了竞争最激烈的乡试。

举人下一级考试是会试。会试在乡试的下一年，在京城举行。天下所有举人都可以参加。省里的乡试在秋天举行，称为"秋闱"，会试在来年的开春举行，称为"春闱"。明朝把会试时间定在二月。后来迁都北京，有人就说，当初定会试在二月，是因为太祖皇帝定鼎南京，地处江南，春天来得早；现在定都在南京三千里外的北京，二月份还天寒地冻的，应该把会试时间改在三月，一来天气暖和，有利于举子轻装上阵，二来也方便云贵等边远地区的举人赶路，三来誊录试卷的时候不用担心墨汁冰冻，四来考完后河冰融化，举子归家无闸河运舟之阻。但是，明朝会试没有改期，直到清朝乾隆甲子科场后才特旨允行。

广义的会试在实践中分好几个等级，第一级叫"会试"，会试考中了还不是进士，是"贡士"。贡士接着参加"殿试"，只有在殿试当中被录取了才是进士。殿试是不刷人的，只是对贡士的名次进行调整。但在隋唐和北宋早期，殿试还是要刷人的。宋仁宗时，一名在殿试中被淘汰的贡生觉得委屈，进而叛国、投奔西夏。从此以后，殿试就不再刷人。殿试理应由皇帝亲临亲试（由此可见进士的确是"天子门生"），很多情况下是王公大臣来主持的，最后结果由皇帝红笔画圈就行。皇帝一般不更改主考大臣呈递的拟录取的进士名单，最多就根据自己的印象，或者干脆就看贡士的名字来更改一两个顺序。御批后的名单，就可以"金榜题名"了，分一、二、三甲。一甲三个人，称状元、榜眼和探花[1]，赐进士及第。他们三个人如一鼎之三足，又称"三鼎甲"。状元居鼎甲之首，又别称鼎元；明清二甲会有一百人左右，赐进士出身。其中二甲第一人又称"传胪"；三甲也会有一百多人，赐同进士出身。

---

[1] 元朝时，一甲第二名也俗称状元。因为元朝科举第一名必录蒙古人，汉族人考得再好，也只能屈居第二。所以天下视第二名同样是状元。由此可见元代政治中民族歧视的存在。

社会上有"连中三元"的说法。三元分别是乡试的第一名"解元"、会试的第一名"会元"、殿试的第一名"状元"。古代读书人连中三元的概率和现代赌徒买彩票中特等奖的概率差不多。这样的人屈指可数，每个人可都是传奇。

会试录取比例相对来说还是比较高的，大概是三十几比一，比乡试难度大为降低。各地举人考中的比例各不相同。清朝也好，明朝也好，为了照顾到地域平衡，不能绝对根据试卷优劣来录取，而要每个省都要有进士。如果完全不顾地方平衡，那录取的都是东南文化发达地区的举人。但是，其他一些省份的文化教育水平确实低，怎么办？必须保证东南西北各地都有人被录取。这就便宜了个别边远落后省份的举人。太平天国起义期间的一年会试，到北京城参加会试的云南省举人只有一个，其他考生纷纷向他祝贺。为什么？他不用考，肯定能被录取。有的时候真是这样，千里迢迢，赶考不易。头年秋闱考中了，在家过完年马上就要赶北京去参加会试。比如甘肃省最西边的举人，他还真不一定能够按期赶到北京参加考试。万一他家里穷，买不起马，只能骑头驴，就更有可能误期了。

乡试和会试是很辛苦的，连考三天三夜，一共三场。这三场考试每场内容都不一样。第一场考四书，第二场考五经，第三场考策问。每一个考生关在狭窄的小隔间，两边和身后、上面都是墙，只有前面是敞开的。考生有两块活动的木板，可以镶嵌在左右两边墙壁上活动。上面的板子一搁就是桌子，下面的板子一放就是凳子，考生就在上面考三天三夜。所有的生活用品都得自带。考生进场的时候为什么要搜身？因为一大帮子人提着食盒，拿着洗漱用品，太容易夹带资料了。遇到生理问题的，需要报知监考官同意才能离开隔间。每次只能离开一位考生。如果遇到一个七老八十的老书生，平时在家就是药罐子，进去三天三夜真不一定能出得来。清朝中期，广东有一个老秀才参加乡试，让曾孙子提了一个大灯笼，上写四个大字"百岁官场"；意思是，我都一百岁了，到这来考试就是"参观"一下就走，不可能把三场都考完。

考场当中有很多突发情况，比如失火。清代就曾发生考试期间贡院（乡、会试考场）失火事件，因为扑救不及，而监考的官兵不敢擅自疏散考生，导致成片隔间的考生全都烧死的惨剧。此外，如果考试当天倾盆大雨，而小隔间前面是没有遮挡的，考生们就苦了。要知道，贡院年久失修是常事。一些考生坐的小隔间还可能漏雨。这你也不能走，你也得坐在那儿三天，把三场都完成了。你还得脱下衣袍把卷子遮盖好，不然的话试卷打湿了等于白考。还有的人说，我近视，能照顾一下吗？不能。考官不会走到每个人面前说明每场考题，最多举着试题冲着每一排隔间读一遍。有的考生年纪大了，又近视又耳聋，那只能匆匆忙忙看完试题，模模糊糊开始构思写作。科举考试是一个很艰苦、很漫长的过程。

科举考试有很多人作弊。作弊的收益实在是太高，太诱惑人了。作弊有很多手段，一开始是写在衣服上，后来写个小纸条放在毛笔里、砚台里。这些都是初级的手段，成功概率很低。因为考生不知道出什么题目，提前写好的小抄，万一文不对题，一点用都没有。而且被发现的概率最高，必须得想一些高效、安全的作弊手法。

有人想出了"冒籍"的作弊方法，有很多浙江、江苏的人冒充甘肃、四川、云南的籍贯应试，还有很多人冒充北京籍贯应试。为什么？因为这些地方的录取比例高。这是因为甘肃、四川、云南等文教落后的地方考生少，而分配的录取名额并不少；而北京的考生虽然多，但是分配的录取名额更多。同样水平的书生，在这些地方容易考中。朝廷此举的本意是为了扶持边远地区的文教事业，兼顾各地的政治平衡，却给很多人提供了作弊的可能。当然了，官府也不是傻子，严查冒籍行为，通过祖先坟墓、居住年限等标准来判断考生的籍贯。清朝末期状元张謇就有"冒籍"的嫌疑，还为此遭遇敲诈和质疑。此外，作弊手法还有买通考官、递条子打招呼、找枪手替考种种。这些手段求的人多、花的钱也多，更重要的是要有人情关系。贫寒子弟，甚至是多数普通人家的子弟，都办不成这些手段。可见，作弊也是有门槛的。

那么有什么防范作弊的手段呢？第一是锁院，一旦任命了主考、副主考，立刻把他们关进院子里，在考试结果出来之前不许与他人相见。一开始，这是北宋时期自律清正的官员的自愿行为，后来成为考官的惯例，目的是为了防止考生通关系、传条子、打招呼。第二是糊名。试卷上有考生的姓名、籍贯和直系亲属等资料，这些内容要糊住封存，谁都看不出来。但是糊名作用不大，因为作弊的双方可以约定暗语、印记。第三个防范作弊的手段是朱墨卷制度。考生的原始试卷是白纸黑字，叫作墨卷。考试完毕，所有的原始考卷都由人用红笔重抄一份，叫作朱卷。朱墨卷必须一模一样，错别字、常识错误或者是更改的痕迹，都必须抄得一模一样。考官评判的是朱卷，判定名次后根据朱卷上的编号去查墨卷，再把糊名拆去，看考生的真实信息，这个就叫朱墨卷制度。第四项防作弊手段是磨勘，就是校对，把墨卷、朱卷和整个过程检查一遍，看有没有纰漏。一切程序都没有问题了，最后才是放榜。有一些朝代更绝，放榜后还要把所有录取的人再关进去复试一场，尽可能把枪手给杜绝了。如果上述所有制度都严格遵行，科举作弊是很难成功的。

万里长征第一步

一个读书人历经千辛万苦，高中进士后，是不是就安心睡大觉了呢？考中进士仅仅是一个人在政治体制当中迈出了第一步，刚入门而已。科举考试成功只是万里长征第一步。新科进士们，恭喜你们终于开始长征了！你们的政治故事才刚刚开始。

新科进士都有什么出路呢？有人立刻说："当驸马！"状元配公主，很有公主和王子从此过上幸福生活的味道。但事实不是如此。驸马是不能够参政的，明清如此，多数朝代也都是这样。新科进士与其当驸马，还不如盼望着被高官显贵招去当女婿，既能当官从政又能娶个白富美。况且，考中进士的人年纪都不小了，有的可能都是爷爷辈的人了，大部分人都拖儿带女的，很少有适婚年龄的青年才俊。当然，我们不排除有十八九岁或者二十岁出头的进士，他的学业得非常顺利，顺利到什么程度？四五岁启蒙，十岁左右开始考试，接连考中秀才、举人、进士，中间不能有任何耽搁才可能在十八九岁考中进士。在古代，十八九岁也很可能结婚了，所以把进士招为乘龙快婿都是文学小说里的情节。

唐朝是一个浪漫的朝代，那个时候每届进士人数不多，维持在两位数。但是当时科举考试没有那么多层级，读书人可以直接考进士，所以出现青年才俊的可能性比较大。进士们会推举当中一两位年少俊秀的新科进士骑马到长安城里去买花，叫作"探花郎"，一日看尽长安花。京城里的达官显贵或者是富豪会在家门口观察，看中了就让丫鬟拦马说，"相公，累了歇歇"。这就是要招他为乘龙快婿的意思。但是，明清时已经不举行这样的仪式了，新科进士不像唐朝那么招摇、那么浪漫，大部分新科进士是大叔。

清朝进士都可以直接当官，但是谁当什么官，什么级别，就又要参加考试了。进士的分流考试，就是朝考。一甲三人不用参加朝考，第一名授翰林院修撰，从六品；第二名、第三名授翰林院编修，正七品。除一甲以外其他进士都要参加考试，再分出一、二、三等来，根据等级授予官职。会试、殿试和朝考过后，进士就有三次等级，相加后得出最后的排名。比如，会试第二等，殿试又得第二等，在朝考当中考了第一等，三次等级相加之和就是五。一般情况下，总和越低，分配的官职就越好。小于等于五，就入选庶吉士。庶吉士不是官职，而是翰林院的进修生。大约有十分之二三的进士能够入选庶吉士，其余进士中成绩较好的会分配到中央的各部院去担任相当于主事级别的官员；成绩较差的分配到地方上去当知县或者类似于知县级别的官员。这样的分配，大致就能够决定一个进士日后的政治结局。

朝考一等的人数比较多，有十来个人，这就给了许多之前名次不太理想的进士一次逆袭的机会。比如，晚清名臣曾国藩，殿试后名列第三甲第四十二名，应该说成绩不好。但是他在朝考中名列第一等第二名，给道光皇帝留下了深刻印象，咸鱼翻身，入选了庶吉士。还有一种说法是，进士的分流，主要看朝考成绩。朝考名列前几十的进士，直接入选庶吉士，完全不看之前会试、殿试的表现。

对于年纪很大的新科进士，历朝历代一般是授予闲散职位，不安排他们在实干岗位上劳心劳力——客观上，老头们也不具备那样的精力和体力。比如，满五十五周岁（这在古代就是高龄了）的新科进士，清朝原则上安排出任教职，或者干脆就是发放中等品级的俸禄而不授予官职。北宋的时候，有一个白眉书生，七十多岁了还来考试,实在是写不出来了,就在大白纸上写了一行话:"臣老矣,不能文矣,俯愿陛下万岁万岁万万岁。"宋仁宗看了以后大为感慨,特旨录取他为进士。清朝也有类似的做法,乾隆以后规定,年纪七十岁以上的举人,只要坚持考完三场,一律授予教职或者闲职。

各条分流途径中,要特别说一下庶吉士。庶吉士是在翰林院里进修的资格,文雅一点的说法是"储才",不好听一点就是"待岗",平时读读书,参加一些集体的写作和编辑工作。三年以后,庶吉士们还得参加一次考试,叫作"散馆"。因为庶吉士们栽培的地方叫作庶常馆,这次考试后大家就要散了,各奔东西了,所以叫作散馆。散馆考试也分出一、二、三等来,第一等的正式成为翰林,第二等的分配到中央各部院担任主事级别的官员,第三等去地方担任知县级别的官员。后两等看似和没入选庶吉士的进士们出路一样,其实里面是有门道的。毕竟过了三年,这三年庶吉士不会白读的。在国家承平时期,官场上僧多粥少,不能安排人人都有实职。新科进士资历最浅,一般都轮不到实职,如果分配到地方上当知县,且得候补,可能十年都补不上实职。庶吉士散馆分配地方担任知县,是"带缺出京",是带着实职出京的,直接上任。清朝中期以后,地方实职油水多,所谓"三年清知府,十万雪花银",很多人宁愿在庶吉士散馆考试中故意考得很差,谋一个地方知县的实职。鲁迅家有一块牌匾"翰林门第",因为其祖父周福清考中进士,入选了庶吉士,的确在翰林院待过三年。周福清庶吉士散馆时考得不好,直接分配江西出任知县,这就是带缺出京。

科举出身的官员,能占文官总数的一半以上。他们是文官的主体,此外还有通过其他渠道当上官的。除了科举之外,第二大当官的途径是"捐纳",捐纳就是买官。先秦就有鼓励老百姓"报效"的惯例,也就是国家鼓励老百姓捐钱捐物,为国家排忧解难,相应的,国家授予老百姓低级的爵位或者其他优惠。正式公开的卖官,可能开始于西汉中期。当时,西汉王朝要治水、要出击匈奴,要大兴土木,财政捉襟见肘。一些爱国的豪强富室,几乎倾其所有,报效国家。朝廷奖励给他们官爵。后来,朝廷一到没钱的时候,就想到拿官爵来吸引富豪报效,就变成了卖官鬻爵。捐纳当官,最大的问题是经不起道德推敲。历朝历代都知道买官卖官不好，不能保证官员的素质。但是财政实在腾挪不开了，不得不打开捐纳之门。越到朝廷有事的时候，捐纳的风气越重；越到王朝倾覆前夕，捐纳入仕的官员比例就越高。

　　清朝第一个开捐的皇帝是康熙皇帝。康熙为什么要开放捐纳？他要平定三藩叛乱。清朝财政本来就不宽裕，三藩一作乱，军费开支就成问题了。康熙不得不允许百姓捐纳。这一放开，就收不回来了。之后治河、赈灾、平定边疆，都通过开捐筹钱。几乎每个皇帝登基之初，都宣布要禁绝捐纳，但几年后又默默地放开了。

　　那么，买官卖官的行情怎么样呢？大体是先贵后贱。清朝前期，买一个知县大概要花四五千两银子，差不多可以购买千亩良田。知府的售价差不多要两万两白银，价格是很高的。坦率说，买官者如果不贪不占，在任期内是不可能"回收成本"的，这还真有把钱财无偿报效国家的意思。随着买官卖官的规模越来越大，标价逐渐走低。到清朝后期，同治、光绪年间，差不多一千两到一千二百两银子，就能买到一个知县，七八千两银子就能买到知府，上万两银子都能买到道台。再考虑到通货膨胀的因素，官职售价的下降幅度更大。清朝人能够买到的最高官职是道台。江苏经济发达，有钱人多。苏南的盐商盛行花钱买道台，因为一两万银子对他们来说不算大钱，不仅给自己买，还给子孙买。大老婆生的儿子过周岁，买个道台给他当周岁礼；小老婆怀孕了，还不知道是男是女，也先给肚子里的孩子买一个道台备着。一般的财主，没这么财大气粗，如果看子弟资质平庸、前途不明，也咬咬牙，给买个知县或者县丞，算是给子弟谋一个养家糊口的饭碗。

　　第三个当官的途径是议叙。简单而言，就是论功行赏、授予有功之人官职。比如说冲锋陷阵、抗洪抢险、抗震救灾，某人冲在前面、功劳很大；某个小吏任劳任怨几十年，无私奉献、两袖清风，破格提拔，进行议叙。议叙往往和保举联系在一起，因为议叙某人得有人保举、推荐。除了少数最高层明令褒奖的情况外，大多数议叙需要有人保荐给朝廷知道。清朝的议叙对象，一是兢兢业业的老吏，可以有一定的比例议叙为官，二是低级官员。

第四个当官的途径，笔者称为"学生"。比如，国子监的监生或者贡生，清朝八旗官学里的官学生，学习期满，或者在朝廷需要的时候，可以参加统一考试，选拔为官。还有一些举人、秀才，有时也可以参加类似的考试。历朝历代一般在官员有缺口的时候，从这些学生中挑选官员。一些教职也向举人、秀才敞开，可以考取。举人大挑，也可以归入此类。

第五个当官的渠道叫荫生。传统社会中令人羡慕嫉妒恨的"封妻荫子"，封妻指的是给妻子封诰，封一个诰命夫人；荫子指的就是儿子可以通过荫生的渠道当官。帝王为了笼络大臣，给予他们这样的待遇。秦汉有一个任子制度，一定级别以上官员的儿子可以直接当官。之后的朝代都有类似的制度。比如，北宋司马光就是官宦人家出身，他把家里荫生的资格让给了弟弟，自己通过努力，科举入仕，传为佳话。清朝地方官按察使及以上、中央各部的堂官及以上都可以保举孩子直接当官。比如，一品内阁大学士，可以荫护儿子直接出任五品左右的官职。当然，其中也要经过选拔程序，不是说白痴也能当官。中级官员没有这样的特权，他们的儿子也可以免试入官学学习。基本上，清朝官员只要升迁到知府级别，就算是给儿子"赢在了起跑线上"。

中国古代，当官的途径主要就是以上五种，当中又分正途和杂途。很多人把科举出身的官员称作正途出身，也叫"科甲出身"，把其他渠道出身的官员叫作杂途出身。

科举出身的官员在政治制度上有诸多照顾。首先，很多官职只能由科举官员担任。吏部、礼部的官员必须是科甲出身；翰林院、国子监、都察院、六科的官员必须是科甲出身，其他一些部门也倾向科甲官员，比如大理寺的理问、行人司的行人等。这些官职都比较清要、带有文化教育色彩，或者带有监察司法色彩。人们潜意识就觉得科甲出身的官员能力和品行都比较好，应该出任这些职务。科举考试的考官，自然也必须是科甲出身。当年和珅想当科举考试的主考官，一直不能如愿，就因为他不是科甲出身。和珅是宫廷侍卫出身，所以不能主持科举考试。这样一来，科甲出身的官员仕途晋升的前景就比其他人广阔得多了。

其次，科甲出身官员在考核、选拔的时候也占优势。大家还是高度信任他们的能力和品行，比如清朝的官员考绩有四个方面的内容，其中有一项"才"，就是考核能力。科甲出身的官员几乎全部通过，其他出身官员就会遇到各种问题，常见的评价是"学识欠缺"，意思是说这个人书读得不多。同样的作风，在不同出身的官员身上，竟然会有截然相反的评价。比如同样是生活散漫，平时比较懒，上司评价科甲官员就会说这个人"为政宽松"，而杂途官员则是"荒废政事"。其实说的是一回事，但是不同的表达对官员前途的影响却是巨大的。

进士入翰林进内阁的坦途就更不用说了。这么多好处，让很多杂途出身的官员，宁可这个官不要，也要去"回炉"参加科举考试。晚清思想家严复，已经是天津船政学堂的总教习了，也算是一个中级官员了，还在每一次科举考试的时候跑回福州老家去应试。为什么？因为他是杂途出身。他虽然有留学英国的文凭，这在今天算是海归硬文凭，但在清朝英国文凭远不如科举功名重要。

这里说的是文官系统，武官系统也分正途和异途。武官选拔也有武举，也有议叙、捐纳等。在军队里，正途不是科举出身，行伍出身的军官才是正途，其他出身都是异途。这里有一个很奇怪的现象，中国早期是文武不分的。秦汉地方最高行政长官太守，很难说是文官还是武将。平安无事，太守收税、判案，样样都负责；匈奴来了，太守该去打仗还得打仗。西汉北平太守是李广，我们很难说他是文官还是武将。到了南北朝，各郡的太守、各州的刺史虽然大多带将军头衔，实际上还是文武不分，但形式上有了文武区分的苗头。科举一出，文武就截然分开了，而且有一个明显的趋势是文官盖过武将。一个二十几岁的新科进士，巡视军营可以对一群军官颐指气使，等他当了高官后便可以指挥军队。宋朝以后这个趋势更加明显，重文抑武，武将听命于文官，文官凌驾在武将之上。北宋对辽用兵、对西夏用兵，指挥官都是像范仲淹这样的文官。岳飞遭到宋高宗的猜忌，关键原因就是他以武将之身坐拥数万精兵，威震一方。然而，在军队内部，官兵们却把岳飞这样从普通士兵成长起来的军官当作是正途，而科甲出身（哪怕是武举出身）的军官看作是异途。

清朝有一位年仅十九岁的新科进士，他要去湖南当知县，家里人很担心。担心什么？这小伙子从小就只会读书，衣来伸手饭来张口，生活还不能治理呢，怎么去工作理政？家里先张罗着给他娶妻。古代官员上任得带家眷，不带家眷后衙谁来管，那么多家务谁来操持？到任之后，小伙子太害羞，不知道怎么交际应酬，更不知道如何处理政务，躲在后衙不出来办公。没多久，县衙门就停止运转了。

科举考试有这么一个缺陷：所学非所用。行政实践跟四书五经半毛钱关系都没有。具体政务怎么处理，一个十九岁的小伙子怎么可能知道？他很可能被衙门里的书吏、差役和幕僚操纵，成为傀儡。明清时期都曾出现过类似的情况：年轻进士对政务茫然无知，师爷跟他说这个地方该签字、那个地方该画押，他都照办。

我们再回到那位十九岁的少年知县，其妻看到丈夫的样子，很着急，就和县里的书吏、差役商议对策。一天，差役禀告说"上司来访"，少年知县在妻子的强推硬拽之下，不得不走出后衙去拜会上司。知县前脚刚走，妻子后脚就把后衙大门关上了。而前厅的书吏、差役们迅速排衙，高叫升堂，少年知县赶鸭子上架，硬着头皮从零开始学习政治，最后深谙政务，一步步升迁到了广西巡抚。这个例子说明，科举制度虽然有不好的一面，但如果一个人有能力，又想有所作为，是不会被这些缺点和束缚埋没掉的，照样能够脱颖而出。

第九讲　宦海沉浮：古代如何任免官员

政治制度的功效、利弊，有赖于官员的贯彻执行。在政治制度中，官员是一个关键性的活跃因素。再好的经，遇到坏和尚，都会给唱歪了。因此，如何使用、管理官员，是一个重要的政治课题，其本身也是政治制度的一个组成部分。这就是官员人事制度。

官员人事，是一项内容非常繁杂、政策性很强、特别容易出问题的工作。首先就是怎么安排那么多的人。进入官场的人，总是多于退出官场的人。每一次科举考试，两三百个新官员涌进官场，怎么让每个人都有职位？从清朝中期开始，如何安置官员，不让人失业，就成了各地督抚、部院堂官的头等大事。其次，怎么评价谁干得好、谁干得不好，并且给予相应的奖惩？其中的标准问题、实际衡量问题，也是个难题。再次，官员和制度之间、官僚机构之间、官员和官员之间产生矛盾纠纷，怎么去处理？最后，官员如何在物质和廉洁之间保持平衡，这又是一个难题。其中最主要的还是任免问题：任用什么样的人、提拔什么样的人、惩罚罢黜什么样的人。核心难题是：怎么让合适的人到合适的岗位上去？所谓各安其位，各司其职，用人得当。如果用人不当，不仅会害了一方百姓，误了一块政务，也害了官员本身。总之，官员人事制度是古代政治制度当中最难的、学问最深的领域。

官员人事硬杠杠

官员人事制度中有一些基本概念。比如，主事和知县会见，谁先行礼，谁走在前面，这得有一个标准；巡抚和尚书行文，谁比谁大，使用什么规格，这也要有一个标准。这个标准就是品级。最开始品级是用粮食来换算的，单位是"石"。这也许是因为粮食是人们最重要的财富，是刚性需求，流通量大。秦汉就以石来标注官员的等级。一般县长六百石、县令八百石、太守二千石，这是他们每一年能拿到的俸禄总额。当时的古文就用"二千石"来指代高官。后来，"品"逐渐取代了"石"，成为官员等级的单位。明清一共有九品，每一品又有正、从两个等级，最高的是正一品，最低的是从九品。因为九品从高到低像流水一样纵向下来，因此也叫流品。从九品以下又有"不入流"或者是"未入流"的官员，比如驿丞、仓大使、河泊所大使等，他们有官员身份但没有品级，在流品之外。所以，明清官员一共有十九个等级，不入流品的都是一些杂官。

跟流品相关的有"爵位"的概念。爵位是贵族政治的遗迹，公侯伯子男五等爵位，是西周确定的，基本被后世沿用（后世多加了一个"王"爵）。有爵位的人就是贵族。贤能政治取代贵族政治后，贵族继续存在。比如，晚清曾国藩就获封一等毅勇侯，是侯爵，算是贵族。其长子曾纪泽在他死后，世袭了侯爵。侯爵是超品的。也就是说，曾纪泽二十多岁袭爵后，即使和一品大学士相见，位置也在后者之上。但是，秦汉后的爵位不裂土分封、不莅民施政，贤能政治下的贵族如果没有担任官职，是没有实权的，坐享富贵而已。

决定官员实权的是"职事官"。职事官是具体执掌政务的官职。官员的工作和权力，随着职事官的变动而变动。职事官之外，有"散官"的概念，比如光禄大夫、通政大夫、文林郎等官衔，其实是散官，只有官名、没有执掌。散官随着官员品级、资历的积累而升转。不同等级的官员例加对应的官衔，比如清朝一品官员例加光禄大夫官衔、正五品官员例加奉政大夫的官衔。

"勋官"类似于现在的勋章，特定勋官对应一定的品级，但无实权，只是代表一种荣誉，它最初是对作战有功者的表彰。北周为了奖励有功的将士，设置了勋官，后来渐渐惠及朝官。唐代勋官制度最盛，置上柱国、柱国、上护军、护军、上轻车都尉、轻车都尉、上骑都尉、骑都尉、骁骑尉、飞骑尉、云骑尉、武骑尉等十二阶，对应正二品至从七品，皆无职掌。宋元明大体沿袭，清朝废除。

此外，还有一个"差"的概念。差，就是差使，让官员出差办事。比如，钦差大臣就是典型的差使，办差完毕职权就没了。同样，科举考官、阅兵大臣、修缮陵寝大臣等名称，都是差使。总督、巡抚、知府、知县等后来的正式官名，开始都是差使。例如，知府就是"某官知某府事"。古代官员的名片，往往由爵位、职事官、散官、勋官、差使等混合而成，有的再加上兼职或品级。种类越多，官场对官员的控制方式就越多，官员受官员人事制度的束缚就越大。

现在，本书开头的那串长官衔"开府仪同三司，检校尚书右仆射，使持节，泾州诸军事，泾州刺史兼御史大夫，上柱国，南川郡王，赠司空刘昌"，我们就可以分析一下了。"开府仪同三司"原本是高官的待遇，可以建立幕府、享有三公的仪仗，后来逐渐演变为给高级官员的待遇，在唐代就成了加给从一品高官的散官，"检校尚书右仆射"也是唐代惯例授予高官的散官，"使持节，泾州诸军事"是刘昌的差使，以钦差的身份监督泾州的军事，"泾州刺史兼御史大夫"才是他的本官，是他实际上的主要工作，"御史大夫"是兼职，极可能也是散官，"上柱国"是勋官，"南川郡王"是爵位，"司空"是追赠的。但凡是高官，待遇高、兼职多，难免官衔一长串。比如三国里面的刘备，一出场自报家门"汉宜城亭侯、左将军领豫州牧、皇叔刘备"，分别表示爵位、本官、兼职和皇叔的身份。

官衔最复杂的，可能要数宋朝。宋朝统治者人为地制造官制的复杂性，让官员交叉任职，所以出现了本官、加官、差使等名目。比如，北宋张大人的官衔可能是"楚国公，崇文院直院，刑部侍郎，知大名府事，河北经略安抚副使"。其中"楚国公"是爵位，"崇文院直院"是"馆职"（宋朝给文官的授职），"刑部侍郎"是"本官"，决定他的职位和待遇的职位，"知大名府事""河北经略安抚副使"是"差使",说明张大人的主要工作是大名知府、河北路的二把手。那他平时在哪办公呢?在河北大名府。当然了,宋朝的官制是出了名的复杂,属于特殊情况。下面,我们以清朝官员的任命制度为例,来解说古代的官员人事制度。

笔者把人事权根据官员任免过程分割成三项相互关联的权力,分别是:提名权、审核权和决定权。三项权力连贯起来就是一个完整的官员任免过程。

从理论上来说,所有的官员都只能由皇帝来任命。全天下官员理论上都是皇帝的雇员,应该由皇帝来任命。但是在实践当中,皇帝不可能这么做,不然他会累死的,所以皇帝必须把权力分割下放。于是,在官职出现空缺的时候,皇帝就让大臣们先在符合条件的官员中提名几个人,上报自己决定。提名权和审核权,就这么从大的人事权中分割了出来。两者是连在一起的,因为提名的同时要进行审核。皇帝只保留最终的决定权。再考虑到皇帝不可能时时事事亲力亲为,所以绝大多数人选,皇帝看提名上来的是谁就决定是谁。所以这三项权力当中,提名权反而成为最关键的权力。如果拥有提名权的那个人不提名某个官员,这个官员根本就不可能进入到任免流程当中。这就好像是美国大选,两党竞争,每党提名一个候选人来决战。党内提名就非常重要,谁获得了党内提名,就起码成功了一半,如果没有获得提名,他根本就不可能参加大选。所以,提名权在实践中就成了要害。

在讲解具体制度之前,我们必须明确,官员人事制度只是理论上的,皇帝随时可以打破。因为皇权至高无上,皇帝也认识到人事权的重要性,常常打破成规、绕开制度,直接任免官员。乾隆前期,热河都统出缺,需要任命新官员。吏部提名了几个候选人,把觉得最合适的人排在第一个。皇帝一般也只看第一个,觉得没问题了就画个圈。这桩人事任命就完成了。但是这回,乾隆皇帝没有圈任何一个提名候选人,而是在旁边写了一个新名字"李侍尧"。皇帝的意思很明确,要把热河都统给这个李侍尧。折子返回来后,大臣们很吃惊,李侍尧是谁?这个人根本就不在考察范围内啊!一查,李侍尧是御前侍卫,不符合热河都统的任职资格。大臣们就跟乾隆说,第一,李侍尧的资历太浅。热河都统掌管整个热河地区的军政大权,作为封疆大吏,李侍尧太年轻,当官没几年,资历不符。乾隆皇帝说,资历是虚的,能力才重要,资历这条就免了。大臣们又说,第二,热河都统是八旗驻军长官,由满族人出任,但是李侍尧是个汉人。汉人管理八旗,不合适。乾隆皇帝说,李侍尧是汉人,但是他的祖先在我大清入关之前就已经编入汉军旗,算是半个满族人。最后,乾隆皇帝力排众议,任命李侍尧为热河都统。李侍尧后来当过两广总督、云贵总督、内阁大学士,是乾隆的亲信大臣。这个例子充分说明:一切人事任免制度和规定,在皇权面前脆弱不堪。唐朝的时候,皇帝不顾制度,打破常规任命官员,往往斜封委任状,多少有点心虚。这些官员由此得名"斜封官"。到了明清,皇帝基本上想任命谁就任命谁。

皇帝干预人事,更多是出于政治方面的考虑。朝廷正常的人事制度,更多的是从管理角度思考,难免陷入琐碎的技术性泥潭——这也是皇帝绕开正常制度的重要原因。抛去政治考量和权力斗争不谈,什么样的官员能上呢?这个问题就甩给具体的技术性规定来解决了。在清朝官员任命当中,最主要的是两个方面因素,一是官员的"资历",一是官员的"班次"。

资历又包括"资格"和"履历"。我们先说资格。清朝给官职规定了不同的任职资格。比如,热河都统由满族人担任,奉天府尹由满族人担任,顺天府尹则由汉族人担任,这是民族资格。比如,学政必须由科甲官员担任,内务府官员必须由上三旗的包衣担任,这是出身的限制。如果一个官员资格不符合,就不能进入任命流程,其他所有东西都免谈了。最简单的例子,敬事房总管必须是太监,正常人根本不可能进入敬事房总管的候选范围。再比如,内阁大学士空缺,那七品知县符不符合任职资格呢?不符合。因为各种资格相差得太悬殊了。大体上,官职越往上走,各种各样的要求就越多。

再说履历。履历简单说,就是一个官员的任职经历。清朝一般是三年准调、五年准升。一个刚任职半年的官员,就想去竞争另一个职位,那在履历上就不符合。比如,一个人要去竞争巡抚,就要考察他有没有在地方上担任过布政使、按察使等,有没有在部院担任过侍郎等官职,尤其是有没有担任正印官独当一面的经历。他说自己给皇上牵过马,担任过侍卫,现在要竞争巡抚,可惜他的这段履历不具有竞争力。清朝有个名词叫"历俸",就是领取了多少时间的俸禄,其实说的是资历。一些岗位的历俸有特殊的规定,比如烟瘴缺(任职地是烟瘴之地)、苗疆缺(任职地在西南少数民族地区)、沿海缺(福建、广东沿海和整个台湾)、沿江缺。这些任职地条件艰苦,所以有政策倾斜照顾,可以历俸以少抵多。比如,清朝时的厦门是个危险、艰苦的地区,常常成为前线,在这个地方任职满两年,可能抵得上三年的平常历俸。当然了,历俸的换算有一套复杂的标准。此外,清朝把地方官缺按照重要难易程度做了分类,分类有四个标准:冲、繁、疲、难。冲,指地当孔道;繁,指政务纷纭;疲,指赋多逋欠;难,指民风刁悍、命盗案多。这个制度萌发于明代。如果一个地方把四个标准全占了,此地官缺就是"最要缺";占了三项,就是"要缺";占了两项,则是"中缺";一个地方如果只占了一项或者四项全无,那就是"简缺"。地方官缺就由此被划为四个等级,中央及其他衙门的职位也仿照化为不同的等级。[1]以浙江省为例,杭州知府是最要缺,台州知府是中缺,台州下辖的温岭知县是简缺。新科进士分配到地方,都是出任简缺。担任最要缺或者要缺,要有中缺或者简缺任职经历。一个人从简缺调到最要缺,实际上是一种升迁。清朝江苏省淮安府是最要缺。因为淮安府是京杭大运河和黄河夺淮入海的交汇处,此地长年累月有水患,又是漕运总督和河道总督的驻扎地。淮安府治所所在的山阳县(现江苏省淮安市淮安区),知县也是最要缺。如果镇江知府调任淮安知府,虽然品级相等,实质上则是升迁。朝廷不可能搁置最要缺官员,把一个简缺官员升迁到更高级职位。

万一两个官员资格相同,履历也一样,也就是说资历相同,那怎么排出先后呢?这就要看班次了。班次把文武官员分成"六班":除班、升班、补班、改班、调班、转班。除班,指的是新录用的官员,没有任职经历,第一次出任官职。升班,升迁的班次,某个官员被归入升班,遇到合适的上级职位就可候选。

---

[1] 随着实际情况的变化,朝廷会对地方官缺做出相应调整。比如,原来政务繁多、案件频发的地方,后来变为政务简单、民风淳朴之地;原来地处要道的州县,因为河川改道、水路交通变更,反而变成了平常无奇的城池,当地的官缺要随之变化等级。

补班，指的是官员因为生病、终养、丁忧或者处分等原因去职，现在要重新回归，等候职位。改班，指的是官员现有职位不太合适，需要改任他职。比如，他现任知县，上司觉得他不适合治民理政，申请把他改任教职，或者现任盐务官员，申请改调州县实职，这叫改班。调班，指的是平级调动，或者调整部门。转班，指的是同一个系统里转任，比如工部的右侍郎转为左侍郎，是按照正常的顺序转动。所有的官员都可以根据现有的任职情况和可能的发展方向，划分到不同的班次里。资历完全相同的官员，也可以归入不同的班次。班次不同，任职顺序是不同的；不同的职位，也有倾向性的班次。比如，某些职位优先任命补班的人，一些简缺优先任命除班的人，另一些职位则有"先调后补再升"或者"一改一除"等类似规定。不同的时候，空缺出来的职位不同，不同的班次在竞争这些职位时先后顺序不同，这就分出了不同的候选队伍。

班次除了"六班"，还有一项内容是"顺次"。顺次是在长期的行政管理和政治实践中摸索出来的一些任免的惯例，进而塑造了不同官职的"发展轨迹"。比如，大家默认按察使应该升布政使；布政使应升巡抚；副都统应升都统。又比如，都察院御史和翰林院编修外放地方，一般出任知府，如果候选道台就是高升。而知县在升迁为知府之前，大家默认应该经过知州、通判进而同知的历练。中央各部主事是七品官，地方知县也是七品官，主事空缺了，为什么不调外省知县来填补呢？因为大家默认主事应该在朝廷部院当中调剂。这就是顺次。

谈到官员任免，可谈可议的内容很多，有的人写得很复杂，其实大同小异，都可以归纳为资历和班次的问题。根据资格、班次，天下所有官员都能排列出任免顺序来。这两方面规定的条条框框越来越多，官员们的人事顺序就排列得越细致、越有秩序。当然了，资格和班次只是大原则，在现实中还有诸多的强调和注意事项。

古代官员任免当中，资历（历俸）是很重要的考察标准。"较俸升转"是官员人事制度的重要原则。根据官员领取俸禄时间的长短来决定是升迁还是调动。这类似于论资排辈，到底是好还是不好呢？秦汉时期官员任免并没有一成不变的硬杠杠。到了北魏时，崔亮担任吏部尚书，觉得当时官员任免乱象百出。很多官员凭借掌握的武力，官职升迁得特别快，还有就是跟皇帝亲近的人当官容易，升官也快。很多埋头苦干、兢兢业业的官员，反而沉沦下僚，十几年甚至几十年得不到升转。崔亮觉得这样不好，要统一标准，于是制定了"停年格"。停年格，简单而言就是根据官员当官年头的多少来决定职位升转的顺序。从此以后，资历就变成了官员人事中的重要标准。很多人批评这个标准不好。官员当官时间长，能力就高吗？事实证明，一个人资格深浅跟他的能力素质并没有必然关系。如果一味去考虑资历的话，最后官员们都"进化"成庸碌无为、不求无功但求无过的人，反正只要是时间够了就能升官。而很多才华横溢、意气风发的年轻人就被埋没掉了。的确，那会是悲哀的结果。大家都觉得这样不好。历朝历代都觉得要不拘一格提拔人才，但是历朝历代又强化从北魏开始的重资历的做法。这又是为什么呢？因为重资历有它的合理性。

第一，有标准总比没有标准好。能力也好，素质也好，这两点没有统一的衡量标准。一个官员在跟老百姓打交道时能力出众、平易近人，但他不一定是一个好的司法官员，也不一定擅长经济。而另一个官员在财政税收方面有天赋，但他不一定善于跟人打交道，不善于做思想政治工作。所以，能力和素质也好，政绩也好，都是无形的、主观性的，可以掩饰，可以表演的。但是当官时间的长短，是明确的、硬碰硬的。如果不看资历，纯粹以无形的或者主观性的标准来决定官员进退，最后吃亏的还是那些不善交际、埋头苦干、又没有家庭背景的官员。所以，简单的硬性标准是有它的合理性的。

第二，重资历在实践操作中也有合理性。官员知道自己资历够了就有机会被选拔，那只要安心把工作做好就行，不用到处走关系，不用搞一些形象工程、面子工程，更不用贿赂长官了，因为硬标准就摆在那里。这在客观上稳定了官员队伍的人心和士气。

所以，尽管重资历有它的问题，但从北魏开始资历就成了中国官员人事制度的重要标准。任何一个制度、任何一个概念如果没有合理性存在，它是不可能流传下来的。

清朝的官员顺次经过几百年的实践，形成了一整套详细的、系统的制度。内阁大学士出缺，由各部尚书和都察院左都御史依次升迁；各部尚书和左都御史出缺，由各部侍郎、内阁学士、左副都御史、通政使、大理寺卿、詹事依次升迁。不同的官职有不同的升迁顺次。一个官员的仕途起步，很大程度上就决定了他日后的职务走向。比如，两个新科进士一个去地方当知县，一个入选翰林院当编修，从此就走上了两条不同的官场道路。编修可以升迁什么官，知县可以升迁什么官，都是有标准的。哪怕是这两个进士都入选翰林院，都做了编修，但在下一步，一个人调都察院当御史，接下去可以谋求外放地方知府，也可以在都察院内部谋求升迁为副都御史；另一个人留在翰林院逐步升迁为修撰、侍讲、侍读、侍读学士，再升迁为翰林学士。这两个当年的同科进士，进入不同的顺次，产生了完全不同的仕途道路。当然了，他们最后可能殊途同归，一个是左都御史，一个是地方总督，都可以谋求内阁大学士职务。但这种可能性很小，更大的可能是两人走上了不同的人生道路。

官员任免流程

上面所说的官员人事制度的硬杠杠，在官员任免流程中陆续发挥作用，各有轻重，组合发力。下面，我们就来看看清朝官员的任免程序怎么从开启到完成的。

第一道程序是开缺。清朝人事制度把官员称为"员"，职位称为"缺"，开缺的意思就是职位出现了空缺。开缺有两种可能，第一种可能是因为官员暴毙、丁忧、生病等原因导致职位空缺。出缺以后，当地督抚要及时把职位空缺情况汇报给吏部，文件到达吏部的那一天开始，此职位正式开缺，进入正常的任免程序。第二种可能是，现任官员工作太差，或者腐败枉法，皇帝直接下旨将他革职甚至杀头，也可能是督抚弹劾他，将他即行摘印。从现任官员去职那一天开始，这个职位开缺，要开始新的任免程序。开缺有很多把戏在里面。首先开缺需要漫长的时间，从职位空缺到信息传到吏部，期间公文往来，可能需要一两个月时间。尤其是第一种情况,地方督抚不及时向朝廷汇报,就可以把这个职位控制在自己手里。

第二道程序是投状。投状就是官员申请参与空缺职位的竞争,需要写一个供状,写明姓名、籍贯、履历等,一般都要求地方官府或原有部门盖印证明(出一个印结),然后投送到吏部。参加投状的有两类人,第一类是没有实职的官员,比如长期病休的官员现在病好了重新申请工作,或者是丁忧官员守孝期满后重新出来工作;第二类是在职官员,符合调动、升迁等条件,也可以参加投状。吏部每月都对开缺官职进行任命,在限定日期之前投状到部的官员都可以参加挑选。如果误期了,就只能等下个月的机会了。

第三道程序是复核。复核就是吏部核查官员的情况,看供状是否真实准确,看官员是否符合本次空缺职位的任职要求。

第四道程序是掣签,就是抓阄决定员缺的搭配。有两个箱子,一个箱子放着开缺的官职名称,另一个箱子里放着通过复核、排在首要班次的候选官员名字,然后抓阄。比如,本月天下空缺十个知县职位,每个职位写到一张纸条放进箱子里;另一个箱子里可能放着一百个候选官员的名字。主持人从第一个箱子里抽出一张纸条,当众念"顺天府良乡县",再从第二个箱子里抽出一个纸条,也当众念"江西省张某某,进士"。这就意味着,江西省进士出身的张某某,将出任顺天府良乡知县。这个过程就叫掣签。

抓阄决定官员职务,这靠谱吗?抓阄这个东西,合理不合理跟重资历的道理是一样的。掣签是明朝发明的,目的是杜绝塞条子、打招呼,跑官要官的丑相。当时就有人说,用掣签来决定官员命运不合理。可如果不用掣签,用什么其他办法决定官员流向呢?只要能够保证掣签在执行过程中公开、透明、公正,它就尽可能地做到了合理。程序正义如果做好,就接近了真实正义。很多事情就怕程序不正义,否则还谈什么事实正义?

掣签跟广大官员的利益切身相关,它在明清时就变成了重大事件,朝野瞩目。掣签在天安门前举行。明清没有天安门广场,当时的天安门前是一个丁字形的空间,一条东西长街加一条南北的长过道。长街的东边,现在天安门东地铁站附近有一道门，叫作龙门；长街的西边，现在天安门西地铁站附近有一道门，叫作虎门，似乎是取"左青龙右白虎"之意。龙门旁边有一个金榜，每次新科进士的录取名单就贴在上面，所以叫金榜题名。那些中式的贫寒书生就在这里"鲤鱼跳龙门"。龙门附近还干一件事——掣签。那虎门干什么用呢？每次秋审，在天安门前的狭长过道上举行，归入情实的死囚，推出虎门行刑，真正是"落入虎口"。其他死囚则归入死缓，继续关押，可以逃离虎口了。

掣签当天，王公大臣现场坐镇，吏部司员、主事出面执行。同时，都察院河南道御史在场监督。因为河南道御史分管监察吏部，所以到场监督。掣签允许官员围观，结果当场唱出。清朝一般每月掣签三回，上旬抽取满族、蒙古族官缺，中旬抽笔帖式，下旬抽汉族官缺。此外又分双月选和单月选，单月抽的是转、调、改等班次，双月抽的是除和升等班次。双月选又被称为大选，关注的人多，这是因为双月抽的是升官和除官的人。单月选的候选人都是现任官员，因事调剂一下，也叫作急选。掣签结果公开公布，到了清朝末年有报纸了，每个月掣签结果要在报纸上公开。

第五道程序是验看，就是掣签的结果还要进行审核。吏部把抽中的官员叫过来看看，看他是不是有病，是不是符合任职条件，吏部堂官或王公大臣主持验看。这是第二轮的复核。

验看之后还要引见，引见是第六道程序。吏部把验看合格的官员，尤其是第一次任职的或者将出任关键岗位的官员，引荐给皇帝御览。当然了，那么多人皇帝不可能一一观察。皇帝一次会象征性地召见很多官员，吏部每次引见十来个官员，皇帝扫一下他们的名牌（上面有官员信息和简单履历），说一声你们跪安吧，所有人集体磕头退出，就算引见完成了。遇到雍正皇帝那样的工作狂，或者是引见要重点栽培的官员，君臣之间就会有实质性的对话，有长时间的交流，有时皇帝会多次召见官员。引见环节还真能淘汰部分官员。皇帝会在官员的名牌上批注意见，他的意见就是圣旨，可以更改已有的人事结果。皇帝罢黜不满意的官员，调整不恰当的官员，破格任用中意的官员，都是有可能的。清朝光绪皇帝就在引见环节发现了一个半文盲的四川盐法道，进而曝出了宠妃珍妃卖官鬻爵的事件。

通过了皇帝的法眼,就到了最后一个环节——给凭,就是授予官员赴任的凭证。古时候,一个人风尘仆仆而来,扬言自己是新来的知府,别人凭什么相信他?吏部会给他凭证,叫作"官凭"。上面写明谁谁谁到什么地方担任何官,类似于后来的委任状。同时官员自己有告身,也叫作官身。当年老舍的父亲当御林军,就有个腰牌,相当于告身,上面写着哪个旗什么人,下面还有面貌描述,"面黄无须"。到了清朝末期有照相技术了,就把照片贴在上面。当然了,吏部会把任命程序存档,同时给地方督抚发文,确认官员任免情况。官员完全可以放心赴任,不怕所去地方和所去衙门不认。现在领导干部上任的时候都有上级组织部门的人陪同,到场宣布人事变动。古代官员是单独拿着官凭赴任,没有人护送,更没有上级官员陪同,所以就出现唐僧的父亲赴任江州刺史途中被强盗杀害,强盗冒任刺史的情况。

以上是清朝官员任命的七道程序,其中有两次审核。这两次审核都查什么内容呢?除了基本的姓名、籍贯、家庭等情况外,有三项内容需要说明。第一项是"核事故",就是看官员身上有没有背着处分,有没有受到降级、革职留任等处分影响调动,或者有无拖欠税赋、赔补公款未足等情况。康熙初年,苏南地区拖欠税赋严重,有一位探花因为自家拖延一个铜板的税钱,结果被剥夺了任职资格,俗称"探花不值一文钱"。第二项审查要点是官员的资历。官员人事的重要原则是较俸升转,而官员的资历计算条条框框很多,当官时间相同的官员可能历俸结果相差好多年,即便资历完全相同的官员也因为经历不同可以分出先后。

第三项内容是查回避。回避是古代人事制度的重要内容。它包括:第一,籍贯回避。本省官员不能用本地人,防止地方主义、阻隔利益输送。本省人不仅不能在本省任职,还必须到籍贯五百里外当官。杭州人不能到苏州当官,因为两地还在五百里以内。还有一些特殊的籍贯回避,比如说台湾官员,不能任用福建、广东沿海的人,虽然福建、广东沿海到台湾超过五百里了,但是因为大量福建、广东沿海居民迁移到台湾,朝廷不放心让他们家乡人去治理。但是,教职不用回避。为什么不用回避呢?因为古代没有推行普通话,你让一个广东人去辽宁教书，会误人子弟的，因为老师和学生互相听不懂对方说什么。所以，教职可以用本省人，只是规定不能在本府教书。就是说，四川成都人可以去内江当教职，内江的官员可以去乐山当教职，只要不在本府教书就行。第二，血缘回避，回避的范围是直系亲属和三代以内的叔伯兄弟。近亲属不能有上下隶属关系，也不能在同一个衙门任职。如果亲属担任同一个级别的官员，比如说户部两个司的郎中是堂兄弟，后任职的人免职；如果堂兄弟担任不同品级官员，一个是郎中、一个是主事，品级低的主事免职。但是，如果是直系长辈，不论任职早晚、品级高低，晚辈回避长辈。比如，一个人在河南省当道台，第二年他父亲也到河南省当了一个知县，道台必须去职，儿子必须回避父亲。回避还包括姻亲。官员不能在妻族家乡当官。古代官员是不能在辖区纳妾的，一旦纳妾他必须回避去职。血缘回避有级别限制，内阁大学士、总督、巡抚、尚书、侍郎等高官不在回避行列。如果高官也遵守回避规矩的话，宰相的近亲属岂不是都当不了官了？话说回来，高官任免必须由皇帝点头。皇帝在琢磨高官人选的时候，自然考虑到了回避问题。第三，师生回避。每次科举考试，考中的人都是考官的学生，要自称门生。科举师生之间不能有上下级关系，因为师生之间是有明确的权利和义务关系。门生不仅要定期孝敬、问候老师，在政治上还要听从老师的嘱咐——客观上，门生也需要老师的仕途指导和奥援，也乐意听从老师的嘱咐。如果门生不服从老师，会被同学甚至其他科甲官员轻视；如果门生弹劾老师，更会被人看作是背叛师门、忘恩负义。所以，师生必须回避，防止结党营私。师生回避，基本上是官小的回避官大的。

官员人事过程都是由吏部在操作。吏部官吏们根据硬性的标准和完备的流程，所有官员、所有任免都有章可循。可是它有一个问题：制度运作可能脱离政治实践，依法办事虽然可以做到公平公正，却不一定能选人得当，把合适的人安置到恰当的职位上。

如果你是一名河南知县，擅长治水，遇到黄河决堤，你运筹得当把河堤补好了，因功归入升班，掣签抽到你升任贵州省安顺知府。你到了贵州，发现自己极不适合新工作。因为他在河南是治水的，现在在贵州主要是处理民族矛盾；河南的那个县是农业县，精耕细作，到了安顺，他发现这里基本上处于狩猎粗耕状态。这个工作是不是不适合？贵州当地的官员也会觉得他不适合。吏部让一个外行人去处理民族矛盾可能激化民族矛盾，同时又在水利领域硬生生地夺走了一个内行。类似弊病在各部院更加明显，比如擅长刑事审判的刑部郎中，掣签出任江苏松江知府，一下子从司法系统调去地方行政，可以说是一个错位。这种情况对行政不利，对官员个人发展也不利。这个矛盾怎么解决呢？

刚才所说官员任命程序并不保证人尽其才、选人得当。清朝行政上的说法就是"人地相宜"。对此，朝廷也允许变通，在坚持基本制度的基础上允许地方督抚和部院堂官可以提名部分下属职位的人选。主管上司可以根据部门特点、工作需要，在下属官员中提名本部门空缺职位，免去投状、复核、掣签这些环节，上报验看、引见即可。这就等于是把提名权从吏部转移到了主管上司。

根据提名权归属的不同，清代官职可以分为三大类：选缺、题缺和请旨缺。

选缺还是按照上述的七道程序来任免，吏部控制着选缺职位。这部分官制大概占全天下官职总数的三分之二，大多数是非关键和要害岗位的简缺、中缺。

题缺就是提名权掌握在主管长官手中的官缺。题缺由督抚、堂官以题本的形式上报吏部，一般是要缺。要缺负责事务繁杂，上司对这个职务需要什么样素质的人最了解，他就可以在管辖官员中去提名。比如，吏部有两个职位很要害，一个是文选司的郎中，一个是考功司的郎中，负责事情多，相关法律法规也多，不熟悉人事工作的人还真的适应不了这个岗位。当然了，长官不能乱提名。提名人选必须符合官员任职的一般要求。比如，浙江巡抚不能提名一名县丞升任知府。如果你违反了任职的原则要求，不仅提名无效，提名者也要承担连带责任，降职调离。在古代政治中，官员任免存在连带责任，识人不当、荐人失当是要负连带责任的。所以，不是说提名权就有多好，官员要对提名行为终身负责。所以题缺的选择，主管官员是相当慎重的。

请旨缺，有很多其他名称如"开列缺""特旨缺"等等，都是需要皇帝御批恩准的职位。请旨缺不是高官显贵，就是极为关键的岗位。内阁大学士级别的官员出缺，吏部不好出面提名，又没有主管上司，怎么办？秦汉唐宋时期，宰相缺人,朝廷在小范围的王公大臣内让大家互推,叫作廷推。清朝取消了廷推,最高级别的官员,包括军机大臣、内阁大学士、尚书侍郎、左都御史,还包括各省督抚,直接由皇帝指定。大臣无权干涉。次级别的高官,比如,各省布政使、按察使、顺天府尹以及关键岗位;比如,部分要地的道台、知府、盐运使等,开缺后由吏部把符合条件的候选人列出名单("开列"),呈送皇帝裁决。

题缺大概占天下官职的四分之一到三分之一,请旨缺则更少。这三种官缺任命程序不同,不能混用。吏部不能掣签题缺,主管长官也不能提名选缺,否则都要被惩罚。三种官缺相对固定,如果随着实际情况变化需要调整官缺类型,要严格履行手续。地方督抚要把选缺改为题缺,一般要把同等数额的题缺调整为选缺。这是为了防止人事权向任何一方倾斜。

最后,如何评价古代官员人事制度呢?这套制度的第一个特点是人事权自上而下,实权都控制在皇帝或者主管长官手里。中文中的"选举",本意就是自上而下的选拔。清代无论哪种官缺,理论上最后都要由皇帝决定。皇帝如果觉得不妥,可以随时叫停任何一道程序,也可以随时更改结果。皇权至高无上,所有制度都敌不过皇权。一个官员哪怕再不符合资格,皇帝认可他就行。古文当中有个"擢"字,还有一个词叫"超拔",就是打破常规,破格任用的意思。清朝前期,皇帝任命过新科进士直接担任知府,也曾经超拔翰林院检讨出任按察使。每逢新皇登基,为了显示求贤若渴,都会下诏,要各地举荐人才。举荐而来的人才任命难免破除旧制。

皇权把控人事权,这点容易理解,那地方督抚如何操纵地方官职任免、部院堂官如何掌握属下官缺呢?主管长官在实际操作中,有很多手段把职位"半合法"地操控在手中。题缺肯定是掌握在上司手里,那么选缺为什么也掌握在上司手里呢?举个例子,一名官员掣签抽中了湖南浏阳知县,拿着官凭到长沙。湖南巡抚不喜欢这个人,就把他留在省会安排其他工作(一般是临时差使),不让他上任。比如押运银两赴京、协助审案等等,一耽搁就是几个月,浏阳知县就空在那儿,或者湖南零陵知县丁忧,湖南巡抚迟迟不把开缺信息报告吏部,那么零陵知县也空缺在那儿,湖南巡抚就可以委派知县级别的官员代理浏阳、零陵知县。

而两位代理知县原有的职位，又出现新的空缺。到清朝后期，满眼望去，地方官员十个有九个都是代理的。直管上司通过滞延实职官员到任，或者频繁调动官员去办差，再让官员交叉代理，导致官员和职位相分离，进而让中意的官员代理重要的、优裕的官职，把不喜欢的人贬到冷僻职位去。

直属上司还常常突破题缺范围，越权提名官员，导致吏部意见很大。皇帝仲裁吏部和直属上司的纠纷，往往倾向地方督抚和部院堂官。皇帝更多是出于人地相宜的考虑，相信独当一面的高官更熟悉政治实情，要给他们适度授权。此外，直接上司拥有考核下级官员的权力，可以定下属称职不称职。上司的评语可以决定下属的进退祸福，因此下属不得不唯上司马首是瞻。总之，虽然理论上所有官员都是朝廷命官，在法律上、人格上是平等的，虽然理论上所有官职都是国家名器，不可私相授受，但主管上司的人事实权很大。

官员人事制度的第二个特点是重内轻外。重内指的是偏重中央官员，轻视地方官员，比如，在资历方面，在中央任职两年等同于在地方上任职三年的资历。明清时京官外放地方很容易，地方官员想上调中央很难。每一年都有不少京官外放地方，而且常常都是升职，而能有一两个地方官上调朝廷就算不错了。北宋宰相王钦若政坛失意，罢相外放杭州知州，到任时下属官员都过来参拜。王钦若看到有一个年迈的县尉走路都走不稳了，被人搀扶着上堂。他觉得这个老县尉都这样了还在那儿误人误己，就有心将他弹劾罢免。结果一看档案，王钦若吓了一大跳，这个年迈体弱的县尉竟然是自己同年进士。很多新科进士分配做地方知县，有可能就当一辈子知县了；如果入选翰林院，二十年后当不了内阁大学士，出任侍郎、布政使等的可能性也很大。这就导致明清时期，很多新科进士听说分配地方知县，哭着喊着不愿意上任。

京官在中央工作，比较熟悉宏观大局，熟悉规章制度；而地方上的知县，工作局限于基层县乡，视野不如京官开阔。古代人事制度看重中央任职经历是有一定合理性的。清朝比较看重军机章京的任职经历，三五年准升，一般都能够升为知府或道台，可是地方知县，三五年能从简缺升为中缺就已经算不错了。

官员人事制度的第三个特点是看重出身。举个例子，云南偏僻县里出来的进士和江苏苏州名门望族出来的进士，如果不出意外，他们的仕途的发展会有天差地别。再举个例子，一名官员是小吏出身，另一名官员是翰林编修出身，二十年后仕途发展也会有天地之别。在清朝，满族上三旗的小伙子，只要能写得一手工整的字，和一个安徽或者江西寒窗苦读十年的汉族读书人，仕途差距也会天差地别，这都是出身造成的。刚才对比的三组人，能力和素质不见得就相差很多，但长远发展有天壤之别。

出身当中，进士最占优势，宋朝以后，明清达到了巅峰，非进士不得入选翰林，非翰林不得入选内阁。进士身份成了飞黄腾达的标配。家庭背景的影响也很大。明清时期，有两个地方盛产高官，一个是江苏省苏州，一个是安徽省徽州，其中就是出身在施加影响。在任免时，大家潜意识里就觉得这两个地方人文荟萃，官员素质比其他地方的人要强。清朝是"宗室无外任，满蒙无微员"，人事制度倾向宗室成员、满族人和蒙古族人。宗室无外任指皇亲国戚不到地方任职，当然这也不是绝对的，皇亲国戚也可以到地方上去任职，但是不能出任道台以下的官职。满蒙无微员也不是绝对的，清朝有不少满族、蒙古族出身的知县知州，只不过没有佐杂小官。这就是古代人事制度的三大特点。

古代政治的自我监察

古代政府的监察，主要有两个方面：一是日常工作的督察，一是定期的全面考察。

先来讲日常督察工作。古代官府内部的常规监察由御史台、六科给事中负责。清朝台谏合一，就统归都察院负责。御史和给事中们监察百官，督促行政，这是中国古代政治制度的自我监督、自我纠察机制。御史的工作始终是向下的，官员有没有违法违规、政府机构有没有正常运作、效率怎么样，这些是御史的工作内容。而给事中的眼光原本是向上的。它原来是门下省官制，负责审核最高决策，后来宰相被废除，三省也没了，但是给事中保留了下来。明清设置六科给事中，对应六部的政务。给事中有审核圣旨的特权，如果觉得不合适，可以强硬地封驳，等于是否决皇帝的决策——这种情况在现实中出现不多。皇帝总是不愿意监察机构把矛头对准自己，所以到雍正的时候废除了给事中封驳圣旨的特权，给事中并入都察院，给事中就只剩监督圣旨执行的功能了。圣旨或各种朱批奏折、题本，先送到给事中那儿登记，并抄录存档。各科给事中接着把圣旨发往对应部门，然后定期检查圣旨和朱批的执行情况。此举更多含有监督行政效率的意味。有两个专有名词："注销"和"刷卷"。六科会定期将各部门的政务登记造册，然后定期检查，销掉已经完成的，同时发现、追究没有完成或者延滞的政务，称为"注销"。这带有行政绩效督察的意味。因为中央部院的行政绩效关系重大，所以针对中央部门的行政绩效还有"刷卷"制度，做法与注销类同，带有强化督察的意味。

御史还是干原来的事情。御史品级不高，也就六七品，但是权力很大。权力大到什么程度呢？首先，御史可以直接上奏皇帝，而且是毫无根据地上奏，可以弹劾检举任何人。这点很重要。司法刑狱有一个很重要的标准，那就是凡事需要有证据。但是御史可以没有证据，"风闻言事"，就是他听到什么风声，都可以向皇帝检举揭发。揭发举报的对象，从不入流的小官一直到一品高官，没有限制。其次，每一道御史负责监督一个或者好几个部门。对应部门相关的政务，御史都可以监督、检举和弹劾。所以，御史的权力很大，他们受到的约束也多。他们除了要接受定期的全面考察外，还要接受每年额外的考核，以定优劣。

地方官员的日常监察，是上级官员监察下级，最后统于一省的督抚。在中央集权的制度设计下，权力是一级级向上收，上司完全可以通过政务的汇总、决策申报过程监督下属的工作情况。他们随时可以训诫、弹劾下属。古代交通、通讯虽然不便，地方官府也定期不定期地召集官员聚会。"衙参"一词，说的就是地方官集体参拜上司，比如逢节庆、遇大事，各县知县衙参知府，除了汇报工作外，上司也可以查验下属的工作。

除了上述日常督察，各个朝代都定期对天下官员进行考核。比如秦汉魏晋时期，朝廷每年度要求地方官府上报政务情况，称为"上计"，以此来定地方官员的优劣。有专门官吏负责上计业务。北魏时期的枭雄高欢，年轻时就是往返北方边镇和首都洛阳的一名"上计吏"。清朝以"京察"与"大计"为官员考核定制，每三年一次。京察是对京官进行考核，大计是对地方官进行考核。这种考核首先也是分级别进行的。一、二品高官到期把自己三年来的工作总结写好，由吏部统一收集后，直接呈送给皇帝，由皇帝直接考核高官的优劣。地方上的总督、巡抚也好，中央的大学士、尚书、侍郎也好，都是这么考核的；三品左右的京官没有资格由皇帝直接审核，比如，内阁学士、侍读侍讲学士、各寺卿等。他们写好各自的工作总结，由吏部引见给皇帝，由皇帝进行集体考核。剩下来的中低级京官，在各自的衙门接受考核，由所部堂官负责。这就是京官的考核"京察"。京察分成一、二、三等。京察一等一般都会引见给皇帝，归入升班，有合适的空缺就提拔。

地方官员的"大计"的考核层次也很分明。皇帝直接考核总督、巡抚。督抚对布政使、按察使进行考核，书写评语上报吏部；布政使、按察使对各道、各府进行考核，书写评语上报督抚；各个知府对辖下各县知县、各佐杂管进行考核，知县再对辖下佐杂官进行考核。大计以"四格"为标准注考，四格分别是守、才、政、年（即品德操守、才学能力、政绩、年龄身体）。四格当中的"政"，政绩考核，又俗称"考成"。地方官员的考成，可以包含钱粮赋税有无按时押解、辖区案件有无及时审结等等，特定地方可能还包括漕运有无延误、食盐销售有无完成定额等等。这些都是考核的硬杠杠。考核评级分为卓异、供职两等。卓异有定额限制，仅占被考核的道以下官员的十五分之一，一般每省也就两三人。卓异官员报吏部备案，也归入升班。当然了，长官都要对京察一等、大计卓异的评价承担相应的责任，这是为了防止考察失当。对于贪官昏官糊涂官，上司按照"八法"参劾。八法分别是八条标准：贪、酷、不谨、疲软、浮躁、才力不济、年老、有疾。遭到参劾的官员，要受到相应的处罚。

清朝行政处罚分哪几等呢？第一等是最轻的，叫罚俸，就是扣发工资。罚俸从一个月到罚俸两年不等；罚俸之上是降级，就是降低品级。降级又分为降一级、降两级、降三级和降级留任、降级调任等不同的处罚；降级再上的处罚就更重了,是革职,就是革去官职。革职又分为革职留任、革职、革职永不叙用三等。为什么革职还要加一个"永不叙用"?因为革职以后,是可以重新当官的,叫作"开复"。但是如果注明了是革职永不叙用,就不适合开复了。开复是指被革职官员符合一定的条件,比如说立下大功,或者捐纳一大笔钱支援国家,就可以开复了。早在秦汉,就有官员拿钱赎罪的做法。西汉李广出击匈奴,全军覆没,要治罪,他就用钱赎罪。晚清时期,大臣崇厚对沙俄谈判,丧权辱国,被革职为民,后来就通过捐纳开复的。当然了,皇帝圣旨是最大的开复条件。只要皇帝首肯,任何处罚都可以抵消。第一次鸦片战争期间,主战的林则徐和主和的琦善都被革职,后来又圣旨复官,林则徐东山再起当上了广西巡抚,琦善也位至四川总督。

官员处分有一对重要概念,那就是"公罪"与"私罪"。处罚官员之前,先要弄清楚他犯下的是公罪还是私罪。这是清朝行政法的一项重要内容,也是处分官员的首要条件。简单说,公罪是因公导致的错误,私罪是因为个人问题导致的错误。比如,官方文书的写作和行文有严格的规定。如果某个衙门的官文,遇到应该避讳的字词没有避讳,具体经手的官员把关不严,犯了"僭越"的罪;他的上司,也要承担"失察"的罪名。僭越属于私罪,失察属于公罪。贪污受贿、敲诈勒索、强抢民女等都属于私罪,而瘟疫、山洪、连坐[1]等属于公罪。我们再以战争为例子。两军对垒,官员甲看到敌强我弱,临阵退缩,导致全军覆没,而官员乙明明知道敌强我弱,依然奋战到底,导致全军覆没。从结果上来说,甲乙两人都是全军覆没,但甲犯的是私罪,乙犯的是公罪。区分公罪和私罪的最主要标准,就看有没有主观故意。

公罪和私罪,后果相同,处罚却大不相同。清朝私罪的处罚要重于公罪,一般是在公罪的处罚基础上"罪加一等"。很多公罪处罚,只是记录在档案中,并不影响官员的调动、升迁;朝廷允许官员用其他条件,抵消公罪处罚。而私罪处罚,是要影响官员的调动和升迁的,同时多数私罪处罚,不允许抵消。比如,同

---

[1] 连坐:因他人犯罪而使与犯罪者有一定关系的人连带受刑的制度。

样是革职，因为公罪导致的革职允许捐钱、军功或者其他人的保举而开复，而私罪不允许开复。这是因为公罪在具体工作中是难以避免的。承担职责越多的人，干活越多的人，出错的概率就越大。一个整天不干事的人，是不会犯公罪的。公罪从宽，私罪从严，这样才能赏罚分明。

与处罚相对的是奖励，皇帝赏赐实物和归入升班待用，都是奖励。另外，制度性的行政奖励，主要是加级和记录。加级就是提升官员的级别，但是不提拔职务，所以出现正五品的知县也不是没有可能的；记录类似于后代的记功，记录四次等于加一级。清朝官员超额完成任务或者立下功劳，可以获得相应的赏赐。比如，超额完成税收任务的百分之多少，可获得加级的奖励。还有就是，知县任满要升职调任了，百姓拦着不让走，又集体上访，朝廷不得不允许这名知县留任，但是级别提升。康熙年间，浙江定海就出现过四品衔知县，在任二十多年，官民和睦，每次要升官了，老百姓都拦着不让走，最终就采取加级留任的权宜之计。

需要注意的是，清朝允许奖励和处罚相抵。比如，某名官员办事疏漏，按律要受降一级处分，而他恰好之前有过加一级奖励，就可以奖罚相抵，不受实质处分。这个情况比较复杂，因为清朝又规定了许多不能奖罚相抵的情况。具体如何操作，就要问吏部熟悉案牍、经验丰富的刀笔吏了。

古代政治的自我监察情况执行得怎么样呢？执行得不怎么样。

事实上，在皇权专制、中央集权的大背景下，自我监察不可能真正起效。都察院设立的本意是为官僚制度树立批评者。在实践中，言官们成了整齐划一的"歌颂者"，凡事都是"循例奏报"。乾隆皇帝曾批评言官："科道为朝廷耳目之官。朕广开言路，奖励多方。并令翰林郎中参领等官，皆得建言。原冀有裨国是，乃数年中条奏虽多，非猥琐陋见，即剿袭陈言。求其见诸施行，能收实效者为何事乎！近日即科道官敷奏者，亦属寥寥。即间有条陈，多无可采。"嘉庆皇帝则斥道："朕近阅臣工条奏者，累牍连篇，率多摭拾浮词、毛举细故，其中荒唐可笑留中不肯宣示者，尚不知凡几。"

地方大计，由下而上逐级考察后汇总于督抚。上下级官员日常多有交流，各种人情世故交叉，到了三年考察期怎么可能做到公正评价呢？何况上下级官员在政务方面早就被捆绑成了利益共同体,一荣俱荣、一损俱损。上司检举下级贪污腐败、徇私枉法,自身也要承担失察的责任。更何况,今日的布政使,明天就可能调到他省出任巡抚,所以,巡抚何必得罪他呢?今日的知县才三四十岁,还有二三十年的前途,而今日的知府,年近花甲,可能还指望着他日仰仗年轻知县呢,所以,知府何苦为难知县呢?还有一个现实困难,上下级的任职时间并不同步,上司任期短,并不了解下属,或者下属刚刚上任,恰好遇到大计,上司如何评价?清朝道光年间的张集馨由御史外放山西朔州知府,上任伊始就要给下属知县、佐杂官出"考语"。他只能老老实实说"尚未相熟,难以遽评"。官员的优劣好坏,也不是上司的只言片语能够概括的。

这种让长官考评下属的定期考核,结果往往是你好我好大家好,注定实际成效不大,或者,各地督抚"临时亦只奉行故事,甚至开奔竞之门"(《咸丰皇帝实录》卷二百六)。我们知道,自然生态系统,要在各个物种之间保证动态的平衡,而不是让一个物种进行自我调节。中国古代的监察制度其实就类似让一个物种来自我调节,虽然能发现一点问题,但是不要指望能发现根子上的问题,也不要指望官僚系统会自我治愈体内的顽疾、癌症。依靠现有官僚体制来防止自身产生弊端,很难收到实效,常常是"新弊生于防弊之中"。

古代帝王估计对正常的监察体制也多有不满,所有常常创办特务机构来弥补、来强化对官僚体制和行政效率的控制。比如,三国的"校事"、明代的东厂西厂、雍正帝时期的粘杆处,都是特务机构。特务统治是一把双刃剑。一方面,特务机构的确能加强专制统治,有益于皇权。可在实践中,特务机构为了获得奖赏,更为了扩张自身权势,醉心于罗织罪名,甚至无所不用其极,造成了大量冤假错案。它会破坏正常的司法制度,打击正常的官僚制度,遭到官僚阶层的反对,遇到整个政治体制的阻力。依赖特务统治最终会动摇帝王的统治基础。所以,多数朝代和大多数帝王没有明目张胆地创建特务机构,进行特务统治,但是秘密监察手段,他们一直没放弃过。比如,不定期地、未成系统地明察暗访,又比如,清朝的"密考"制度。每年年底,各省督抚要把下辖知府及以上官员的情况,密报皇帝。因为这事是在每年年终奏报,所以密考也被称作"年终密考"。

托清代奏折制度的福,密考制度保密性强,使用频率高。当年张集馨由陕西粮道升迁四川按察使,就得益于时任陕西巡抚林则徐的密考举荐。和大计相比,清朝的皇帝可能更看重密考。

所有监督制度,所有官员的奖罚,最后都要经专门的人事部门处理。在清代,吏部考功司和兵部职方司是负责天下文武官员奖惩的主责部门。这两个司的工作量最大,"号为最烦"。以吏部考功司为例,它负责文官的处分事项,包括:日常监察中发现的官员问题,基层官员的参劾事件,中央其他部院转送的对钱粮未完、盗案未完的官员议处事项,军机处、内阁随时交办的官员奖罚决定,以及各部门、各高官对各自下属处分意见的反馈,等等。每个处分决定,可能又牵涉数量不等的其他事务。虽然考功司不用"一事一报",把同一类型的好几个案子汇总后"汇题""总题",即便如此,一年下来考功司发出的处分公文不少于六七百份,甚至高达八九百份。[1]可见,古代政治的自我监察,是一项非常繁重的事务。

---

[1] 数据见孟姝芳《清代条例繁多之弊》,载于《清史参考》2012年第34期。

第十讲 公门冷暖：古代官员如何工作

有人发邮件问我，影视剧里常看到紫禁城朝会的场景，百官云集，政务纷纭，仿佛古代官员的日常工作就是上朝。那么，哪些官员上朝？他们都讨论些什么呢？上朝是京官的日常工作之一，大学士、尚书侍郎等人肯定都要去，中下级官员则不必人人天天上朝（金銮殿也容纳不下几千名大小官员）。每个部门轮流推举官员上朝，以备皇帝询问本部门负责的事务。轮到上朝的官员，也不见得有机会走上金銮殿，经常在外面候着。朝堂之上，君臣讨论的话题是没有底本的，可能问到本部门的事情，也可能压根就没提及，但轮值官员得在外面候着。

这可苦了那些京官了，轮到上朝那一天常常要三四更到紫禁城候着，一二更就要起床出发。漆黑的北京城里，有一辆辆马车、驴车，挂着油灯，载着昏昏欲睡的官员，汇聚到紫禁城里。遇到下雪落雨、寒冬腊月，官员一边在车里颠簸，一边暗暗叫苦。这就是"公门的代价"。清朝的时候，皇帝常常在西北处的圆明园办公。圆明园离北京城有四十多里地，"阁员奉事者夜半即起，乘骑达园，鸡犹未鸣耳。阁臣省其事具奏，奉谕毕，阁员驰回城，日尚未午。每日如是，亦可谓不惮烦矣。"（《十叶野闻》）每天后半夜奔波四十多里地去圆明园，一个上午都在汇报工作接受指示，下午可能还要赶回城内，不是处理政务，就是交际应酬，没有好的体魄还真受不了。

地方官不需要上朝，但因为独当一面，事情一点儿都少不了。公事有钱粮赋税、司法刑狱、文教科举、地方建设、储运物流等等，私事就更多了，交际应酬永不停歇,更何况还有诸多突发事件,地方官没有节假日可言,时刻都要应付工作。而且,在官场很难把公事和私事分开。表面上看谈的是私事,可能要到处联系公事;表面上看是闲话,却是在为公事铺垫。公私不明的谈话,更耗费官员的精神。唐朝诗人高适在封丘做县尉时曾写道:"只言小邑无所为,公门百事皆有期。拜迎长官心欲碎,鞭挞黎庶令人悲。"明朝袁宏道曾担任吴县知县,感叹"朝夕趋承检点,尚恐不及","七尺之躯,疲于奔命,十围之腰,绵于弱柳",日子稍长,他感觉做官"渐入苦境","膝欲穿,腰欲断,项欲落",大叫"人生作吏甚苦,而作令尤苦,若作吴令,则苦万万倍,直牛马不如矣"。

嵇康在《与山巨源绝交书》里,列举了自己不适宜做官的"必不堪者七",其实说的是官员日常工作的艰难。所谓"七不堪"是指:不堪早起、不堪被人跟踪、不堪端坐公堂、不堪文牍、不堪人情毁誉、不堪交接俗人、不堪琐务。官员职业堪称一座"围城",城外人看着城里人光鲜靓丽、优越稳定,城里人却不堪重负、叫苦不迭。那么,古代官员到底有哪些工作呢?

钱粮赋税是头等大事

地方官员的工作大抵可归为钱粮赋税、司法刑狱、文宣教化、交际应酬四大类。下面就分别讲一下这四方面的规章制度和实践做法。

中国古代老百姓要交的最基本的"皇粮国税",有赋和役。赋也叫作田赋,类似于一种土地税;役也叫作丁役,就是免费给国家服徭役,无偿地提供劳动力,打更、修运河等等,老百姓要轮流做。田赋和丁役是古代老百姓必须要交的,也是官府最主要的财政收入来源。

税赋的标准,历朝历代都不一样。国家的财政充裕的时候,就会豁免钱粮、减轻赋税,老百姓的负担就轻。古代追求"轻徭薄赋",把它看作是政治清明、国家强盛的表现。很多时候,即使财政不好,统治者也会好大喜功、粉饰太平,宣布减轻赋税。当然了,这都是公开文章,事实上怎么一回事,又要另当别论了。

一开始，朝廷直接征收实物，比如稻谷、大豆、布帛、桑麻等等。各地上交的东西不同，运输和储存都是很大的问题，慢慢就基本统一成征收大米了。但是大米还是储运不太方便，最后就统一交钱，这是从唐代的两税法开始的。唐代中期后，执行两税法，把实物折合成金钱征收，开了中国赋税货币化的先河。但是税收货币化并不彻底，所有的实物并没有全部折合成金钱。唐朝以后，都是"米银共交"。一般而言，商品经济比较发达、运输比较方便的地方就交银子。官府收上银子后，再去购买粮食或者其他物资。明清的田赋，交粮食的叫"本色"，交银子的叫"折色"，还有混合缴纳的。

说完赋，再来说役。农民去服役了，田地就荒废了，影响农业的根本。况且，有的人耕田种地是把好手，但是并不擅长造房子、修运河等劳动，反而是浪费了人力。慢慢地，官府也把服役演变成交银子了。官府收上钱后，再雇人去劳动。到后来，我们就发现巡夜的、打更的、在衙门里面当差的，都是固定的那些人——被雇佣的专业群体。到最后，古代的田赋和徭役都货币化了。这是社会的进步，也是政府管理的进步，官民双方都方便。

这里有一个问题，丁役是人头税。丁役的征收，依靠官府对老百姓的控制程度。控制得严，征收的丁役就多，控制弱，服役的老百姓就跑了，也就没有劳动力可以驱使了。汉朝开始"编户"，就是把老百姓编在户籍中，便于征发徭役。编户的逃亡或流失（比如托庇于免于服役的贵族豪门），是从两汉到唐宋的官府的一大难题。而田赋本质上是财产税，是对土地征税。土地是固定的，跑不了。官府为了解决服役人口不稳定的问题，就想着把赋和役合一。明清的时候就有这种趋势，把丁役摊入田赋。清朝雍正年间，正式"赋役合一"。这是什么概念呢？田赋和丁役合为一体，老百姓统一交一笔钱，在清朝合称"地丁银"。地丁银是清朝最主要的税收，老百姓一年交两次，第一次是五六月份，第二次是九十月份。这是根据一年两熟的农业耕种规律来定的。地丁银在清朝中期每年能收三千万两左右。

地丁银的征收，也讲究大数据。得建立全国的田地数据库，把位置、大小、产权、产出等信息分门别类，作为征收的基础。每个王朝建立的时候，都会把土地造册，就是丈量全国的田亩，把土地分成若干等级，每个等级按照不同的标准缴税。以明清为例，缴税负担最重的是江苏省的苏州府和松江府（现在已经没有松江府了，松江府如今叫上海市）；其次是浙江省的嘉兴府和湖州府。太湖沿岸的四个府是缴税最重的，因为当地的土地肥沃、产量高，人口又密集。

王朝建立初期，地丁银的征收是清楚的，慢慢地就成了一本糊涂账。为什么糊涂呢？这里面有技术性的门道。比如说田亩丈量，中国古代的行政管理没有那么精细，不可能把丈量做到百分之百准确，总有一些纰漏。所以，官府不可能掌握所有的土地情况。有些人，尤其是权势阶层，就会上下其手，把自己的赋税转嫁给一般的老百姓。同时，土地肥瘦、产出是在变化的，田亩的等级也是变动的。不是说顺治帝的时候这块地是良田，到道光帝的时候还是良田，很有可能因为河床改道了，或者说气候突变了，良田也可能变成荒滩。还有一个新情况是，地丁银中包含"丁银"，对应人口。自从康熙皇帝宣布本朝"永不加赋"，所以地丁银是按照康熙五十年（1711）的人口标准来缴纳。当年这块地上附带了多少丁银，以后就交多少丁银，但是一百年以后，耕种这块地的人家，可能就只有一个劳动力，却要承担三个劳动力的丁银，所以田地所有者的负担就会很重。官府的管理不能顺应这些新情况，当地的权势阶层就浑水摸鱼，利用规则漏洞，转移负担。一任任官员下来，当地的地丁银征收，可不就成了一本糊涂账？这也体现了中国古代政府管理广度有余，深度不够，没有做到科学和精细化的管理。

地丁银是政府的主要收入。除此之外，还有其他收入。

第二项税收是漕粮。漕粮是什么呢？古代首都聚集了朝廷机构、文武百官，驻扎着主力部队，但是首都周边地区供应这些人的生活所需，力不从心，需要从其他地区调粮。而且，首都所在地和经济中心越来越脱节。[1]首都的物资供应

---

[1] 中国古代政治中心始终在北方。除了少数时间外，首都多在中原和华北地区。但是，经济中心却不断南移。南方出产大部分物资，远超北方。

缺口越来越大。从隋朝开始，大运河把中国南北贯通起来，水运很发达。朝廷就在物产丰饶地区征收粮食，通过运河（漕）运输到首都地区，称为"漕运"，这部分粮食就叫作"漕粮"。

以清朝为例，漕粮在六个省征收：江苏、浙江、安徽、江西、湖南、湖北，长江中下游的六个省。六省都盛产稻米，朝廷就在六省征收稻米，同时在另外两个省征收小麦和大豆：河南和山东。所以，一共是八个省的老百姓必须上交漕粮。其他省份没有漕粮的问题。清朝一年能征收四百万石左右的漕粮，利用京杭大运河和长江流域的水网，运送到首都北京。漕运总督衙门，就专责此事。河道总督衙门和京畿的仓场系统，协助、参与此项事务。

第三项税收是盐税，吃盐也得缴税。古代不是直接向老百姓征收食盐税，而是把钱加在了流通环节。国家垄断食盐生产和交易，实行专卖制度，这在中国有悠久的传统。早在汉武帝时期，社会就爆发了盐与铁是否专卖的争论。古文《盐铁论》[1]就是这场争论的会议记录。要求放开盐铁买卖的意见，很有自由经济的味道，相信市场能调节盐和铁的供应问题。要求管制盐铁买卖的意见，认为食盐和铁是重要的战略物资，关系到国家的长治久安，所以要控制在国家手里。最后，西汉政府支持了管制一派的意见。此后的朝代加以继承，都把食盐垄断当作一项国策。

清朝的食盐行业是这样的：所有生产食盐的人，都必须有官府的认可，才能成为专门的盐户。此外，官府也控制部分盐场。生产环节是完全控制在官府手中的，销售环节借助盐商的力量。但是，盐商不能随便买盐、自由销售，那是不允许的。盐商必须花钱从盐运使衙门里面购买"盐引"，凭着盐引到官方认可的产地去提盐，提了盐以后到特定地方销售（食盐产地和销售地是固定对应的，全国按照这种对应关系划分为不同的盐区）。这就是盐引，其实就是一张规定了提盐和售盐的数量、场所的纸。盐商花钱买盐引，就是买销售许可证。在这个过程中，国家向盐商征收了盐税。当然了，盐商也不是傻瓜，他肯定会把这笔钱加在

---

[1]《盐铁论》，西汉桓宽根据著名的"盐铁会议"记录整理撰写的重要史书，为对话体。

食盐的售价上，所以盐税从根子上还是向所有的老百姓征收的。盐税每一年大概会有两三百万两银子，这是清朝第三项税收来源。盐运使专责此事。

而没有盐引进入销售环节的食盐，就是私盐，是官府取缔和捉拿的对象。盐引制度造成老百姓吃盐很不方便，价格还贵。私盐选择多、价格便宜，质量还可能更好。所以，一般人更倾向购买私盐。因此，官府和私盐贩子"猫抓老鼠"的游戏，就在很多地方频繁上演。历史上最有名的私盐贩子，可能要数元朝末年的张士诚了。

第四项税收其实是商业税，但在古代叫"关税"。这里的"关"，不是海关，而是关卡的意思。古代官府在一些通商要道设关卡，你挑着货物、赶着马匹经过这些关卡时要交税，这个税叫作"关税"。它跟现在意义上的关税不同，本质上是一种商业税。

中国古代重农抑商，但是商业税一直存在。比如，在武汉会征收一些船税；在天津一些地方会征收芦苇税；江西有些地方产矿，会征收矿税；山西会征收煤税。商业税每年也有两三百万两。近代以来，商业税突飞猛增。一方面，太平天国以后，地方政府税收压力大，所以就在各地广设关卡征税，叫作"厘金"。各地纷纷设立厘局，专责此事。另外一方面，中外贸易开始发展，现代意义上的关税开始征收。近代以来，关税和盐税超过地丁银，成为清朝政府的主要收入，到清朝末年，关税一项就能超过三千万两。

1911年，封建王朝的最后一年，当年清朝的税收收入超过了七千万两，这应该是一个比较高的值。乾隆朝前后，清朝的税收年收入在四千万两左右。

钱粮收上来以后，怎么用呢？地方官府把钱粮收上来后，不能决定怎么用，得上缴朝廷。朝廷决定税收的分配，视为财权。财权跟人事权一样，是核心权力。地方政府如果拥有财权，那它可能会拿着这个钱招兵买马、反抗朝廷，怎么办？所以，一切支出都在朝廷的严格管理下。财政支出高度中央集权。

以清朝为例，地方政府把税收上来以后，可以留下一笔必要的开支，叫作"存留"。存留是预估的第二年需要发的官吏的俸禄，朝廷只允许留下这部分钱。剩余的部分叫作"起解"，起解就是押解到其他地方的意思。起解又分为两种情况：一种情况是上交给中央，另外一种情况是送到指定的地区或者部门。清朝把各省的财政情况分为三类，第一类叫作"仅敷"，仅敷指的是仅仅够自己用的，比如福建。福建的财政情况就是仅敷，每年收的税自己留用，中央不拨钱，你也别问朝廷要。第二类叫"不足"，就是指这个地方的税收不够正常的开支，比如广西就属于不足，一年收的税还不够开支。第三类省份是"有余"，税收有富余。有余的省份，扣除存留款项，把剩余的税收一部分起解到北京，存到户部的银库里，还有一部分以"协饷"的名义送到指定地区。比如，湖南省属于"有余"省份，它有一部分协饷要送给广西；江西省也是有余的，它有一部分银子可能送到了贵州，还有一部分可能需要送到甘肃。中央财政通过这种制度性的安排，把地方各省的财政控制得很死，把全国的财政网罗在一张巨大的"网"里面。到了第二年，每个省都要上报自己的财政开支、结算的情况，户部汇总、审核后上报皇帝认可。年度的财政收支，这才算完成。

以上就是古代财税制度的概况。王政之基，在于农桑。如果收不来税，其他一切政治制度都是虚幻的，任何上层建筑都得建立在物质基础之上。钱粮赋役，就成了古代地方官员的头等工作。考核一个官员最主要的标准，就是能不能足额、按时地上缴皇粮国税。明清时期，每一个地方官上任，要找的第一个师爷都是钱粮师爷，帮他处理钱粮税收问题。

当一个知县，首要工作就是收税。每年收税的时候，带上幕僚，带上家丁，带上差役，一个村一个村地去收税。老百姓交不上来税，怎么办？砸门的砸门，牵猪的牵猪，拆床板的拆床板，你都必须得干。古代有很多读书人不愿意当知县知州，为什么？就是因为他不愿意干这种事情，下不去手。一个人寒窗十年，饱读圣贤书，结果让他每天做的头等事情就是砸人家门，牵人家猪。大部分读书人不愿意这么做，所以不愿意到州县当地方官（当然还有升迁困难的原因）。

收上来的钱，还有一大摊子事等着用呢！每一年国家的财政收入开支最大的就是军饷。以清朝为例，三分之一的税收都用来供养军队。第二大项支出是国家级的工程：河工、漕运、陵寝等等。黄河决堤了，一修就几百万两出去了；漕运堵塞了，需要疏通大运河，又上百万两出去了；哪个地方地震了，朝廷要赈灾，又是一笔钱。清朝的第三项大开支是王公大臣和官吏的俸禄。所有的这些开支，都需要第一线的知县、知州按时、足额地把钱给收上来。如果收不上来，一切都不能正常运转。所以，州县官员下不去手也得干。

现在问题来了。中国古代的税收水平其实并不高，西汉曾经一度还是三十税一，百姓只要交百分之三点三左右的税就行了，已经很轻了。很多时候是十五税一、十税一。这算是"十税一"，农民收上来一百斤粮食，只要交给官府十斤就行了，还能剩九十斤。他为什么不愿意交这十斤呢？为什么法定税收的比例并不高，但是民间却交不上来粮呢？

这是因为在现实里，有很多实践和理想相背离的情况，导致老百姓的税负极高。我举个例子：假设你当了知县，从官凭到手那一刻开始你就得掏钱。吏部经办的官吏给了你官凭，你难道不给他塞个红包吗？赴任之前，你不去向科举恩师道别送礼吗？你不去日后工作相关的各个部门打个招呼吗？同乡、同僚给你摆宴庆祝，你不去赴宴吗？你不置办赴任的行头吗？这些开支，合起来是一笔很大的数目。当年，曾国藩是巡抚级别的人，在权势蒸蒸日上的时候，到北京来一次花了四万两银子。比他稍早些的张集馨，赴任外省藩臬，离京前送的"别敬"等开支，花费了两万两银子。他们还算是有些家底的，而且到任后不愁没有"进项"。一般的知府、知县赴任，用不了前两位那么多银子，但花个两三千两，也是一般行情。他们如果家底薄，可不就得举债吗？晚清浙江山阴人杜凤治分配广东，担任候补知县。他没有积蓄，到处举债，最后甚至问奴仆借钱，才凑足赴任的盘缠。清朝的官员赴任，沿途的盘缠也得自己掏。明朝还好一点，新上任的官会给一点点的银子置办行李，其他朝代好像没有。到了省会后，新官拜见总督、巡抚，得塞红包；拜见布政使和按察使，拜见分管道台，到府里拜见知府，都得花钱。这银子哗哗地出去，很快就成了一笔大数目，这是人情交际的成本。

同时，清朝京官的办公费用极少，一年只有象征性的几两银子，外官则压根没有办公费用，笔墨纸砚、蜡烛钱都得自己掏。出巡的时候，别看地方官排场很大，那都是自己拿钱砸出来的。这是第二笔开支，办公行政成本。

第三笔开支可能更大。古代每个官员，身后几乎都站着一个家族。当官后，各路亲戚、世交故旧都来投靠，供养他们需要一大笔开支。接下来，你得请师爷吧，你得请跟班吧，你得雇家丁吧。这些钱，朝廷都不补贴，你得自己掏。有人做过统计，清朝后期的知县，在官衙里供养的一家人，少则二三十人，多则一百多人。而知县一年的俸禄才四十五两，还不够大摆一次宴席的！

这里就有另外一个问题，古代官员俸禄不高，宋朝官员可能是俸禄最高的，高到什么程度呢？高到苏东坡支付完以上所有成本后，还有钱去买肉来研究"红烧肉怎么做"这个问题。但是到了明朝，海瑞跟苏东坡差不多的级别，凡事亲力亲为、节衣缩食，只有在老母亲过生日的时候，才舍得去街上割半斤肉。而且，海瑞买了半斤肉以后，巡抚大人把它当特大新闻在官场传播："海瑞竟然买肉了！"如果明清时期的官员完全依靠工资生活，就得像海瑞那样：不请家丁，不请丫鬟，不雇师爷，什么事情都亲力亲为，办完公后自己拿一把锄头，在官府里面把砖刨了自己种菜。

但是，天底下有几个人是海瑞？大多数人还得捉摸着工资外收入的事。从哪筹钱呢？在钱粮税收上做文章。同理，官员面临这样的问题，那么书吏、差役是不是面临同样的问题？知县好在每年还有四十五两的收入，衙役可是一分钱的收入都没有的。他们不在收税环节做文章，怎么生活？所以，国家规定十税一，按照百分之十收税，可老百姓要交百分之五十、百分之六十甚至更多。官吏用额外税收来弥补行政办公、官场应酬和个人收入的不足，是老百姓税负沉重，进而不愿意交税的主要原因。

实际税负加重，还有其他很多原因。古代朝廷推崇轻徭薄赋，认为天下物产恒定，税收本质上是与民争利，总感觉征收上来的钱越少越好，征收多了就是"夺小民口边之食"。同时，钱是花得越少越好，花得越少越能说明官府廉洁（这可视为官俸低微的一个原因）。我们现在都知道，理想的政府财政状态不是收得少用得少，而是开支相抵、略有盈余。收的钱多，可以提供的公共服务也多。但是，古代朝廷不这么想，结果造成官府和官员都缺钱，很多事情办不了。比如说，钦差过境，可当地官员根本就没有招待钦差过境的经费，怎么办？比如说，当地官府要铺桥修路，虽然可以借助乡绅的势力募集部分资金，但官府怎么也得补贴一部分，没有这项预算，怎么办？因为缺钱的原因，官员有强烈的"多收税"、横征暴敛的冲动。再加上一些害群之马也的确是胡作非为、中饱私囊，多种原因叠加，导致老百姓的税负很重。

以上内容，都是站在官府和官员的角度来讲的。那么，站在老百姓的角度来说，钱粮税赋也是一件大事。古人都认可，皇粮国税是应该交的。老百姓争的是交多少、怎么交。

天高皇帝远，隐含的意思是皇权高高在上，像"天"一样遥远，对普通百姓来说是虚无缥缈的存在。在古人心中，皇帝是一个抽象、遥远的概念，进而，国家政权的概念，也是抽象、遥远的。大家认可"忠君报国"，但君也好，国也好，都看不见、摸不着，真真切切能感知的，是基层官府和其中的官吏们。这些和民众日常交往的低级衙门和低级官吏，就代表了皇权，代表了国家。

而老百姓和政权最密切的联系，发生在官府征收赋税的时候。收税，是老百姓对国家最直观的感受，把老百姓和皇权、国家联系了起来。在古代，如果张三安于一地，不出去游历、经商、求学，也不去打官司，他和政治体制的直接联系，就只有缴纳赋税了。张三和政权体制内的人打交道，也只局限在官差们催课收粮的时候了。事实上，大多数人的先人都是张三。

但是这收税，实在是让老百姓难以对官府产生好感。钱粮是怎么收的呢？比如，按照官府通知，张三要交十斗粮食。到了交税的日子，张三拿了十斗粮食过来，要交税。他要先排队。收税的官吏们要歇好了，喝好了茶，才慢悠悠地开始收税。这时期，张三等小民已经排了长长的队伍了。期间，张三要忍受官吏、差役们的呵斥、驱赶乃至辱骂。好不容易轮到张三了，张三高高兴兴地把十斗粮食递上去。不行！粮食是否足额，得由官差说了算，得过官差带来的斗测量才算。可是，官差带过来的斗，明显比正常的量器要大，可能两斗才算一斗。这样，张三就变成要交二十斗粮食了。咬咬牙，他只能再带十斗粮食过来。到了测量的时候，张三发现官差的斗像簸箕一样，横截面很宽，他在上面倒粮食，倒满全斗还不行，得倒得冒尖、直到倒不上去了才行。有一个专门名词，叫作"淋尖"。一淋尖，就又多出了很多量来。张三一边淋尖，官差一边在那里踢这个斗，不断把粮食往外踢，叫作"踢斛"。这就又把许多粮食踢出了器皿之外。淋尖也好、踢斛也好，过后地上散落的粮食都被官吏们扫走私分了。这是"量"上的刁难，还有"质"上的刁难。差役说你的粮食不过关，你的粮食就不过关。即使你拿了最优质的大米，就是不让你过关，逼着你行贿送礼。

粮食折合白银交纳，弊端就更多了。首先，农民变卖粮食换钱的时候，先要受市场的一道剥削。接着，经办官吏说你的银子多重就是多重，说你的银子成色不足就是不足，又逼着你千方好话万般献媚，最后行贿送礼才行。这么一下来，老百姓的实际税负就很重了。当然了，官府在银两的熔化、浇铸和运输过程中，的确会损耗些银子。所以，官府以"火耗"[1]的名义多征收一些税银，以充抵损耗，也是合理的。但是火耗的标准完全由官府说了算，这就不公平了。火耗征收异化成了官府横征暴敛的借口。

普通老百姓交税实在是太不容易了。之前我们说过，士绅阶层有特权，地方官吏不敢刁难。于是，古代税收在实践中就产生了一个中间阶层——揽户。

老百姓不愿意直接向官吏交纳赋税，可以理解。而官府逐家逐户地征收钱粮，工作量很大，人力物力时间常常耗不过来，还常常遭遇巨大的阻力，所以从官府角度来说，它也想找到一个更方便又能按时按量完成的征收方法。于是，就有一个人跟官府说：我承包某个区域的百姓钱粮，而且我多交，法定只要交纳一千两银子的，我按时交给官府一千五百两。条件是官府要允许我在该区域收税。官府当然愿意了。这个人又跟老百姓说：乡亲们，你们去官府交税，饱受盘剥，法定一两银子的税最后可能要交五两，现在你们只要给我二两，我就替你们把税给交了。老百姓当然也愿意。双方都愿意，税收中间阶层就产生了。这个人就是揽户。他方便了官民双方，自己还能落下可观的收益。揽户一般都是当地士绅。他们的诸多特权保证他们有充当揽户的制度可能，再加上乡绅在当地声望较

---

[1] 明清时期也有"耗羡""粮耗""水耗"等名目，说的都是类似的意思。早在宋代即有"呈样"的名目，也是官方以弥补差额名义征收的钱粮。

高，容易做百姓工作，百姓也愿意他们代表自己去跟官府打交道。当然了，揽户是没有法律依据的，是长期实践中的灰色存在。

王朝前期，赋税的征收大体比较简单，账目清楚。到了王朝中后期，管理日渐混乱，加上官吏贪赃枉法，财政逐渐账实不符。实践操作中矛盾积累，冲突丛生，赋税实际上几乎都落在了草根平民身上。纳税的多少不是看你的田地多少，而是看你家的贵贱强弱。晚清的浙江，"绅衿大户，正赋之外，颗粒不加，甚有把持包揽等事，势不能不取盈于乡曲之小户……最重之户，正漕一石，竟有完米至一石七斗以上者"，历朝历代，大抵如此。

我们对古代财政税收制度做两个总结。第一，制度设计很美好，实际操作很残酷。真正的轻徭薄赋，从来没有实现过。古代的老百姓能够喝上稀粥，不饿着，家里有张床睡觉，这就已经是封建盛世了。

第二，财政高度集权，中央控制过死，导致地方腾挪不开。之前介绍工部时提到，工程工价超过二百五十两就需报皇帝批准。朝廷严格掌控地方的各项支出。地方官府财力极为有限。地方上要修缮衙门，没有财政支持，除非官员自筹资金，不然需要一级一级上报批准。等批文回来，说不定官员都已经调任了。曾国藩镇压太平天国运动后，奏请军费报销免于审计。皇上出于对他卓越功勋的奖励，同意了。曾国藩感激涕零，在给儿子曾纪泽的信中说他对此"感激次骨，较之得高爵穹官，其感百倍过之"。不过，曾国藩也表示，以前已经和户部书吏说好要给的八万两银子"部费"还是照给，但书吏们不能再多要了（制度越死，寻租的空间就越大）。清朝爆发过几次地方"跑部钱进"，动用公费行贿朝廷官吏报销地方经费的官方行为，根子出在朝廷的财权控制太死。

冤案是如何酿成的

古时候，官员第一重要的事情是收税，第二重要的事情就是判案。明清地方官员再穷也得请两位师爷，一位是钱粮师爷，一位是刑名师爷，分别处理收税和判案。

我们先说古代司法的基本观念。最主要的观念是"德主刑辅",或者叫"明刑弼德"。什么叫作德主刑辅?有两层意思。第一层意思是法律是手段,道德才是目的。就好像老爸教训儿子,常说:"打你不是我的目的,打你是让你明白什么什么道理。"古代刑罚也类似,道德感化是目的,刑罚是工具,是手段。《论语》有云:"道之以政,齐之以刑,民免而无耻;道之以德,齐之以礼,有耻且格。"这就很好地表达了对道德和刑罚的态度。既然是手段,就可以变更,弹性就比较大,所以我们会看到古代司法实践常有法外之请、堂下协商、乡族公议等等。第二层意思是中国古代政治讲究德治,倡导德政。德政和德治把道德作为统治的主要手段,而把司法刑狱作为次要的、辅助性的手段。中国人信奉"人之初,性本善",假定人性向善,所以统治者要用道德感化,唤起人心中的善,达到儒家的仁义道德世界、理想的世界。只有极少数不能够被感化的,才说明这个人是有问题的,是恶人,才要施加刑罚。[1]古代人把一丝不苟执行法律,只有原则性、缺乏灵活性的官员叫作"酷吏"。

中国古代司法,和宏观政治一样,带有浓重的道德色彩。具体到执行上,就要求司法官员"哀矜慎刑"。什么叫哀矜呢?简单说,哀矜之心就是司法官员的同情心,要设身处地换位思考。比如,知县抓到一个犯罪嫌疑人,他要考虑到犯罪嫌疑人可能是无辜的,现在很害怕,可能家破人亡了,现在很悲伤,可能还要遭受侮辱、拷打等刑罚;犯罪嫌疑人招供了,知县不应该感到高兴,也不应该有如释重负之感,而应该想:"他为什么就干出这种违法乱纪、伤天害理的事情来

---

[1] 法律是达成理想社会的手段之一,古代政治还有其他的手段,比如"天理""人情"。中国人常常把天理、人情放在"国法"之前。天理是终极价值,是古代官员执政的首要标准和手段;人情是重要的手段,标准虽然模糊,可古代官员执政时用得最广;苛求"严格依法办事"的官员,往往被视为酷吏。因此,古代政治会出现"合情合理但不合法"的案例。至于三者的关系,古代官员多认为是"同质异名",本质是相同的,三者并不矛盾;"殊途同归",三者在达成德治问题上都有效力。成功的官员应该是用天理、人情协调国法,循天理、顺人情又守国法,多头并举地解决问题。

呢？"知县首先要可怜这名罪犯没有被儒家的礼仪道德感化，接着要自责这个父母官没有当好。打官司是不对的，犯人是可悲的。在西方，兄弟两人分父亲留下的三个金币，没办法均分，就找当地法官，裁决出一个方案把钱给分了。但是在中国，兄弟两个人拿着一锭银子的遗产，找知县要求均分。知县的第一反应是悲哀："这兄弟两人怎么能不顾骨肉亲情，为了一锭银子闹到官府来呢？"这名知县"正确"的做法是抱着两兄弟痛哭，唤起他们的骨肉亲情，让他们别再纠缠如何分遗产，回去和睦相处就对了。比如，江苏镇洋人时翔雍正年间出任福建晋江知县。晋江百姓好讼，时翔就说："此吾赤子，忍以盗贼视乎？"他对所有的官司都宽和处理，坐在堂上，和原告被告"呴呴作家人语"，拉家常，解开双方心里的疙瘩，双方都同意撤诉了，相对作揖而去。这样的知县才是官民称颂的官员。

　　慎刑是什么呢？简单说就是用刑要慎重，提倡刑罚适度，反对严刑重罚。某个犯罪嫌疑人特别可恶，死不认罪，你下令痛打三十大板，最后他是招供了。但是你可能把他筋脉打断了，腿打折了。这个人的后半辈子怎么办？所以，要慎刑。古时候对重刑很慎重，尤其是死刑。死刑都要由皇帝来勾决，皇帝提笔勾决时，官员需提醒"请皇上三思"，皇帝得停顿一下。君臣这么做，就是表达慎刑的意思。古代人讲究"报应"。一些官员不愿意出任司法官，就是因为感觉对人施加刑罚有悖于道德，会折了阳寿。读清人笔记，有官员感叹，自己这辈子没有子嗣，是因为担任过按察使，亲手判过多少例死刑，所以上天报应我，让我绝嗣。这就是典型中国式观念。在这种司法观念下，一些官员宁可轻判，也不愿意如实判决。尤其是对一些死刑犯，宁可把案情朝着死缓的方向书写，也不愿如实上报，毕竟"救人一命胜造七级浮屠"。古代为什么把皂隶视为下贱？因为他做的打别人板子、抓别人进监牢、监斩等等事情，都是缺德的、要折阳寿的，对家族来说是很不光彩的事。所以，皂隶在古代和娼妓、优伶并列。哀矜和慎刑，可以抵消很大一部分制度性因素的消极作用。

　　古代司法道德色彩很重，这就使得整套司法制度的设计也充满了道德色彩。
　　首先来看古代立法。古代有没有明确的成文法？有，比如《大明律》《大清律》。但是它们和现代法律又不同，只是规定一些法律原则。比如，规定"临阵退缩者斩"，这是一条法律吗？是。但是临阵退缩该怎么判定呢？怎么执行呢？它规定了大原则，但是没有可操作的条文。于是就有许多其他文件作为法律补充。

第一类补充文件就是例。例是什么？判例。清朝也好，明朝也好，编有庞杂的律例文件，两相配合，它以律为纲，以例为目，每一条律后面附带很多例。这些判例可以援引。比如，律规定：子弑父，要凌迟。这条律后面会有很多判例，说明在什么情况下弑父对应什么判决。比如同样是儿子失手杀害父亲，父亲在跟其他人争斗，儿子上前帮父亲的忙，失手把父亲杀死，这是一种情况；儿子在跟其他人争斗，父亲上前劝架，不小心被争斗双方杀死，这又是另一种情况。法官遇到的真实案件，情况复杂，细节繁多，就需要对照律例进行裁决。律和例合起来，便成了历朝历代的主要法律条文。第二类补充文件是会典。比如《大清会典》《大明会典》，都是政府各部门机构设置和行政管理的规章制度汇编。会典严格来说，类似于现代行政法或者专门法，比如吏部的会典类似于劳动人事法、户部会典带有财政法等的内容。它们起到规范政府行为、指导行政运转的作用，算是法律的一部分。第三类补充文件是则例。则例是政府在运转当中遇到的问题、案例的汇编，可视作是上述法律条文的补充。这四方面的文件，就构成了中国古代的法律。

当然了，所有成文法都不是最重要的，最重要的是圣旨。君王即法律。皇帝颁发了一道圣旨，无论说了什么东西，都是最高的法律。凡是与之不符的，即便是《大清律例》也要让步。古代法律最高的权威是皇权，而不是人民，也不是官员。不同的皇帝，同一个皇帝的不同时期，往往颁发内容相左的圣旨，那怎么办？以最新颁发的圣旨为准。

古代司法有一些基本概念，比如有"十恶之罪"，是在大赦天下的时候都不能赦免的（十恶不赦），分别是：谋反、大逆、谋逆、恶逆、不道、大不敬、不孝、不睦、不义、内乱。"大不敬"指的是对皇上大不恭敬。大臣不能对着乾隆皇帝说"改革是最大红利"，这就算大不敬。为什么？因为乾隆名叫弘历，臣下直呼皇帝的名讳，就是大不敬。十恶罪名处罚极重，一般要砍头，严重的要凌迟，甚至株连九族。嘉庆年间，北京邪教头目林清，带人攻进了紫禁城，遭到镇压，定性为谋反，参与者统统凌迟。林清的妻妾姐妹子女一开始是判处流放新疆，走到半路，嘉庆皇帝追加了一道圣旨"就地正法"，林清就算是被族诛了。

还有个概念叫作"八议"：议亲、议故、议贤、议能、议功、议贵、议勤、议宾。凡是符合亲故贤能等八类标准的人，犯了罪需要在朝堂上商议处罚，一般都会从轻减免。比如，孔子后裔或者宰相犯罪，朝廷就需要开启"八议"程序，刑部不能按照正常程序判决，这是皇亲贵戚的司法特权。古装剧里经常有这样的场景：元老重臣或者皇亲国戚被五花大绑，在刑场上准备砍头，就在刀要落下的那一瞬间，往往会有一个太监或者大臣火急火燎地举着一道圣旨过来，大喊："刀下留人！"八议制度，主要出于政治方面的考量。

历朝历代的刑罚各不相同，按地位分，有主刑和附加刑。从残酷程度看，早前有车裂、断足等酷刑，后来肉刑逐渐减少，发展到明清，主要有五等主刑：笞、杖、徒、流、死。笞是打板子，杖是打棍子，徒是有期徒刑，流是流放，死即死刑。每一等主刑又分好几个小等级，比如清朝死刑又分斩立决、绞立决、斩监候、绞监候四等，立决是死刑立即执行，监候是死刑缓期执行。其他四种主刑则根据数量、年数、距离分为不同等级。附加刑有凌迟（千刀万剐）、充军、为奴（明代有罚为官奴，清代有给披甲人为奴）、枷号、站笼等。枷号就是京剧《苏三起解》里苏三的那副打扮，但是京剧扮相明显不对，真正的枷锁是很重的，有四五十斤，一般人夹在脖子上根本站不起来。站笼一般是木制的笼子，上面留孔，强迫犯人站在笼子里，把头伸在笼外。站笼一般很高，犯人必须笔直站立才能把头伸出去。如果个子矮，站笼类似于上吊。

主刑不足以惩戒犯人，可以追加附加刑。或者罪行轻微，不够主刑标准，可以用"枷号示众"之类的附加刑加以惩罚。清朝还规定，八旗子弟可以用附加刑来抵主刑，比如杖刑可以用枷号几天来抵，流刑可以用枷号几个月来抵。这是因为清朝为了保证八旗人口的力量免于分散，一般不对其施加徒刑、流刑。

附加刑中还有"抄没家产"一条，俗称抄家。当年和珅倒台，正刑之外就有

"抄没家产"的惩罚。和珅罪当致死。因他是内阁大学士，属于八议的范围，八议时从轻处理，改为赐死。赐死和死刑的客观结果是一样的，但前者是对一个人莫大的恩宠。嘉庆赐给和珅一条白绫，和珅就上吊自尽了。为什么说自尽是对罪犯的宽待，是皇帝的恩赐呢？

因为自尽能保存个人的尊严和体面。无论何种死刑，都会伤害受刑者的身体，往往不能留以全尸。在行刑的前后，受刑者还要遭受执行官吏、差役的虐待、侮辱，还要在大庭广众之下蒙受围观者的嘲讽乃至唾骂。我相信，绝大多数人都受不了。而自尽（或者说秘密处决），就没有上述的情况。

对于贵族和官员来说，自尽的这点好处尤其重要。中国古代讲究礼法。礼法是彰显地位、维护身份的重要工具。中国古代社会是"身份社会"，贵族和官员阶层居于上层。一个贵族，一旦受到侮辱、嘲骂，就威严扫地，还怎么凌驾在平民、奴役阶层之上？他所属的家族，还有整个贵族阶层，都会感觉受到了冒犯。先秦时期就有"刑不上大夫"的说法，目的就是保证贵族阶层的尊严和地位。这里的"刑"指的是一般的刑罚，比如肉刑、罚役等等。

那么，如果贵族真的犯罪了，怎么处罚呢？用附加刑来惩罚他。比如，屈原为楚国贵族排斥，被流放到湖南。流放，就是当时的附加刑（后来变成了主刑）。先秦时期的许多贵族，犯了罪或者政治斗争失败了，往往自我放逐。这样既避免了可能遭受的屈辱惩罚，同时也为当权者解决了"如何惩罚他"的难题。如果一个贵族犯了重罪，整个贵族阶层都不能宽恕他，当然也会让他死，但不会像杀死平民一样砍头。贵族的"死刑"，只有暗杀、秘密处决和自尽三种，这既是为了保证死者的尊严，也是为了维护整个阶层的利益。

胡亥、赵高等人在秦始皇死后篡夺皇位，最大的对手就是太子扶苏和边关大将蒙恬。胡亥等人假传秦始皇诏令，"赐死"扶苏和蒙恬。扶苏肯定也觉得奇怪，但为了保持一个太子的尊严，自尽了。蒙恬觉得奇怪，抗旨不遵，结果遭到逮捕，被关押到大牢里。进大牢后，蒙恬自杀了。他的自杀，不是"畏罪"，而是为了免于进一步的刑讯逼供，免于遭到狱卒、刽子手的杀戮，同样是为了保持一个贵族的尊严。

类似的一个例子,发生在商鞅变法时期。商鞅变法的一大内容,是明刑重典,推行法治。这对秦国的发展是有利的,对商鞅的命运是有害的。他得罪了秦国的贵族阶层。秦国太子不守法,商鞅严厉惩罚了太子的两位老师(两位贵族)。一位被割去了鼻子,一位脸上被刺字。这两种刑罚是当时惩罚平民的主刑,对贵族来说是天大的侮辱。两位太子师傅受刑后,连续几个月躲在屋子里,羞于见人。如果商鞅把他俩流放天涯海角,或者干脆杀了他们,他们还好受一点呢。他们恨死了商鞅,全国的贵族都恨死了商鞅。商鞅个人的悲剧,与此大有关系。

综上所述,"刑不上大夫",古代对贵族官员的司法优待,放在身份社会背景下,是可以理解的。我们也能明白,为什么"赐死""赏白绢三尺"要"谢主隆恩"了。很多朝代,都规定一定级别以上的官员,可以不受主刑。咸丰皇帝之前,清朝的内阁大学士没有一个受过死刑。大学士柏葰因为科场舞弊,判处死刑,押赴刑场。他以为只需要走个过场,就会有人来传圣旨,刀下留人,将自己流放了事。所以,柏葰早早安排家人收拾行李,准备启程。想不到,刀下留人的一幕最终没有出现。到了大砍刀落下那一刻,柏葰这才意识到,自己创造了一项历史:他成了清朝第一个被执行死刑的大学士。

我们接下来讲古代怎么审案子,有什么流程。

第一个程序是"放告",就是允许老百姓告状。古代不是谁想告状就能告状的。如果想告状就能告状,那官员一天什么事情都不用做了,就在衙门等着接状子了,这不现实。同时,官府也不想助长百姓兴诉告状的氛围。所以,官府接受百姓诉状是有时间限制的,要么是逢五逢十,要么是逢三逢八,各地不同。在这几天衙门打开,允许百姓告状,称为放告。一般每个月只有几天放告,同时照顾到农业生产,农忙时节不放告。比如五月、六月、九月、十月,大家都忙着田里的活,不允许告状。节假日也不放告。所以算下来,一年真正允许老百姓打官司的也就四五十天,万一碰上刮风下雨下冰雹或者是官员公出、新旧交接,又得减去几天,老百姓真正能打官司的也就三十多天。当然,恶性刑事案件不受放告限制,随时可以告状。比如,大街上有江洋大盗拿着大刀斧头群殴,又比如某处发现无名尸体，这种事情官府要随时处理。

官司要从下往上，一层一层打，要去归属地的州县告状。知县、知州拿到状子，收还是不收，是有讲究的。兄弟分家产，知县不收；夫妻闹离婚，知县一般也不收；邻里矛盾，知县还是可能不收。大多数案子，州县官员是不会收下状纸的，也就是不予立案。这是为什么呢？

首先，基层官员的工作压力很大，客观上没有时间和精力处理太多的案子。尤其是明清以后人口暴增、资源紧缺导致社会矛盾和冲突增多，诉讼案件与日俱增。乾隆年间，汪辉祖在偏僻的湖南省宁远县担任知县，每年收到的诉状超过一万张，更不用说经济发达地区的基层官员了。审案几乎占去了州县官员大多数的时间和精力。所以，他们不可能什么案子都接，都劳神费力去处理。而老百姓闹到官府的纠纷，绝大多数是民事纠纷，很少有刑事案件。民事纠纷又集中在两类，第一类是财产纠纷，如商品买卖、争夺田地、分割遗产、子嗣过继等等；第二类是感情矛盾，如离婚、通奸、私奔等等。古代基层官员认为官府不便于硬性介入这些民事纠纷，况且很多事情不道德，很害臊，家丑不可外扬，完全可以找族长、找乡绅来解决。甚至可以当场劝解，让原被告双方协调出一个解决方法来。官府就这样把大多数案子推给了社会力量来化解。

其次，基层官员在主观上对告状的百姓有贬低、排斥心理，要打击兴诉、健讼。普通百姓可以把纠纷摆到衙门大堂上去理论，前提是他必须承受书吏、差役等群体的骚扰、侮辱和勒索。他必须做好迎接一切困难的心理准备。除了心理磨难，打一场官司就要扒一层皮，而且付出了昂贵的代价还不一定有明确的结果，所以，只有被逼上绝路、真正绝望的人才会到衙门口打官司。他不打官司就活不下去了，这才鼓足勇气去诉讼。从这一点判断延伸开来，官员也好、旁观者也好，如果认定一桩案子的当事人不是走投无路、生活难以为继了，那么他们就会认定这个当事人是故意打官司，图谋什么东西。这样的人，不是"刁民"是什么呢？所以，在古代司法制度的大环境中，人们对"兴诉""健讼"的人没有好感。这是政治制度层面的逻辑结果。

如果知县、知州认定这个案子不可能推给社会力量化解，必须由官府出面，同时认定告状之人不是狡猾的刁民，他就会收下状纸。这叫作"挂号"，案子在官府记下了。这是第二道司法程序。

当然，刑事案件是自动立案，必须在期限内完成的。清代"命盗案处分极严。命案限六个月，盗案限四个月，为初参；展一年则二参；又展一年则三参；再展一年则四参。盗案尤严，初二三参，不过住俸降留小处分，到四参，则降一级调用。有级可抵则抵，否则实降知县为印官，典史为捕官，印捕同一责成"。（何刚德《春明梦录》卷下）这个期限可以称得上"严苛"。

第三个程序是"发差"。官府派差役去拘传原告、被告、相关人等，或者搜集证据。

第四个程序是差役在官府规定的期限内，把相关的人证、物证调齐，把差事注销，叫作"销差"。这两个程序是差役们上下其手、营私舞弊，吃完被告吃原告的时候，也是他们主要的收入来源。遇到刑事案件，官员往往亲自出马，带领仵作、差役、幕僚等亲临现场查勘，传问人证，搜集各种证据。

第五个程序是"过堂"，审问相关人等，官员进行判决。过堂有了结论，官员要把相关情况写好案卷，附上证词、证据，如果有人证还要看管好人证备查。一般情况下，民事案件和笞、杖刑案件，州县官员就判决生效（审结）了，司法案卷留着备查就行。徒刑及以上的案子，州县官府没有权力审结，必须把案卷、人犯押送到知府衙门，进行第二级审讯。州县是第一个审级，叫初审。知府衙门是第二个审级。知府再审，判断没有问题了，报给道台；如果有问题，发回县衙门重审。道台和知府一样，也是复核一遍，没有问题，发给按察使。

按察使的复审，是第三个审级。他可以审结徒刑案件，不用再上报，流刑死刑案子必须上报巡抚或者总督。巡抚和总督有权力决定流刑的判决，但需要把流刑判决上报中央刑部备查。死刑判决，督抚还需上报刑部，特别重大的案子要直接上报皇帝。

案子到了中央刑部后，就进入了最高审级。刑部会对死刑案件从头进行复核，往往会调阅地方的案卷，还会要求押解人犯到京受审。死缓的就归入监候，立刻执行的归入立决，报皇帝裁定。死刑立决的案子并不多，大量案子都判了监候。监候不是说不执行死刑了，而是留到秋天进行"秋审"。秋审由刑部秋审处负责，秋天的时候把历年积压下来的死缓人犯、案卷，全都拿到天安门前面排开，一个一个审问。死缓案子最终有这么几种可能，第一种是确定为死刑，归入"情实"，推出天安门西边的虎门。第二种是觉得案件还有疑点，归入"可疑"，留待第二年再秋审。第三种是"可矜"，指的是犯人罪有应得，情有可原。可矜的犯人可能减等处理，改判流刑或者充军。第四种是罪犯的确得判死刑，但他是九代单传，如果把犯人杀了不合适，就归入"留养"。留养的犯人可能减等处理，并增加附加刑。秋审判决，大多数监候案件都会归入"可疑"，继续关押，再推给下一次秋审。有的死缓犯人，可能坐了二三十年的大牢，最后遇到大赦而出狱。如此反复，也是为了凸显司法中的道德色彩。特别重大的案件，皇帝一般会组织三法司会审。三法司确定了后，立决的由皇帝勾决。这样的设计，赋予不同审级不同的权力。死刑要经过七道审讯，在程序上是非常严密的。

中国古代社会对司法其实是排斥的。大家觉得打官司是一件不光彩的事，有事尽量不要往官府跑。官员不愿意老百姓打官司，多一桩官司就证明有一群老百姓没有教化好，是官员工作不力的表现；多一起诉讼就证明统治不像预想的那么平稳顺滑，有矛盾、有冲突，每一起诉讼都暴露出行政治理上的一个问题。更何况，万一遇到了疑难杂案，迟迟难以审结或者审判错误，官员会将自己的政治前途搭进去。古代很少出现恶性刑事大案，一旦发生了，整个地方都会轰动起来，上级官府会施加极大的破案压力。在清朝，死刑案件州县官府要在三个月以内审讯完结，如果是特别重大的刑事案件，死亡多人，州县官府必须在两个月内审讯完结。逾期就要处罚官员，逾期越久，官员的处罚就越重，直至革职留任，破案后再做处理。多少冤案，就是在巨大的破案压力下产生的。

老百姓也不愿意打官司。无论是原告还是被告，打官司都得到监狱里走一趟，因为随时要准备受审。万一案子审个十天半个月，不仅没了正常收入，而且还要给牢头和狱霸送礼行贿。过堂的时候，上上下下又要打点。县官老爷你得贿赂，不然担心他对你动刑，或者做出不利的判决；差役你也得贿赂，不交钱的话要受皮肉之苦；书吏还要贿赂，不交钱的话他把你的案子往后拖，八月初一"挂号",十月初一才"过堂"。你要在监狱里待两个月。如果你行贿了几两银子,他可能八月十号就安排你过堂了。

古代有差役专吃"官司饭"。县官说打十个板子,犯人没给打板子的差役塞钱,十板子下去能把人打残了;行贿了,打一百板子人都是好好的。明清差役就有这一手绝活,对着一块豆腐打一百板子,豆腐能不烂,普通人敲一下豆腐就烂了。"技艺"更高超的差役,敲打豆腐,能让豆腐表面不烂,内里已经粉碎。还有一种刑讯手段叫作"夹棍",用麻绳串起木棍,夹嫌犯的四肢。如果嫌犯行贿了,差役给他上完夹棍,胳膊通红通红的,实际上一点事都没有,只是血流不畅而已。如果不塞银子,上完夹棍,皮肤看起来一点儿事都没有,其实骨头已经粉碎了。举个例子,两套夹棍,一套夹棍用了几十年了,旧木头磨得非常光滑,用旧绳子绑在一起。另一套夹棍是散发着木香的新木头,用新搓出来的麻绳绑在一起。你觉得哪套夹棍比较厉害?多数人会觉得新夹棍比较厉害,其实错了。旧夹棍因为绳子、木头都已经磨光滑了,几乎没有摩擦力,直接一夹就能把人骨头给夹碎了。而新夹棍的威力大部分消耗在了木头和麻绳的摩擦上,看起来新,其实夹起来并不疼。用哪一套夹棍,经办差役说了算,当事人敢不行贿吗?

老百姓不愿意打官司的另一个原因是精神受辱。古代司法案件,相关人等都要羁押,随时候传,有家不能回,受尽差役、狱卒的侮辱。更何况中国社会是一个熟人社会,王五成了张三和李四案的证人,王五说话,总会得罪一个人,得罪了一个人就意味着得罪了他整个村子的人,得罪了他整个宗族的人。所以老百姓不愿牵涉到案子里。很多时候,差役发差,到村子里一看,整村的人都跑光了,找不到一个证人。万一碰到了人命大案,县官带着一大帮人到村子勘察,翻墙倒柜,能把半个村子都指为现场,半个村子的都回不了家。差役们说你家房间是第一现场,那你就回不了家了,他说四邻都有嫌疑,所有的人都得抓回去。所以碰到杀人案,村民宁可把尸体移到邻村去,也不能让人报案。有的当事人,官司打了一半了,坚持不下去了,要撤诉,他还得行贿送礼,给差役和书吏"息诉钱"或者"和解钱"。所以,一般人不是被逼上绝路了,是不会打官司的。

古代司法看起来程序严密,律条繁多,官员也不见得都是贪赃枉法之人,但是冤案错案层出不穷，这又原因何在呢？

举个例子，比如说河北省保定人张三，考中进士后出任浙江省丽水知县。丽水出了一桩灭门惨案，浙江省政府发下公文，措辞严厉，限张三在四十日内破案。当时没有法医，不能够采集指纹，不能够检验DNA，更没有监控录像可以提供线索，而且也不像现在交通、通讯这么发达，破案进度非常慢。张三要在四十天里破获一起无头疑案，可能性不大。他所能做的就是广撒网，尽可能把犯罪嫌疑人都给抓起来，抓起来之后除了严刑拷打以外没有其他手段。指纹、皮肤、毛发、血迹、打斗痕迹等等都用不上，张三只有严刑拷打。

现代司法的一大原则是"疑罪从无"，嫌疑人也是有人权的，只要没有定罪，他就是无辜的。并且所有疑点利益归于被告，不是归于原告的。只要证据里面有瑕疵，就不能被采信。古代可不是这样。丽水知县张三抓了一个嫌疑人，他要做的就是让嫌疑人认罪。在既没有法医技术，又没有被告权益保护的情况下，定罪的依据就是嫌犯的口供。古代司法定罪最主要的不是人证，不是物证，而是口供。为了得到口供，官员能依靠的只有严刑拷打。古代司法官绝大多数是读着圣贤书出仕的，他们也为人子、为人父，也是从社会底层上来的。他们肯定知道严刑拷打不对，但是他们首先得保住官位，得完成破案任务。为了保住身份地位，张三必须在限期内得到嫌犯的口供，给他定罪。他要拷打所有嫌犯，白天不行就连夜拷打，连续拷打三四天。现在我们都知道，口供是最不可信的，重刑之下何患没有口供？

"狱贵初情"[1]，案子的最初判断是最重要的。案子发生在哪个县，所属知县的审讯是最重要的。知府也好，按察使也好，巡抚也好，刑部也好，都不可能把这个案子从头到尾认真审一遍。基层官员的工作量大，上司的工作量更大。越往上，官员的审案压力越大。巡抚大人不可能把全省上报的案子都认真重审一遍。上司接到下属呈送的案卷，最多就是把文字、物证看一遍，再把相关人等提上堂来，按照"既定案情"问一遍。知县花了一个月把这个案子审清楚，知府、

---

[1] 狱贵初情，指判断案件在一开始就掌握实情。

道台、巡抚的重审可能也就一天。不负责任的上司，拿着结论照本宣科，人证点点头，案子即过。遇到有犯人重审当场喊冤的，上司的惯常做法是继续用刑，逼犯人承认原审结论。犯人不肯，上司就说"案情可疑"，发回原审衙门重审。这就等于把羊赶回了虎口。上级衙门更看重的是，案卷是否齐全、判罚是否得当、文字是否清晰，上级官吏的重审更像是在"审查文字"，做文字游戏而已。只要形式上看起来合法合规，依法办事，万一出事，上级衙门就能推卸掉责任。所以说，案子初审很重要。

恰恰是狱贵初情，把司法压力都转嫁到了基层官员身上，造成了基层压力过大。基层知县知州的司法能力，乃至个人好恶，很大程度上决定了案子的最终结果。可他们其实并没有接受司法方面的培训，又缺乏相应的技术手段（最主要的司法手段也许就是严刑逼供），为了让承审的案子在漫长的司法流程中、在法定的审理期限内通过，为了让案子不影响自己的仕途，必须把案子办得跟法律条文一模一样。可是现实永远不可能是法律条文所能描绘的，案情不可能跟法律条文严丝合缝。一个证人说，案发当天我看到了前半段，后半段不太清楚；或者第一个证人说张三砍了李四两刀，砍在左肩，第二个证人说张三砍了三刀，砍在左脖。上司会说"案情不清"，驳回。[1] 为了依法办案，初审官员只能"塑造"案情，把案子往法律条文上靠，还得让相关人等"众口一词"，口供一模一样，同时还必须搜集和供述完全吻合的物证。这就不是在审案了，而是在"制造案情"，根据上司喜好、朝廷律例、流转程序把案情塑造得无懈可击，证明自己判罚得当。依法办案就变成了"依法造案"。造案势必加重刑讯逼供，冤案就这么产生了。

破案压力、有罪推定、刑讯逼供、过分依赖口供、狱贵初情、复审形同虚设，这些因素使得古代出现冤案是大概率事件。如果再加上一个残酷贪婪的经办官员，出现冤案几乎就是必然的了。有了冤案就得平反，历朝历代都制定了申

---

[1] 事实上，所有人对于同一件事情，不可能描述得一模一样。一百个人眼里有一百个哈姆莱特。要求所有人供述一模一样，本身就是不合理的。

诉、平反的司法程序。

所有当事人都可以提起申诉，越级告也好，拦轿喊冤也好，告御状也好，都是合法的。但是实际上，通过正常司法程序得到平反的冤案，屈指可数。大家说来说去都是"杨乃武与小白菜案"等少数几个案子。杨乃武与小白菜案的平反，不是依靠案情本身得以平反，而是依赖于幕后的政治斗争，是江浙官僚集团和湘军官僚集团斗争的结果。杨乃武与小白菜只不过是大棋盘上的两枚小棋子。排除政治因素，真正就案情论案情得到平反的冤案有几个？

为什么冤案难平反呢？第一，制度设计越严密，审讯的级别越多，案子牵涉的官员就越多，平反的阻力就越大。平反成案，面对的不是某一个官员，而是站在案子背后的整个官僚集团。每一级确认判决的官员，所有在案卷中提及的官员，都会因为案子的平反受到处分，都要面临处罚。他们很自然就组成了阻碍平反的利益集团。每一个案子的平反，都是蒙冤者在跟整个官僚集团作斗争。杨乃武与小白菜案，是杨家人和整个湘军官僚集团做斗争，如果不是有更加强大的政治势力介入，是平反不了的。看似严密的制度设计，反而增加了平反难度。

第二，官员明哲保身，轻易不接受申诉。官府虽然允许拦轿喊冤，但我相信没有一个官员愿意遇到拦轿喊冤的人。他拦了你的轿，这个案子你是接还是不接呢？按朝廷法制，你得接，但接了就意味着你替当事人重启一桩成案。你怎么知道原审官员是什么背景，原来的案子有什么隐情？你怎么知道现在案卷是在刑部尚书手里，还是在皇上的手里？谁接了申诉，谁就是自找麻烦。所以，一般情况下官员出巡，两边都会有亲兵和护卫隔开人群，就是不希望有人拦轿喊冤。当年刺马案里面的两江总督马新贻，就是被佯装拦轿喊冤的张汶祥刺杀的。

第三，平反不仅要证明冤主是冤枉的，还要证明原供状是假的。你说这是冤案，但是原审官员会说罪犯已经认罪，有口供、有画押、有物证，你怎么证明这些都是假的呢？平反者同样面临没有技术手段、没有法医的困境，除非是碰到像宋慈那样的人，能提供强大的技术支持，不然很难驳倒原判。

和钱粮赋税实践中有一个揽户群体一样，司法刑狱实践中也有"讼师"群体。老百姓去打官司，不熟悉程序和规章制度，大部分人连状纸都不会写，那还怎么诉讼啊？他就需要专业人士提供帮助。讼师就是这样的专业人士。他们类似现在的律师，但其在古代社会地位很低，官民双方都不喜欢他。讼师是一个比较中性的说法，不客气的就喊"讼棍"，跟赌棍、淫棍是同一个意思。

古代讼师两头不讨好。第一，古代司法道德色彩浓厚，人们觉得一个人靠帮别人打官司谋利，是不道德的。如果替原告打官司，讼师把收益建立在原告的痛苦之上；如果替被告打官司，讼师巧舌如簧（"拨弄是非"的同义词）帮一个有罪的人开脱，都是不道德的。

第二，从制度角度分析，如果国家的法律条文明确、严密，各级官府严格依法办事，那就不需要有人申冤、帮人洗冤。也就是说，如果各方面都运行理想的话，是根本不需要有讼师行业存在的。讼师的出现，就意味着朝廷司法制度出现了纰漏，程序出现了问题，或者是司法官吏行为不端。从制度上来说，讼师的存在意味着正常司法体系出了问题，这是官府不愿意看到的。往严重了说，讼师弄事，有鼓噪百姓、向官府施加压力的嫌疑。

第三，讼师的价值在于他能否巧舌如簧，能否运用辩论技巧让委托人利益最大化。在官员看来，讼师是在钻法律的空子，在做逻辑游戏，行为本身就证明自己是"刁民"。古代社会不喜欢打官司，但是讼师必然鼓动老百姓打官司，他才能有饭吃。这是和社会主流价值相悖的，官民都不喜欢这个行业。

这三方面原因决定了古代讼师是一个灰色存在。但是社会又确实需要这个行业，普通百姓需要讼师替自己申诉。何况，并不是所有讼师都是坏人，所以，讼师始终存在。官府禁不能绝，就采取"官方准入"，只有官府认可的人才能执业讼师。比如，宋朝允许民间开设"写状钞书铺户"，承办诉讼和公证等事务。清代则只有经政府考核通过的"代书"，才能为百姓书写状纸。由于官府对代书限制很多，打官司的百姓往往先找好"野讼师"（清末杨乃武就是一名野讼师，可能因此得罪过余杭官府，种下了日后的苦果），事先拟好状纸的草稿，再请代书抄写和盖印了事。中西方观念不一样，西方人有了问题喜欢当面锣对面鼓地坐下来谈清楚；传统中国讲究"和为贵"，所以中西方对这个行业存在根本性不同。

教化百姓与陋规泛滥

传统社会的官员,按时收纳钱粮赋税、及时审结司法刑狱就算是称职了吗?只做到这两点,不算是称职的地方官,还要做一些其他事情,比如修学宫、劝纺织、禁止妇女游春、禁馈送、惩治地棍、收养孤贫、恤狱禁、禁宰耕牛等等。

这些就是官员的第三方面工作:教化百姓。官员既然是"民之父母",就要像父母双亲一样,把正确的思想观念教导给子女。官府要引导老百姓,告诉他们什么是健康的生活,什么是正确的言行,什么是宏大的目标,怎么才能奔着理想目标好好生活。这个过程就是官府宣传教育、教化百姓的过程。在潜移默化过程中,官府把忠孝礼智信、权利与义务等镶嵌到了老百姓的日常生活中。教化的效果不会立竿见影,甚至看不出有什么切实的成效,但却是一项关系到国家长治久安的根本工作,意义深远。"大清相国"陈廷敬有言:"国家久安长治之基,关乎风俗;风俗盛衰之故,系乎人心;正人心、厚风俗之机存乎教化。"大体上,古人把人心好坏看作是政治稳定的基础,而教化就是正人心、厚风俗的工作。人心固,江山才能稳。

历朝历代都会颁发一些大而全、原则性的"思想教育纲要"。这些诏书或圣旨,地方官是需要向老百姓反复宣讲的。比如,朱元璋颁布的《守令八事》第一条就讲:"州县之官,宜宣扬风化,抚安其民,均赋役,恤穷困,审冤抑,禁盗贼;时命里长告戒其里人,敦行孝弟,尽力南亩,毋作非为,以罹刑罚;行乡饮酒礼,使知尊卑贵贱之体,岁终察其所行善恶而旌别之。"教化百姓,维护等级秩序、尊卑贵贱,是朱元璋给州县官员布置的首要任务。清代康熙皇帝也颁发过《圣谕广训》,提倡百姓以某些行为为荣,以某些行为为耻,各有八条,一共是十六条,对仗工整,宣讲起来朗朗上口。地方官府不仅要向老百姓宣传,还得书写在衙门口的八字墙上,各村各镇也得辟出一块醒目地块来,书写告示、张贴标语。基层社会出现了"学习典型",州县官府还要表彰和推广,比如,选拔一些小孩子，看谁能够把有关教化的圣旨倒背如流，背的声音洪亮又清楚，官府有奖赏，有的地方还定期举办类似的选拔或比赛活动。

明太祖朱元璋从乡间而来，很重视基层教化。他在地方推广"申明亭""旌善亭"，把违法乱纪和好人好事分别张贴出来，惩恶扬善。原本，历朝历代就推崇老年人，六十称耆、七十呼老（古代六十七岁的人很少），把年纪和声望、道德相提并论。同时，推崇长者，也是"孝道"的题中之义。明朝则正式在乡村设置"耆老"，推举年高有德、众望所归的长者为耆老，来调解民间纠纷、社会问题。一般的小事，都必须经过耆老，只有刑事案件和调解不成的才允许报官。清朝延续之，基层官府常常委任一些长者为耆老，希望他们在基层发挥作用。一半是因为官府的强制力量，一半是宗族力量、孝道因素等的作用，明清基层社会的耆老，和保甲、乡绅、宗族等一起发挥作用。相比而言，耆老可能是最薄弱的一股力量，可有可无。常常是乡间宣读《圣谕广训》或者修订乡规民约的时候，才请耆老出来，增添教化的效果。

官员教化工作的另一项重要内容是主持科举考试。科举图书是王朝意识形态的精华所在，而科举考试就是选拔效忠王朝的精英分子。地方上的科举考试，由同级的正印官主持。县里童生考秀才，由知县来组织，州里就由知州来组织，府里就由知府组织；乡试就由巡抚或者总督出面组织。有的时候，地方官员还要视察官学，和学生们交流学问，奖勤罚懒。这就比较难为一些官员了，尤其是那些本身文化水平不高的官员。清朝有个知县，捐纳出身，照例要视察县学，考评学生的学业。动身前，知县就问幕僚，什么样的文章才能算是好文章呢？这个问题太大了，幕僚们不知道如何作答。有一个师爷就说，文章好坏关键在于笔力，用笔很重要。知县就记住了，然后当着一群读书人讲话："文章好坏用笔很重要。"县学师生们都知道知县的官是买来的，现在一听都大为惊讶。知县接着说："你们一定要选一支好笔。本官用的笔都是重金求购，几个铜板一支的笔我根本不用。"县学里哄堂大笑。

一个理想的父母官应该是这样的：明代天顺时期的河南许州知州陈纪，"教民为善，且谕以治生之道，察民间夜有读书或有纺绩之声者，给油助之；虽隶卒亦各课以生业，乡市之民无游惰者。岁歉则令民种菜备食，城壕中藕鱼，听民自取，不为禁。有轻侠无赖者，给与牛绢，令其改过，由是感化有没齿不敢为恶者"[1]。现在我们还能在城镇通衢看到孔庙、官学、戏台子的古迹；在乡间地头看到古时的牌坊，既有贞节牌坊、诰命牌坊，也有科举高中牌坊、显宦居乡牌坊，它们就是古代教化工作的遗迹。

明清的知县、知州、知府，就居住在官衙里面。几纵几进院子的衙门，两边是各房书吏办公室、监牢仓库、佐杂衙署等等，中轴线前进的大堂、二堂是正印官的办公场所，中间是会客场所，后院就是生活场所。后院也称"后衙"，之前都是"政堂"。每年天蒙蒙亮，后衙开始敲铁片（"云升"），政堂敲竹筒（"梆"），表示州县官要出来办公了。书吏、差役都要备好，见过长官，分发案件，回去干活。官员出巡、会客、放告，各不相同，如果没其他事情，就到"签押房"（类似于堆满公文的办公室）办公。傍晚，又是一通云升和竹梆声响，州县官准备回后院休息了。书吏和差役们要上交当日公文和交办的事务。常常晚饭后，州县官还要回前面加班，称为"晚堂"。除了春节可以休息三天外，地方官是没有节假日的。如果遇到辖区有重大工程建设、外出乡间勘察案件、陪同上司视察巡防，地方官风餐露宿、夜以继日地奔忙，都是有可能的。

工作压力大、时间长，是地方官日常状态的一方面。州县官身体很累，他们的心更累。心累的部分原因是要处理各种各样的关系，再难再烦琐的事情都逃不掉，要迎难而上，费神费力。另外一大原因则是为了完成工作，地方官不得不行走在黑白之间。维持政务运转，地方官不得不采取一些不一定合法但必需的手段。比如，知县为了在限期内审结官司，必须和原告、被告达成某种程度的"供诉交换"。如果犯人供认不讳，知县答应帮忙掩饰以减轻罪罚。又比如，知府为了某项地方公共建设或者某项乡规民约，必须争取某位大乡绅的主持，为此他得在其他方面做出妥协：本年度的县试，知县可能就录取这位乡绅的孩子为秀才。

---

[1]【明】张萱：《西园闻见录》卷九六《政术·住行·陈纪》，哈佛燕京学社，1940年。转引自许燕婵《试论明代州县政府的治安管理》，载于《经济与社会发展》2007年第6期。

明清时期有个专有名词，概括类似的灰色行为——陋规。既然是"规"，就有规矩、制度的意思，但是它又是"陋"的，而不是光明正大、冠冕堂皇的，用来形容明清官员在现实中的惯常做法。官员们用陋规联络关系、沟通交流、化解难题，几乎都存在利益输送，既然是利益输送，就得和银子有关。所以，陋规都和钱有关。

陋规自古有之，远古时代贵族之间就有相互馈赠的行为，官僚行政办事也有多征多收、模糊办事的现实，到了明清时期才正式固定下来，冠以各种好听的名字。比如，地方官要和朝廷衮衮诸公、相关部院官员联络感情，夏天送礼称"冰敬"，意思是让收礼方买冰降温；冬天送礼称"炭敬"，意思是买炭保暖；有事没事还送"瓜敬""果敬"，逢年过节要送"节敬"。节敬也有叫"节礼"的。一年中有"三节两寿"，三节是端午、中秋和元旦（春节），两寿是收礼方及其正妻的生日——当然了，官员家有红白喜事，同僚及下属也是要表示表示的。因为"礼""敬"名目繁多，陋规也名"规礼"。

陋规也好，规礼也好，并非只存在官员交际之间，而是渗透政治体制的方方面面。之前提到，老百姓去打官司，要给书吏、差役行贿送礼，这就属于陋规。此外，官员外出办差是没有"出差补助"的，那就要打扰过往地方衙门。地方州县要接待过往官员，赠送"程仪"，就类似于资助盘缠。所有这些陋规，都没有白纸黑字的正式文件支持。它们累积在一起，数目相当可观，大大增加了老百姓的负担。因此，古代官员在收受规礼之时，难免有心理负担，一来既不合法，二来也是盘剥老百姓。

不过，官员们也有自我安慰的理由：我是为了工作！多数陋规的存在，客观上弥补了国家正式财政的不足，是对法定制度缺失的一种补充。比如，朝廷对地方财政集权过死，限制过多，陋规的存在就可以宽裕地方官的腰包；正式的行政费用少得可以忽略不计，而下属、百姓交来的陋规就可以用来维持日常行政。至于那些看似用来维持官员私人关系的礼金，考虑到传统社会中公事与私事难以分割，上下级关系、同僚关系对行政关系重大，其实礼金也是投在了行政上面。事实上，一旦官员离开了职位，他就很难再收到相应的陋规了。这也从反面证明了陋规其实涉及"行政开支"。再退一步来说，部分陋规的确进入了官员个人的腰包。可从官员角度来说，他雇的师爷、幕客、长随、听差等，其实都在执行公务，补充了地方公务力量的不足。这些官员自雇幕僚、随从的薪水，完全由官员自己承担，其实是让官员自掏腰包帮所在衙门雇用了公务力量。他必然要以陋规形式来承担这部分经济压力。所以，古人看得明白，称陋规是"取之于民，用之于公"。现在有学者则把陋规称为"非正式税收"。

这种非正式的财政开支，规模不小，往来也很频繁，形成了一套并不亚于正式财政制度的现实系统。官员的难处在于，现实存在并不是合法的，却不可或缺。地方官府往往有两本账，一本对应朝廷法规，摆在明面上，一本是真实的开支账簿。在上司视察、官员交接的时候，大家谈论的是前一本账。但是官员们更在意后一本账簿，他的日常行政、个人待遇，其实仰仗于后一本账的平衡与否。至于它如何在一任任官员间交接，如何维持平衡，就是幕后运作的结果了。地位越高，时间越久，对官员个人平衡、运作的要求就越高。如此，官员们能不心累吗？

朝野上下，对此种情况心知肚明，就连皇帝多少也知道底下官员的不易。有一些年轻气盛的御史，揭发、参劾过官员们收受陋规、名实不副的情况，皇帝和宰辅大臣往往斥之为"清官多事"。康熙后期，江宁织造曹寅密奏康熙帝诉苦说，织造衙门每年送给两江总督、江苏巡抚衙门的规礼，就超过了三万四千两银子。织造衙门虽然有钱，可也觉得这是一笔不小的数目，而且对摆在明面上的账目冲击极大。康熙帝批示道：小曹，这笔钱是不能少的，何苦和地方督抚积仇呢？确实，作为朝廷派驻地方的机构，织造衙门离不开江苏地方官府的支持。从两江总督、江苏巡抚的角度思考问题，他们管理那么大的地方，底下有那么多的事儿，哪里少得了用钱的时候，手里怎么能没有几万两自由支配的银子呢？

巧合的是，同时的两江总督噶礼也向康熙帝参奏江宁织造曹寅，揭发织造衙门陋规横行，每年聚拢银两难以计数。康熙帝批示道："朕知之甚悉。"康熙帝对织造衙门的做法很了解。曹寅如果不收支陋规，如何完成康熙帝交办的各项"秘密任务"，如何满足皇亲贵戚的各种欲求？更何况，织造衙门聚拢的钱财，有一部分不还补贴了你江苏的地方财政了吗？

行军打仗之时，皇帝对前方将帅的陋规问题表现得更加宽松。战场情况远比地方政务复杂，重赏、抚恤等事都需要钱，往往来不及走正常的程序（法定的标准也不能激励将士）。因此，将帅手头必然要有可支配的钱财，才能指挥那些兵油子、亡命徒冲锋陷阵。所以，明清两代"吃空饷"、滥报军功的现象比较普遍，皇帝和宰辅大臣也不深究。年羹尧用兵西北时，横索陋规、滥发盐引、冒领军功等等，雍正皇帝也睁一只眼闭一只眼。似乎可以这么说，如何看待陋规，可以反映一个人对政治实践的认知程度。

当然了，既然是"规"，就有一定的规矩、一定的标准。朝野不能容忍的是，超过惯常的标准乱加陋规。比如，前任知县每一两税银多加两钱"火耗"，等于多征收百分之二十的税收来维持日常行政。新任知县却要加征六钱火耗，就"过界"了，肯定会遭到乡绅、百姓的抵制。又比如，某地春节，知县、知州按例要向知府大人赠送一百两银子的"节礼"。知府大人就等着这笔银子给幕僚们发"年终奖"了。结果，某个知县只赠送了十两银子。那么，这个知县就"犯规"了，来年该县的公务到了府里少不了会磕磕绊绊。如果要有所改变，各利益攸关方就需要相互协调，得出一个大家默认的新标准来，不是任何一方可以横加改变的。历史上许多因为陋规引发的案子，大多是有人要破坏旧规矩，蛮横无理，最终激发了矛盾，捅破了窗户纸。比如，年羹尧后来做得就太过了，只顾自己方便、不顾他人利益，逐渐引起了朝野官员的不满。

陋规游离于正常制度之外，脱离必要的监管，常常是毫无监管，完全由长官说了算，所以最容易出问题。少数无良无品官员，以陋规为名，行暴敛贪腐之实，这也是让朝野言之摇头的事儿。

清朝雍正皇帝想找出一个既不影响正常工作，又能合法合规，卸去官员心理负担的办法来，最终推行了"火耗归公"政策。这项政策简单说，就是朝廷明确地方官府可以征收火耗，等于是把陋规抬到了明面上加以承认。作为交换，各地要明确征收的标准，而且征收的火耗统归到省一级，由省级统一支配。州县官员不能在归公之外再征收火耗，也不能自由支配火耗。这项政策的出发点，应该说是好的。但在根子上，雍正帝还是继承了高度集权、管控过死的财政思路，所以这遭到了各地官员的暗中抵制。虽然有部分陋规上缴，朝廷再以"养廉银"的形式补贴各位官员，但很大一部分陋规还在暗中波涛汹涌。政策执行之初，就有官员指出"火耗归公"会增加百姓的法定负担，不能去除陋规横行的现实。后来的事实发展，的确如此。

最后，再次重申，陋规是不合法的，它让每个官员都染上了"经济问题"。一旦有其他事，它就会成为官员的罪行。比如，两江总督噶礼、江宁织造曹寅，最后获罪抄家，都有贪渎、亏空等经济罪名。明朝的张居正，清朝的年羹尧、和珅，倒台的罪名中也都有受贿、敛财等。他们几位在钱财上的确不干净，但是导致他们倒台的根本原因，应该不是经济问题，而是政治问题。这就是用"经济罪"来算"政治账"，一算一个准。除非是刚到任的新科进士，哪位官员敢说自己没有规礼问题。这又无疑在每个官员头顶都悬上了一把利剑，不知何时落下。

是什么吸引他们从政

从上述内容可以看出，古代官员的工作量很重，压力很大，基本上要全身心扑在工作上，还不一定能保证不出差池。关键是心累。那么，当官有什么好呢，吸引他们这么拼命工作？

这首先涉及古代官员的待遇问题。古代官员有物质收益，定期领取俸禄。清朝正一品官员年俸是一百八十两，知县的年俸是四十五两，九品官一年的俸禄是三十一两。就是说，当三年知县，合法收益一共是一百三十五两银子。这是多大一笔钱呢？在北京，官员交际，一次得花掉十两左右的银子。师爷的佣金，一年大约两三百两，大约是知县年薪的五到七倍。可见，清朝官员的俸禄不高。当然了，清朝官员还有其他的合法收入，比如恩俸、禄米等等，大约是俸禄的一两倍。因为"底薪"不高，所有这些合法收入加在一起，清朝官员的总收入也不高。这些收入维持个人及少数近亲属的正常生活，应该无忧。可是如果还要承担庞大的幕僚、亲友群体的生活，同时展开必要的交际应酬，这肯定是远远不够的。中国古代财政讲究轻徭薄赋，历代都不是高薪。宋朝官员的俸禄和待遇可能是最好的，工资高，赏赐多，而且升职快。但宋朝官员离真正的财务自由，尚有一段差距。所以，物质收益不是吸引古代人去当官的主要原因。

除了正常收入以外，我们上一节讲过，官员还有规礼等灰色收入。这的确是官员的一大笔收入。但是，规礼用来弥补正常开销的不足，尚且为难，更不用说它是非法的。从理论上来说，从老百姓身上多取一分钱，就给现政权多造成一分损害，老百姓会把受到的伤害以及愤怒、不满最后都投射到这个政权上。所以，历朝历代都不会允许陋规横行。官员想依靠规礼增加收入，是不现实的。

可朝野都知道官员的待遇太低，各代都会给予一些补偿，比如说各种补贴。清朝官府都有役食钱，就是给办事的人吃饭的钱。这个钱不多，但是足够你吃得上食堂。再比如免费住房。地方官员及其家眷，可以居住在官衙。官衙有相当一部分面积是官员自由支配的地方，面积相当可观。当然了，京官是没有免费住房的，得自己解决住房问题。一个新科进士，出任部院主事，七品官一年俸禄四十五两，在北京城里租完一座四合院，就没多少钱了。那怎么办？清朝京官会发双俸，一年领二十四个月的工资，同时发放禄米，可以领取与品级相对应的米粮。这是京官的待遇。

清朝官员还有养廉银。养廉银，简单而言就是"高薪养廉"，朝廷定期支付官员银两，保证官员不至于因为生活待遇问题去贪污受贿、徇私舞弊。养廉银金额很高，从五六百两到两三万两不等，远远高于官员俸禄。大家想想，一品官一年工资才一百八十两，一下子发给他两万两养廉银，从理论上讲已经很高了。一般的生活待遇问题，都可以用这笔钱解决。一般情况下，地方官员的养廉银比京官要多，因为地方官工作责任大，事务繁多，用钱的地方多。而且，偏远地方的官员养廉银比富裕地方要多。比如说，陕甘总督一年可以拿两万两养廉银，两江总督才一万多两。问题是，高薪真的能养廉吗？养廉银制度是雍正皇帝的创举，本意是觉得官员收入太低，可能会导致官员贪污腐败。可是如果一个官员真的廉洁得像海瑞那样，即使自己在府衙里种菜，他也不会去贪污。如果一个官员像和珅这样，那么一年给他十万两银子他都觉得不够。一个人廉洁与否，跟收入多少没有必然联系。高薪不一定养廉。事实上，雍正之前官员是没有养廉银的，那个时候有没有贪污腐败案件？有。雍正之后，贪污腐败的案件比没发养廉银的时候更多。这说明了高薪不一定养廉。当然了，古代官员不是冲着钱财去当官的，他们追求的是一些看不到的收益。

那么，官员看不到的收益有哪些？第一是身份。有了官员这个身份以后，就像范进中举一样，以前受人歧视、受人侮辱，现在就成了老爷。范进中举前一秒钟和后一秒钟，周围的人对他的态度是截然相反的。范进为什么高兴得发疯？因为他的身份发生了巨大变化。传统社会的老百姓，可能连官员的面都见不到，但是有了官员身份，拿着名帖，任何衙门都能够进去。从理论上讲，官员和官员是平等的，大家都是朝廷命官。一个知县去拜访内阁大学士，内阁大学士不好不见，再不想见也只能婉拒说"身体抱恙，改日再见"，不能直接拒之门外。但是，换作一个没有官员身份的土豪去拜访内阁大学士，看门人理都不理。土财主能否把名帖递进去都是问题。这就是身份的不同。内阁大学士答应见老百姓，大学士端坐高堂，老百姓就一路小跑进去；换作一名官员，哪怕只是九品官，来访官员进了门，大学士都得出门下台阶，立于阶下相迎。如果还像见土财主那样端坐高堂，就是"失礼"。官员相见，官职低的人先行礼，但是官职高的人要还礼，这就是身份的作用。

第二是封妻荫子。大家想想，一个女子从十几岁最美好的年华开始就跟着一个书生，操持家务乃至相夫教子，把最美好的时光都奉献给了丈夫。等到丈夫四十岁考中进士当上了官，夫君想补偿她，就可以向朝廷申请封妻子为诰命夫人。同样，官员母亲含辛茹苦，把儿子拉扯大，儿子当了官，他希望为母亲修一座牌坊，这就是封赠。清朝一品官可以向上封赠三代，二品官和三品官可以封赠两代，从四品官到七品官只能封赠一代，八、九品官只能封赠官员本身。与封赠相对的荫子，就是凭借父辈的光芒荫蔽子弟，给子弟政治利益。秦汉时期就有"任子"制度，一定级别的官员儿子可以直接出仕。后世的荫生入仕，也多是为官员子弟准备的。清朝四品左右官员，基本上就可以保举儿子去国子监就读，通过特定考试就可出仕。皇帝召见大臣，唠家常最常见的话题是什么？谈家庭。皇帝常常会问官员的子孙"可曾当差"。如果官员说尚未当差，皇帝还真可能会特旨安排引见。《宰相刘罗锅》里的"刘罗锅"刘墉是内阁大学士，他的父亲也是内阁大学士。清代张英是内阁大学士，他的儿子张廷玉照样是内阁大学士。中国古代有很多政治世家，荫子的特权在其中助力不少。荫子不一定能够保证官宦子弟飞黄腾达，但是能够增加很大的助力。其他人二十几岁还在读书赶考，官宦子弟凭借父亲或者祖父的余荫就当上了知县，这可远远地把同龄人甩在后边了。这就是封妻荫子。传统社会俗称的"光耀门楣"，就是如此。

绝大部分男人胸中是有一番抱负的，几乎全部读过书的人都想有一番作为。但是在古代中国，满腹诗书干什么去呢？去当作家，古代没有这个行业。去当艺术家，创作艺术作品，古代有这个行业，但是叫作"奇技淫巧"，从业者是匠人、是技师，地位很低。还有现实的原因是，艺术品的价值不一定能"折现"。不愿意当匠人的，往往有生计之虞。那么，去当老师，教学生，总"专业对口"吧？古代有塾师行业，但是工作不稳定，三五年一换是常态，收入也低微，不是理想的职业。那去游山玩水，当旅行家，这是很理想的职业吧？这个在古代叫作"不务正业"。还有人说，我境界很高，看破红尘了，我要去当和尚和道士。境界高的人毕竟是少数，绝大多数人达不到那样的境界——以此为终南捷径者除外。读书人去搞创作的、醉心山水的、当和尚道士的都很少，一般都是仕途失意才寄情于此。

现代社会，很多知识分子都被商业吸纳了。我们会发现，成功的商人或多或少都有些学问在身。目不识丁的富豪在现代环境已经很难再现了。然而，古代读书人经商的少之又少，为什么？重农抑商。商人地位低，居四民之末。中国传统社会轻商和歧视商人的氛围，让人受不了。你经商发财了，多数人不是想到你坑蒙拐骗，质疑你致富的方式，就是怀疑你为富不仁，似乎富人的道德水平天然就低。富人的财富也得不到官府的保护。整体社会氛围肯定会影响官府对富人阶层的态度。海青天海瑞在判案的时候，就宁屈富人不屈贫户。因为，海瑞一方面也觉得富人道德水平低，另一方面，即便可能是冤枉了富人，但富人有钱、家底厚，受点损失也不伤元气。所以，海瑞遇到案子，天然地站在穷人一边。这样的官员不是个案。在这样的大环境中，财富缺乏保障，经商致富阶层如果不与权力或者其他因素牢固结盟，是维持不了现状的。可是，官府又忌讳商人和权力的结盟。朝廷难以接受富可敌国的商贾出现，忌讳经济力量威胁政治统治，因此古代商人的发展面临"天花板危机"，一旦势力壮大就有危险了。政治干涉市场，官府查办大商家，是古代历史的一个常态。所以，即便是在官场难以容身的人，也极少有转型经商的。

  知识分子面临一个永恒的问题，就是如何实现抱负，如何施展才华？个人才能需要一个平台、一个机会。在古代，这个平台和机会只能由政治来提供。古代社会分化不完全、发展不成熟，知识分子想实现满腔抱负，路很窄，只能走仕途。这一点可能是最吸引古代人当官的因素。很多大盐商，积蓄了巨额资产，有垄断市场，按照现代人的想法，他会培养儿子干什么呢？可以继续当盐商，因为父亲给他留下了硕大的产业，销售渠道、经营团队、仓储物流都是全的。但是不！盐商有了钱以后第一样做的事情是办私塾，让子孙读书去赶考当官。即使一个人腰缠万贯，他也觉得要实现抱负，最大的平台还是衙门。当然了，因为有家庭产业作为支撑，盐商子弟的仕途起点会更高，从政之路走得也会更洒脱，可以挂冠而去，可以有一些自选动作。至于那些"自怜无旧业，不敢耻微官"的寒门士人，既需要机会，又迫于生活，只能为五斗米折腰了。

第十一讲　国之大事：古代军事和外交制度

人类组织一产生，就和战争纠结在一起。保障自己的安全，是人类组成更大、更严密的组织的原始动力。最初的部落和部落联盟，可以视为巨大的军事组织。谁打赢了，谁就掌握主导权，可以吞并其他组织，可以发展成更大的组织。在这个过程中，暴力就成了最初的合法性来源。另一个合法性来源是信仰。一些人或团体利用宗教、宗法、科技或纯粹的巧合，来构建一套令当时人信服的理论体系，给自己披上合法的外衣。《左传》说："国之大事，在祀与戎。"这里的"祀"，就是祭祀，也指信仰；"戎"就是军事，是暴力。这句话，概括了人类社会从早期直到先秦的政治大势。

迷信这种东西，随着大家知识水平提高，越来越式微。秦汉以后，迷信就不是重要的合法性来源了。也许，很多人表面上装作迷信，伪装愚昧，但在内心看得很清楚，想得很透彻，因为种种原因没有戳破而已。所以，"祀"不再是"国之大事"。

另一件事情，却一直是"国之大事"，那就是外交。当然了，古代中国无所谓现代外交。普天之下，莫非王土；率土之滨，莫非王臣。中央王朝压根不承认还存在其他国家，根本就不具备现代外交的前提，谈何外交？但是，不同的国家是客观存在的；国家之间的交往也客观存在——尽管是不平等的。本讲，我们要讲的另一件国之大事就是古代外交。

兵权无小事

原始社会是"兵民合一"的。平安无事,大家各自生活,一旦开战,青壮劳力齐上阵。当时的战斗规模也小,用后来的标准来衡量,也就是小摩擦、小冲突甚至是"群殴"事件。各派政治势力都没有常备军,更谈不上固定的军事机构,也没有专职的军官。部落首领在战场上,就是天然的指挥官。一些发展不太成熟的民族,军事体制大体如此。

随着社会的发展,仗越打越大,持续时间越来越长,原始的军事体制就不灵了。军队组织朝着专业化方向,军事制度朝着规范化方向发展。夏朝、商朝利用政权组织动员军队,开始出现了成千上万人参战的场面。当时的军队分车兵和徒卒,以车兵为主,主要装备是畜力驾挽的战车。战车的单位是"乘",一乘有一个驾车的人,因为他决定战车的速度和方向,也就在实践中占据指挥官的角色;此外还有左右两位战士,一个人射箭,负责远攻,一个人持长矛,负责近战。三个人都是站着的。这就是标准的一乘战车。战车实际上是移动的射箭平台。先秦时代的贵族子弟,都要接受所谓的"六艺"训练,即礼、乐、射、御、书、数,其中的射(射箭)和御(驾车)就是为驾驭战车作战准备的。

在战场上,战车滚滚而来,气势吓人,相对于徒步的士兵拥有绝对的优势,在先秦的战场上起到了核心作用。能够动员的战车的多少,是一国国力的象征。商汤灭夏的主力是"良车七十乘",周朝灭商的牧野之战中,周朝的主力军是"戎车三百乘"。齐桓公九合诸侯,号令天下,在于齐国能一次性出动战车八百乘作为武力后盾。晋楚争霸的城濮之战,晋文公出动战车七百乘,最后取得了胜利。当时的人常用"千乘之国"来炫耀武力,在他们看来,出动上千乘战车就是相当了不起的强国了,在现实中谁都没有这样的实力。

先秦的战争,往往是在"一个战场""一次交锋""一天之内"决出胜负。贵族们列队布阵,双方都倾尽全力,主力对主力、从正面发动攻击,决出胜负。

当时的宋襄公，就因为坚持不进攻渡河的楚军、不进攻没有布好阵型的楚军，才转胜为败的。很多人嘲笑宋襄公，笑他蠢，殊不知，春秋时代的贵族都是这样的。贵族有贵族的矜持。宋襄公是典型的贵族。贵族战争，光明正大、直截了当，太适合战车发挥了。到了春秋后期，战争才变得复杂，有谋略、有战术，战场绵延数十里甚至上百里，时间持续好几天甚至好几个月。

当时的军队都是临时征召而成的，分为左中右三军。"三军"就是这么来的，现在用来指海陆空三种形式的军队，而本意是指临战划为三部的军队。君王居于中军，直接指挥中军，并且统帅三军。至于军队的建制，商周的军队以"师"为最高建制，有"周六师""殷八师"等名称。《周礼》说的周朝军队建制是"师—旅—卒—两—伍"："二千五百人为师，师帅皆中大夫。五百人为旅，旅帅皆下大夫。百人为卒，卒长皆上士。二十五人为两，两司马皆中士。五人为伍，伍皆有长。"可见，当时的军队规模不大，也没有职业军官，大夫、士等贵族在战时充任军官。贵族既是行政长官，也是军事长官，文武不分。

战国时代，战争频繁，各国必须维持稳定的军队，不能再临时征召了，所以出现了常备军制度。比如晋文公设置了上中下三军，分别任命将领，其中中军将领又称"元帅"，这可能是史载的常备军设置之始。常备的军队催生了与军队有关的人员管理、日常事务、后勤保障等事务，军队行政出现，军政长官也随之产生。战国时期，楚国的司马、秦国和赵国的国尉，都是负责常备军行政的专门官员。需要注意的是，司马也好，国尉也好，都是军政长官。调兵遣将的权力牢牢掌握在君王手中。战国时期，军队调动以君主行文命令为准，并必须要有调兵的凭信，也就是兵符。兵符，形状像一头伏虎，一分为二，以榫相合，一半存在君主那里，一半颁发给将领。凡是调动军队五十人以上，必须要有君主的书面命令，并且要有虎符为凭。魏国信陵君救赵，就首先必偷得魏王宫中的半个虎符，然后假造文书，才取得将军晋鄙率领的八万军队的指挥权。就这样，军事权力在常备军出现之时，就划分为了军政（军队的日常行政）、军令（调兵遣将）、指挥（行军打仗）三项权力。君王握紧军令权不放，也就抓牢了军事的核心权力。

频繁的战争和军事重压，推动了军事领域的改革。战国时代的另一大变革体现在军事技术方面。赵武灵王改革的重要内容"胡服骑射",把游牧民族匈奴的骑射技术引进汉族地区。赵国把骑兵建设成军队的主力,大大增强了战斗力,一度西击秦国、南下中原,气势咄咄逼人。骑兵不仅对步兵拥有绝对优势,而且机动性完胜战车,其他国家纷纷效仿。之后,骑兵作战统治中国古代战场上千年。从车战到骑兵的转变,是战争形式的巨大变革,有里程碑式的意义。"国之大事在戎,戎之大用在马。"车战时代,人们重视御射和造车,骑兵时代人们重视马政。从秦汉到明清,马政都是朝廷的一大政务。凡是在军事上有所作为的时期,都是马政制度严密、执行有效的时期,比如汉武帝时期、唐代前期、北宋前期。官府有专门的养马机构,鼓励民间蓄马。

秦朝统一六国,设太尉统管军政,派遣将军行军打仗。秦军分驻首都咸阳和全国各地,中央驻军由皇帝直辖,地方驻军由地方太守、县令及其属官都尉、县尉指挥。中央驻军也称禁军[1],主要由皇帝的警卫部队和首都的卫戍部队组成。西汉禁军,警卫皇帝的是南军,卫戍首都的是北军。汉武帝为加强禁军力量,选择"六郡良家子"组成羽林、期门二军,有五六千人,又分为八部,由八个校尉率领。八部分别为中垒、屯骑、步兵、越骑、长水、胡骑、射声、虎贲,分驻京畿。这就是西汉军队的精锐主力。禁军集中而精干,装备优良,明显优于地方驻军,目的是防止地方势力威胁到中央。秦朝确立的"内重外轻""居重驭轻"的军事体制,为之后的王朝所继承。历朝历代都把精干武力直辖于朝廷,也就是皇帝,甚至把京畿周边和关隘要地的驻军也划归禁军系统。比如,北宋的"强干弱枝",几乎把稍微像样的官兵都划归禁军,禁军庞杂,数以十万计,《水浒传》中的林冲就是所谓的"八十万禁军"教头。而地方驻军,粗劣不堪,甚至是荒年招募流民的权宜结果,完全不加以训练。宋朝把这项政治传统"发

---

[1] 禁军起源于君主的亲兵集团。早在夏朝,君王就依靠近亲或者奴隶组建了亲兵集团。启当初破坏禅让制度,建立夏朝,身边的亲兵集团就出力不少。当时,亲兵就有侍卫君王和四出征伐的功能。商朝时有相对固定的亲兵队伍,甚至有亲兵给商王殉葬。西周的禁军队伍不断扩大,扩充至三四千人,称为"虎贲"或"亚旅"。春秋战国时期,楚国的郎尹、柱国,秦国的中尉等,都是禁军的专门军官。

扬光大"，虽然没有产生擅权的武将，但牺牲了军事系统的效率，牺牲了国家的军事实力。这是宋朝羸弱的一大重要原因。可见，任何制度的设置都有一个"度"，实施过度，好制度也会变成坏制度，其中的"权衡"很重要。

抓牢军令权、把主力集中在直辖禁军中，是帝王控制军权的两大法宝，后世皇帝都奉为至宝。

秦军的另一项重要制度是征兵制。全国统一后，征兵制推广到各地。服兵役成了老百姓的一项义务，是徭役的主要内容。秦朝二十三岁到六十岁的男子都可能被征召入伍，一生要当两次兵，一次卫戍首都，叫作"正卒"，期限为一年；一次戍边，叫作"戍卒"，守卫边疆，期限也是一年。在大泽乡起义的陈胜、吴广等人，就是戍卒。此外，秦朝百姓还要在郡县服兵役一个月，称为"更卒"。秦朝因为徭役频繁造成兵源匮乏，征兵不足就募兵补充，甚至征发刑徒为兵。汉朝继承征兵制，但百姓的服役期限大为缩减，可以在当地服役，称为"郡国兵"。郡国兵就是地方军队，有可能轮番抽调到中央宿卫朝廷，就成了中央军，也有可能被抽调去守卫边疆，就成了边防军。

郡国兵按照兵种，分为车骑、材官、楼船等，归郡一级的都尉、县一级的县尉管辖。郡国兵受朝廷指挥调遣，军令统于中央。遇到战事，西汉朝廷一开始以羽檄（插着鸟羽毛的木简）调发郡国兵，后来改为虎符。哪儿有事，朝廷就调发周边军队前去。郡国兵质量难以保证，加上有定额，常常满足不了战争需要，西汉还有募兵和强迫刑徒当兵等制度。汉武帝时战事频繁，募兵的规模增大。到了东汉初期，光武帝刘秀撤销郡国兵，汉军改为募兵为主、征兵为辅。平时保证一支常备军，不敷使用时也征发百姓。

魏晋南北朝是军制大变动的时期。乱世不能正常征兵，正常兵制也变得支离破碎。当时天下纷争，战争频发，皇权不稳，地方势力坐大。同时，地方长官为了更好地稳定辖区、拱卫皇权，确实也需要增强军权。三国时期的曹魏，设置"都督诸州军事"，授权要员镇守要地，比如镇守许昌的是"都督豫州诸军事"，镇守长安的是"都督关中雍凉诸军事"等。当时的州牧、刺史乃至太守，多加将军名号，同时加"持节""都督一州数州军事"或"都督中外军事"等名义,专擅军政大权。这种现象普遍存在,没有加将军名号或其他名义的地方长官往往难以开展工作,极少存在。都督成为魏晋南北朝时期的地方实权人物,往往割据地方。北周改都督为"总管",比如镇守寿阳的方镇长官原是"都督扬州诸军事",北周就改为"扬州总管",隋文帝杨坚就担任过此职。

当时的许多地方长官,本身就是在长期征战中厮杀出来的,顺理成章地专擅地方军政。他们的部属,大多是自行招募的家兵、部曲等,随着长官身份的升迁而"转正"为政府军。这些部队和长官保持着依附关系,兵认将、将知兵。在大乱世中,固定兵源非常重要,有经验的老兵尤其重要。所以,长官们为了保持部队战斗力,渐渐将部属及其家属编为"军籍"。这样,军人不仅是一份职业,还是一份世袭的职业。当时的官兵往往世代从军,称为"世兵"。乱世中,控制世兵的多少是衡量政治人物实力的标准。三国时代,曹操赖以发家的核心武力是青州兵,由招降的青州黄巾军组成,相互之间有人身依附关系。曹操病逝后,青州兵鼓噪而散,可证其世兵的本质。这一点在吴国体现得最为突出。东吴草创时期,周瑜、鲁肃都是带着自家的部曲加入孙策阵营,最后先后为都督,威震一方。之后,甘宁、贺齐等都是自募部曲加入东吴阵营的。政权反过来确认长官对部曲的控制。北魏的兵户制和镇戍兵制,西魏、北周的府兵制都是世兵制的变种。

世兵制开始的时候,战斗力较强,执行得不错。士兵们大多是有颠沛流离经历的流民,渴望稳定的生活,一开始拥护这项制度。慢慢地,长官视部曲为家丁、奴隶,待遇不稳定甚至持续下降,军人们地位低、素质差,战斗力变弱。世兵制失去了活力。

隋唐执行府兵制。各卫府统辖天下官兵,但没有调兵遣将、行军打仗的权力,其实就是和兵部分割了军政大权。遇到事情的时候,皇帝临时指派将领,再出兵作战,战后将领回朝复命,官兵各归卫府。卫府管辖的官兵本质也是世兵,父子从军。但是府兵的待遇大为改善。唐朝给府兵授田,官兵们的基本生活有制度保障。唐朝最多时有六百三十四个兵府,约六十万官兵。卫府制是建立在朝廷控制大量国有土地的基础之上的,是建立在均田制之上的。后来,随着均田制废弛，府兵制就被釜底抽薪了。府兵的质量难以保障，最后越来越难以征召。唐玄宗开元年间，朝廷开始执行募兵制。之后，募兵成为唐军的主要来源。

唐朝前期将地方军政大员从总管改称都督。唐睿宗时，都督加"使持节"，总管军政、民政和财政，称"节度使"。节度使专权，是当时动荡局势的客观反映，是晚唐五代军阀割据的制度基础。唐代后期，又有团练使、防御使、经略使等名称，无不是实权方镇大员。可见，禁军独大虽然有弊病，牺牲了灵活性和战斗力，但如果让军权操于地方大员手中，却可能打开军阀割据的大门，"天子宁有种乎，兵强马壮者为之耳。"

北宋建立后，宋太祖赵匡胤吸取晚唐五代军阀割据的教训，改革军制，主要目的是强化皇权对军权的控制。宋朝军队分禁军和地方军队（厢兵、乡兵和蕃兵等）。禁军是主力，最多时达百万以上，"居中驭外"。除了强干弱枝做法外，宋朝皇帝设置了枢密府，是最高军政机关，和政府并称"二府"。枢密院设有枢密使、副使等。又设置了"三衙"，掌管禁军，而禁军是政府军的主力和精锐，三衙就在实质上控制着主力军队。三衙也管辖全国厢兵，设有都指挥使、副都指挥使、都虞候等。通过这两个新机构，宋朝皇帝把兵权三分："枢密掌兵籍、虎符，三衙管诸军，率臣主兵柄，各有分守。"原有的兵部只掌管仪仗、武举和募兵等例行公事。战时，皇帝临时派遣统帅，授予都部署、招讨使等头衔，率兵出征，事罢还朝，这样就帅不知兵、兵不知将。

这样一来，宋朝皇帝在帝王控制兵权的两大法宝之外，又多了一个分权牵制的利器。当然了，帝王运用的治军措施越多，牺牲掉的军事效率和战斗力就越多。宋朝皇帝以"不自信"出名，当朝官制极为繁复，不仅军制如此，其他制度也是如此。

南宋的军队体制基本不变，但军队主力除了三衙禁军外，为了适应紧张的前线战事，在各大战场长期屯驻大军。当年，岳飞就是湖北前线的屯驻大军统帅，而不是禁军将领。"岳家军"不是禁军，而是地方屯驻大军。宋朝实行募兵制，实行依"兵样"选募、给兵士脸上刺字做记号防止脱逃等做法，又常常在大灾之年加大募兵规模，防止流民兴起，以募代赈。宋军的素质由此堪忧。宋朝还把罪犯刺配充军，比如《水浒传》中的林冲、宋江等人都曾是"贼配军"。

宋军的编制是百人为都，都分马军、步军，马军都的长官为军使、副兵马使，步军都的长官是都头、副都头。五都为营，长官为指挥使、副指挥使。五营为军，十军为厢，长官是都指挥使（也称军主、厢主），副长官是都虞候。所以，宋军的一都为一百人，一厢应该有两万五千人。军队的规模不大，加上上司习惯调用官兵给自己服劳役，甚至是经商、看家护院，一旦遇到什么事情能够调动的官兵并不多，速度也不快。根据《水浒传》推断，宋江等人的义军规模应该不大（有人估计梁山义军才几百人），但是惊动了皇帝派遣禁军来围剿。可见北宋地方驻军之少、之弱，中央禁军的战力也很可疑，难怪金军南下如入无人之地。

辽金元诸代是游牧民族建立的政权，各有其民族特点，但是都保留了枢密院作为最高军政机构，当然军令权还是掌握在君王手中。时间进入明朝，当时实行以屯田制为基础的卫所制。全国要害地区都建立了卫所，一卫大约有五千六百人，长官是指挥使；一卫有五个千户所，长官为千户；一千户所有十个百户所，长官为百户；一百户有两总旗，一总旗有五小旗。明朝军队还是分中央军和地方军两大部分。枢密院取消了，以五军都督府掌全国卫所军籍，兵部掌军政。遇到战争，皇帝任命总兵官出征，战罢兵归卫所，总兵还朝。地方军队隶属于驻防的各卫所，归各省都指挥使司管辖，其长官都指挥使又称"都司"。

清朝军队建制在前面已经有诸多涉及，清军绿营建制分标、协、营、汛。标设提督、总兵，也有总督、巡抚直辖的；协也是独立的建制，长官是副将。标和协都可能下辖营，营是绿营最主要的建制，行军打仗、招兵买马都以"营"为单位。营的长官为参将、游击、都司、守备，没有一定之规。也有没法安置的副将甚至总兵，实际充当一营长官的。汛是最基层建制，长官是千总、把总、外委等。

明清之际，一种新的战争形式兴起了，那就是炮战，炮战让战争主角从骑兵变成了炮兵。火药早在唐朝就发明了，唐宋之际就出现了火炮。南宋军队一度就依靠火炮抗击元军南侵，延迟了自身覆灭。但火炮真正成主角，还要到后金和明朝争夺天下的时候。当时，后金的八旗军队擅长骑射，在平原作战优势很明显。明军吃了好几次亏以后，认识到自己不可能在平原上和八旗军队争锋，所以改为坚守城池，配合大炮防守的战术，可以称之为"坚城加大炮"，很快就把八旗铁骑牵制在几座大城市之下，把八旗官兵轰得人仰马翻，努尔哈赤就是在宁远城外受炮击，伤重而死的。

后金政权意识到，传统的骑射打不赢装配火炮的明军。八旗军队开始炮兵队伍的建设，其呈现出两大特点，后来居上：一是起点高，直接利用当时引进的西方火器技术；二是规模大，成建制招降明朝的火炮部队（比如耿精忠、尚可喜等部明军）。他们在装备上更新换代、在训练上严格要求，明朝的降军就成了清朝的健卒。八旗军队发挥"骑兵加火炮"的战术：先用大炮猛攻城垣，然后骑兵冲锋、步兵跟进，这成了八旗军队克敌制胜的法宝。后金军队依靠红衣大炮，在辽东地区消灭了明军的主力，在潼关战役中消灭了大顺军的主力，在扬州消灭了南明政权的抵抗主力。一段时间，清军非常依赖炮兵，大炮不到，大军不敢冒进；大炮一到，就集中火力轰击。

明朝之所以在火炮竞争中失利，可以在制度方面寻找答案。明朝僵化、陈旧的军事制度阻碍了炮兵队伍的建设。建造火炮、训练炮兵、编制专门的炮兵部队，既需要海量的财政支持，更需要朝廷在人事、行政方面的支持。而且要淘汰落后，编练新军，涉及现有军事制度的变革。但是，明朝的军事制度强调军政和军令的分离、军队和指挥的分离，每到战争时期，朝廷从全国各地征调军队和粮饷、军械，拼凑大部队，再委派指挥官，不可能产生脱离现有卫所体制、专业化的独立的炮兵部队。就连现有的火炮，也因为主管锻造、保管火炮的兵部文官们，没有技术更新的动力，更缺乏技术更新的资金，结果什么都不做，眼看着现有火炮生锈淘汰，再原封不动复制同样落后老旧的大炮。

清军火炮定天下，但清朝并没有从中汲取经验教训，反而强调"骑射乃满洲之根本"，刀枪入库马放南山，不仅没有保持原有的主力火炮部队，而且也和明朝的兵部官员一样，故步自封，坐视火器技术迅速落后。而且，为了防止民间反抗，清朝严禁民间制造、私藏和使用火器。对绝大多数部队，朝廷只允许官兵们使用粗劣火器和冷兵器，对火器的制造和操练之法秘不示人。明清的武举内容，就没有火器什么事儿。朝廷不鼓励、不支持火器，火器迅速淡出了中国社会。

上述就是中国军事制度史的大概情况。详细情况没有几十万字是说不清楚的。下面，笔者再补充三点古代军制的专题内容。

第一个专题是禁军和地方军的划分问题。强干弱枝是皇帝控制军权的一大法宝。秦汉以后的政府军主力集中在禁军。西汉禁军分两部分，直接保卫皇帝的驻扎在长安城南的未央宫，称南军。南军又分为两部分，西汉皇帝的贴身侍卫，都是军官，由郎中令统领，称为"郎卫"；与皇帝关系不是太紧密的，守卫皇宫和巡查警戒的武装，称为"卫士"，由卫尉统领。另一部分禁军卫戍京师及其周边地区，类似首都的警卫部队，称北军，由中尉统领。南军随同皇帝出警入跸，北军则还承担战略机动部队的角色，有可能征伐四方。汉文帝时期设置了"卫将军"统领南北两军。卫将军地位次于三公，高于九卿，是禁军总管的角色。到了汉武帝时期，汉武帝有穷兵黩武的倾向，增强禁军力量，在南军中增加了期门军、羽林军，在北军中又增加了中垒、屯骑等八部，由八个校尉统领，各部人数从数百到上千人不等，主要承担战略机动部队的角色。

东汉禁军编制基本延续西汉制度，只是北军中除了卫尉统帅的部分外，西汉八校尉部改编为五校尉部，设置中候统领。到了汉灵帝时期，五校尉部又改为"西园八校尉部"。当时的枭雄袁绍、曹操等人都担任过西园校尉。各校尉部实权操于宦官之手。曹操为丞相，挟天子以令诸侯。他把自己的亲兵军官称为领军，魏晋南北朝各政权都延续之，帝王禁军统称领军，禁军统领称中领军（资格浅者）、领军将军（资格深者）。历代也有分置多军的，除了领军，还有护军，统领也是中护军、护军将军。此外还有羽林、虎贲、左卫、右卫、游击等军。这些军队名义上是禁军，实质是朝廷的主力部队。掌握禁军的将领往往能左右朝政，好多篡位者都是禁军将领出身，比如宋武帝刘裕。至于皇帝的随扈和侍卫力量，则设置了殿中将军统领。

隋唐实行卫府制。唐代禁军也分南北衙，南衙由府兵组成，北衙则由招募的壮士组成。唐代府兵制后来名存实亡，南衙禁军也名存实亡，官职主要用来安排官员；而北衙禁军不断壮大，最后壮大为"北衙十军"，有左右羽林、龙武、神武、神策、神威十部，其中最强大的是神策军。左右神策军名义上有大将军、将军，但又有宦官担任左右护军中尉掌握实权。在实践中，左护军中尉、右护军中尉成为最强大的政治人物，往往能左右政局。一般是太监首领担任这样的实职、要职，朝野尊称为"左右中尉"。左右中尉操于太监之手，政局就操于太监之手，甚至皇帝废立都要看太监的脸色。

五代时，各派政治势力都依靠亲兵作战。亲兵称牙兵，又成太阿倒持之势，主将要看牙兵脸色。宋太祖赵匡胤就是依靠北周的侍卫亲兵力量黄袍加身，建立北宋的。北宋将禁军分置"三衙"：殿前都指挥使司、侍卫亲军马军都指挥使司、侍卫亲军步军都指挥使司。三衙禁军数以十万计、装备精良、战力强劲，是政府军主力。各衙都有都指挥使、副都指挥使、都虞候作为长官，但往往不常设，朝廷不配齐官员，而且各衙互不干涉，防止有禁军将领在操控军权、专断朝政。

明朝的禁卫系统分亲军、京军、班军。亲军是明朝皇帝的警卫武力，有二十六卫之多（明朝实行卫所制），每卫都有都指挥使、指挥同知、指挥佥事等长官，下面还有千户、百户等军官。二十六卫中，最著名的、也是最特殊的，就是锦衣卫。锦衣卫实质是特务机构，专门监督百官，插手司法刑狱，下面有南北镇抚司。锦衣卫在明朝后期扩充至十余万人，可见明朝特务政治之盛。京军是首都的卫戍部队，主要有五军营、三千营、神机营三部分，合称"京军三大营"。班军是每年从地方各都司轮番抽调到京师宿卫的部队。清朝的禁军制度，我们在本书第四讲的"宫禁制度"部分已经详细论及，在此就不重复了。

第二个要讲的军事史专题，是一个有趣的问题：古代战争有多少人参与？我们常常能读到"雄兵百万""十万大军"之类的文字，《三国演义》中细微的军事行动都会"分兵五千"，给人的印象是中国古代战争动员的人数很多。这其中，文学虚构、声势浮夸占了很大部分。武王伐纣的时候，西周可谓是倾国而出，总兵力大约是三万八千人。这可能已经是夏商时期规模最大的战役了。春秋战国时期的诸侯国，上国有三五支部队，每部建制在两三千人左右。那么诸侯国的常备兵力也就一万出头，这已经算是大的诸侯国了。军队离不开后勤，我们讨论战争参与人数的多少，必须考虑到参战双方的物资保障情况，同时还要考虑各方控制的人口。只有综合考虑这两方面的因素，我们才能得出符合史实的参战人数。

汉末三国时期，因为东汉失政、民生凋敝，战斗的规模远逊于演义小说所言。汉末群雄争霸时期，一个豪强如果能拉起两三千人的队伍，完全就可以占据州郡了。当年，编草鞋的刘备，估计就在客商的支持下拉起了数百人的队伍，也具备了"上场的资格"。官渡之战中，袁绍号称兴兵百万，要统一中原。据估计，他的真实兵力为七八万。考虑到袁绍占领的并、冀、青、幽四州是黄巾起义、军阀混战的主战场，袁绍又并吞四州不久，能整合这么一支大军已经相当不易。估计袁绍是搜尽了所有资源，才勉强维持这支军队的后勤保障，不然怎么会在曹操偷袭了他的后勤基地乌巢后，袁军迅速土崩瓦解了呢？而曹操当时在豫州和山东地区组织抵御袁军的部队，也就一万多人。轮到曹操号称自己雄兵百万，要和孙权"会猎于吴"的时候，还是政治恐吓大于实践。曹军实际有十四五万人，此数包括了新归附的荆州降军。当时曹操占领区域远大于袁绍当年，而且经过了几年的屯田，曹操所组织的大军人数才远多于袁绍，而且在战败后不至于土崩瓦解。

隋炀帝时期，隋朝倾国而动讨伐高丽。杨广号称是"大军两百万"，真实人数为一百一十多万。此数除了战斗人员，应该还包括了隋炀帝杨广的行在人员和随军官吏。全军分二十四部，每一天开拔一部，两部相隔四十里地，所以前锋到达了辽河，后军还远在幽州，真正投入战斗的野战部队少之又少。为了保障大军，隋朝征调的民工数以百万计，扰动了黄河南北各州县，导致劳民伤财、民怨沸腾。隋朝耗费"开皇盛世"二十年积累的国力，才勉强发动了如此规模的征伐高丽的战争，最终还是元气大伤，王朝覆灭。隋朝征伐高丽的规模，可能是传统中国所能发动战争的规模极限。

唐朝以后大一统王朝，每部正规军，无论是军、厢还是司，人数都在一万人左右或者以下。朝廷似乎都不允许某人掌握超过万人的部队。清朝的正规军编制不到九十万人，其中八旗军队二十万出头，绿营部队定额约六十六万。但考虑到普遍的"吃空饷"现象，清军实际人数远低于该数。

第三个专题是将军名号的演变。我们习惯用"将军"来称呼高级军官。春秋晋文公设置三军的时候，三军指挥官分别是"将上军""将中军""将下军"。"将军"的叫法可能就是这么来的。当时的将军是临时差遣的指挥官，并非常设，常设的是军政长官司马、国尉等。秦朝建立后，三公之一的太尉（可能从秦国的国尉演变而来）是全国最高军政长官。汉代以"大将军"（中间曾改称"大司马"）为最高军政长官。大将军位列三公之上，并非常设，只授予德高望重的贵戚重臣。一旦授人，大将军开府建制，往往能够威胁皇权。汉武帝曾授霍去病为"骠骑将军"，仅次于大将军，也能开府建制，参与朝政。此外又有车骑将军、卫将军、前将军、后将军、左将军、右将军等，都能坐朝议政，决策国是。从大将军、骠骑将军到右将军，八人都位高权重，并非常设，号为"重号将军"。其中又以大将军最为尊贵，常常录尚书事，是文武兼重的真相，傲视三公九卿。野心家常常以大将军名位为跳板，行篡位夺权之实。如曹魏的司马懿，八王之乱中的诸王，永嘉南渡后的王敦、桓温等，都把大将军当为篡国的台阶。

从先秦到魏晋南北朝，将军名号是非常金贵的。多少人巴望着一朝拜将！想想当年刘邦以多么隆重的礼仪，拜韩信为将，那是多少少年郎梦寐以求的梦想！

从汉末开始，情况有所变化。一方面是有强烈的"市场需求"，皇帝就以将军名号为安抚、拉拢臣下的手段；另一方面是汉末战争频繁，派遣将领的情况很多，握有军功的将领越来越多，所以授予出去的将军名号越来越多。重号将军不够用了，就创造出了龙骧将军、骁骑将军、镇军将军等许多名号，号称"杂号将军"。比如，"书圣"王羲之人称"王右军"，因为他曾领"右将军"，是名副其实的重号将军。可他之前担任的是江州刺史、宁远将军，宁远将军就是杂号将军。三国英雄中的赵云，很受后人喜爱。很多人为赵云鸣不平，因为五虎将中的其他四位，都位列重号将军，而赵云只是翊军将军。不用说，翊军将军是杂号将军，杂号将军不能上朝议政，不能开府，权位远不如重号将军。不过后来，赵云又担任过镇南将军、征南将军。与赵云的名号类似的还有

"征""镇""安""平"四字开头,搭配"东南西北"方位的将军名号,比如安东将军、平北将军等。有人把"征镇安平"字头的十六位将军也视为"杂号将军",但更多的人把他们当作"重号将军"。大体上,魏晋南北朝的军职从贵到贱可能是:大将军、骠骑将军、车骑将军、卫将军、前后左右将军、四征将军、四镇将军、四安将军、四平将军、杂号将军,最末还有"偏将军",一般授予资格尚浅的军官。比如,关羽投靠曹操之初,就被授予偏将军,赵云在刘备占据荆州时期,也担任过偏将军。

杂号将军数以百计,授予既滥又随意,大体可勉强分为这么几类。第一类是以所部兵马命名,比如楼船将军、材官将军、轻车将军、强弩将军、戈船将军等,官名突出了部队属性。第二类将军名号和执掌、工作紧密相关,比如,诸葛亮曾任军师将军,主要工作就是出谋划策。汉武帝派李广利征讨西域贰师城,给李广利冠以贰师将军的名号。此类名号还有横海将军、度辽将军、征虏将军、捕虏将军、讨逆将军等等。第三类将军名号则是寄托了帝王或朝野的期望,比如伏波将军、武牙将军、鹰扬将军、安汉将军、抚军将军等等,赵云的"翊军将军"就属于此类。

进入隋唐后,卫府兵制兴起,各卫府都有同名的大将军,下有车骑将军等名。比如,隋朝的中央左卫中有左卫大将军,唐代十六卫、羽林、龙武、神武、神策等军也各有同名将军。但是从隋唐开始,"总管""都督"等名号已经取代了军政和指挥权,将军渐渐成为授予武官的散官名称。明朝时期,有事则置将军,事罢则免。清朝的将军,除了继续是一二品武官的封赠官名外,主要有四种情形:一是宗室爵号,如镇国将军、辅国将军等。二是驻防八旗的最高长官,由满人充任。驻防将军掌管驻防八旗军队及旗籍民事。三是清朝在黑龙江、吉林、伊犁、乌里雅苏台等边疆地区设置将军,此将军是当地的最高军政长官。比如,奉天将军是现在辽宁地区的最高军政长官。四是战时的临时称号,清朝授予统兵元帅将军,比如抚远大将军等。

进入民国后,袁世凯曾设"将军府",安排各地军阀和地方都督等实权派,授予威远将军、扬武将军等名号。这是历史传统的延续,也是将军权威的回光返照。之后，将军统一划为上中少三等，没有具体名号了。

天下观念与万国来朝

严格来说，中国古代并没有外交。为什么？普天之下，莫非王土，率土之滨，莫非王臣。所有东西都是皇帝的，所有人都是皇帝的臣民，根本不承认别人跟自己是平等的关系。所以，从理论上来说，中国古代没有真正意义上的外交，只有接受其他国家朝拜、贡献的份儿。所以大家就会发现一件事情，英国人来了以后，第一项事情是什么？他得下跪。英国人奇怪了，我出使贵国，为什么要下跪？率土之滨，莫非王臣，君臣大义你懂不懂？你不跪，就是不遵王化、不守礼数，你就没有面圣朝贡的资格。所以，清朝乾隆时期，中国和英国的第一次官方接触，就因为"跪还是不跪"的问题闹掰了。

几千年以来，中国人的眼界都集中在东亚地区，向北没有超过西伯利亚，向南没有跨过爪哇岛，向西没有超过印度，向东没有超过日本列岛。中国人的活动，也几乎没有超越这个范围。这就是古代中国人眼中的"天下"。中国文化发源于黄河流域，华夏民族诞生以来就在黄河流域处于绝对优势地位，其他的小部落要么被吞并，要么主动臣服于华夏民族。华夏民族是在不断向外融合扩展当中形成现代中国的。中国始终在东亚地区保持"超级大国"的地位，文化最昌盛，经济最繁荣，人口最多，国力超强，综合实力是"一骑绝尘"，让周边的小国家都望尘莫及。中国自然而然对其他国家拥有心理优势。从上到下，中国人都没有现代的"世界"概念，只有"天下"观念。整个天下都是以中国为中心展开的，其他国家都是"化外之国""蛮荒之地"（这是从文化角度说的），或者是可有可无的"蕞尔小国"（这是从实力角度说的），众星拱月一般围绕在中国周围。古人理想的国际体系，就是远处的政权都羡慕中华文明，向我们臣服，定期朝拜、进献土特产，所谓"万邦来朝"就是这样。定期朝拜、贡献方物，就是"朝贡"。中国历史上的官修史书将周边各国各民族与中央王朝的友好往来事例一概记作"朝贡"。这样,就以中国为核心,在东亚地区建立了一个"朝贡体系"。

周边国家进入朝贡体系,就成了"朝贡国""藩属国",就必须接受中国的规矩:第一,中国朝廷的册封是藩属国君王统治合法性的来源。藩属国国王死了,新国王不能立刻登基,必须向中国的皇帝报表,请求册封自己为新王。中国在这个时候是有选择权的。只要不是弑君自立、臭名昭著或者对中国态度傲慢、不遵守藩属礼节的,中国政府都会承认,颁布册封的诏书。新王在得到中国册封前不能称王,而称世子。如果世子短命,没来得及得到中国的册封,那么他终身都是世子。第二,藩属国要使用中国年号,奉行中国正朔。中国象征性地向藩属国颁发中国历法,宣教皇帝谕旨。他们对内统治、对外交往时,都要奉中国正朔,以中文为通商交流语言。第三,履行对中国皇帝的"臣子义务"。比如在中国皇帝生日、娶妻、诞子等,藩属国君王都要上表祝贺问候,在重大政治问题、外交事务上更要唯中国马首是瞻。当然了,中国皇帝下令交办什么事情,或者叫藩属国君王来中国朝拜,藩属国君王是不能拒绝的。拒绝就是抗旨,后果很严重——中国皇帝和藩属国君王类似君臣关系。

朝贡国当中,根据它们和中国关系的亲疏,也分一、二、三等。和中国关系最近的藩属国有两个,一个是朝鲜,一个是越南。早在战国时期,中国与越南、朝鲜就有了外交往来。关系稳定时,两国对中国是一年一贡,贡献的方物都特别多,使臣不绝于道。明清在北京专门修建了朝鲜馆和越南馆,接待两国的朝贡使团。这两个国家在东亚各国中,与中国关系最好,自身汉化程度也最深。两国一度都以汉字为官方文字,中国对它们影响之深,可见一斑。前几年热播的韩国电视剧《大长今》,就处处显示出中国对古代朝鲜的影响,汉字在电视剧中随处可见。中国为了帮助朝鲜抵御日本的侵略,在唐代、明代两次援朝抗日。其中明代后期,为了援助朝鲜抵抗丰臣秀吉,万历皇帝几乎倾尽全力出兵。历史学家把明朝耗费元气援助朝鲜,看作是明朝衰亡的一大原因。朝鲜感激明朝"再造之恩",明亡清兴后,朝鲜仍旧奉行明朝年号几十年,统治者们还暗中祭奠崇祯皇帝。中国人都对明朝灭亡渐渐淡化了,朝鲜君臣还在那儿悲悲戚戚、寄托哀伤。

朝鲜、越南两国是第一梯队的藩属国,万邦来朝的时候两国使节走在前面。

接下来第二梯队的藩属国有琉球、寮国（现在的老挝）、缅甸、暹罗（现在的泰国）等，这些算是第二梯队的藩属国。他们大致都是两年一贡的国家。琉球大致相当于如今的日本的冲绳县全部和鹿儿岛县的部分。明洪武五年（1372），明太祖遣使携带对外通聘诏书前往琉球。琉球中山王察度、山北王攀安知先后受其诏，奉表称臣，从此开始了长达五百余年的友好交往。琉球小国寡民，几乎完全依赖朝贡关系和中国保持友好关系。中国称赞琉球国"其虔事天朝，为外藩最云"，对它"恪尽藩守"，"恭顺可嘉"的夸奖不绝于诏。

爪哇、菲律宾、尼泊尔、中亚诸国等，则是第三梯队的藩属国。他们不是三五年一朝，就是中国对他们的朝贡期限没有强制的要求。一些与中国没有固定朝贡关系，偶尔来朝的国家也被中国归入这个梯队，比如天竺（印度）、锡兰（斯里兰卡）等。[1]

有一个国家很特殊，与中国主导的朝贡体系若即若离，是整个东亚地区的"另类"，这个国家就是日本。其他国家是臣服于中国，感慕伟大的中华文化、慑于强大的中国国力，只要是统一中国的皇帝，他都跑过来朝拜。清军刚占领福建的时候，俘获了琉球朝贡使团。这个使团出发的时候，崇祯皇帝还在，他们的使命是来朝拜崇祯皇帝的。到了福建，琉球使团一看中国政局改朝换代了，把贺表的皇帝名号一换，照样北上，继续朝贡。但是日本不一样，它看人。唐朝强盛之际，日本对华恭顺，定期朝贡，遣唐使和留学生接踵而来。后来唐朝分裂了，国事衰败，日本就不来朝贡了。宋朝国力逊于唐朝，日本就不那么恭顺了。这个国家会对比两国实力来决定自己的态度，他佩服强者，行为有很浓的功利性。朝贡制度的首要内容是政治上藩属国要承认中国的宗主地位。只有中国的皇帝才能称皇帝，藩属国君主只能称王。但日本君主就号称天皇。隋朝的时候，日本天皇给隋炀帝送来一道国书，名字叫作"日出之王致日落之王书"。隋炀帝当场就把

---

[1] 在朝贡国体系中，有一些并非现代的国家，而另一些草原部落、国内少数民族也被划入了朝贡国范围。所以，朝廷体系中的行为体纷繁复杂，不可与现代外交的国家行为体相提并论。

国书给扔了。

笔者读研究生时,班上有日本同学,也有韩国同学。一次,笔者在课上发言说,朝贡体系类似于一个同心圆,古代中国是核心,其他国家根据关系的远近围绕着核心转。韩国同学点头同意;日本同学说不对,古代东亚的朝贡体系不是同心圆,而是有"双核",一个是中国,一个是日本。这就显示了他们和我们理解的古代东亚格局的差异。

下面,从政治、贸易和文化三大方面来看看"朝贡"有哪些具体内容。

朝贡的政治内容主要是"一来一往",藩属使团到中国来是"朝贡",中国派人到藩属去是"册封"或"宣慰"(因此,有人说"朝贡体系"的说法不准确,应该是"朝贡—册封体系")。中国最看重这一来一往蕴含的政治含义,而政治含义又具体体现在跪拜、磕头等礼数上面。中华帝国将"礼"上升到国际交往行为准则的高度,甚至不惜催发民力、消耗重资。目的有二:一来维护自己"天朝大国"的地位,核心是营造和维护皇帝至高无上的形象与地位。二来通过礼节强化"宗主—藩属"的关系,强调双方的权利与义务。朝贡体系中的礼仪一点儿都不能马虎。故宫前的中山公园有一座"习礼亭",亭子很小,却是赤红色亭身、雕龙琉璃黄瓦,十分惹人注目。这亭子便是朝贡体系的遗物,是当年贡使入宫觐见皇帝前学习天朝礼节之地。清朝康熙年间,朝廷以俄罗斯使臣"不知礼",将之驱逐出境。不遵守朝贡礼节,其他一切免谈。

先来看看"册封礼"。接到藩属国世子的册封请求后,清朝会派遣册封使(通常是科举出身的中级京官)前往。册封使抵达后,藩属国文武官员要叩拜迎接中国使团,恭恭敬敬地把使团送入"天使馆"歇息。天使馆专门为接待中国册封使而设,物资齐备,内设各种接待人员。挑选日子后,世子、大臣陪同使团一行前往先王庙谕祭先君,宣读祭文,然后将祭文副本投入炉中焚烧。藩属君臣行三跪九叩之礼,称为谕祭礼。谕祭之后,择吉日举行册封之仪。当天,京城彩旗飘扬、礼乐齐鸣。册封仪式在藩属国王宫正殿前举行,世子要在宫殿大门口跪迎天使。中国册封使直入王宫,藩属世子登上阙庭,焚香伏拜,随即下台与群臣对着放着诏书和赐品的龙庭行三跪九叩之礼,称为拜诏礼。礼成,宣读官宣读册封诏书，君臣人等伏听。宣读完毕，世子再行三跪九叩之礼，称为谢封礼。接着，册封使呈上中国皇帝的赏赐，一般是中国王爷级别的衣冠、皮服、彩币等等。世子接过礼物，转交大臣安放桌上，再三跪九叩，称为谢赐礼。接着，藩属世子再次三跪九叩，询问中国皇帝是否安好，称为问安礼。随后，世子接受册封的诏书，最后一次三跪九叩，称为谢恩礼。册封仪式就此结束。整个场面肃穆。有时，中国政府还有颁赐给王妃的谕旨和赐品。王妃便在藩属国王受封后，伏跪听旨，三拜九叩，再由藩属国王代为收受赐物。如果不是"册封礼"，而是"宣威礼"，则省去了谕祭先君、谢封礼等环节。整个过程持续数十日，使团在藩属国逗留期间，藩属国王会设宴款待使臣，每次宴请都要有所馈赠。使团返程，藩属国王通常还要亲率大臣跪送。

再来看看"朝贡礼"。每到朝贡期，朝贡使团携带贡品，经过申报、检查、验看、勘合等程序，中国地方官府认定他们是贡使使团后，迎入专门的驿馆歇息。本着"厚来薄往"的原则，中方对朝贡使团的高标准接待正式开始。[1] 使团不能私自进京，需要等候中国皇帝的圣旨。地方官府向朝廷申报藩属入贡，皇帝允准使团觐见后，使团才能正式进京。

使团入京，地方官府要遴选文武官员二三名全程陪同往返。使臣一行由鼓乐导行，官员乘轿，从者乘马乘车，投宿公馆；沿途各省地方官均派官员负责其境内的迎接、护送及交接，一切费用由中方承担。其住宿之地，中国官兵昼夜守护。清朝规定："外藩遣使进贡入关后，即饬该使臣赶紧起程，并饬伴送官沿途照料，妥速行走，务于十二月二十日以前到京，以符定制。"限定这个日期是为

---

[1] 清朝对藩属朝贡使团的接待标准相当高，可以说是到了不计成本、不问实际的地步。比如，康熙二十七年（1688）议定："琉球国入贡，正、副使，每日供给羊一、猪肉三斤、牛乳一镞、各鹅一、鸡一、鱼一、菽乳二斤、酒六瓶，清酱、酱各六两、灯油二两、茶一两、盐一两、面二斤、菜三斤、酱瓜四两、醋十两、香油一两、椒一钱，每五日苹果、梨共五十枚，花红七十五枚，葡萄、枣各五斤。"一个人一天需要这么多东西吗？雍正帝时期又规定，每年从六月十五日起到七月十五日止，"外国使臣每日各送香瓜一担"。注意，是"一担"，不是"一个"。引自清朝《礼部则例》。

了让贡使在元旦之日参加"随班朝会"的盛典,让他们能亲自朝觐皇上,以睹"龙颜";同时出席皇帝的盛大招待宴会,这既是清政府对藩属使者一种高规格的接待,也反映了清政府对藩属的友好态度。若贡使未能依限抵京,护送官员要受到降级等处分。

贡使到京,入住各自专门馆舍。使团主要由礼部承担接待任务,户部、兵部、工部、内务府等部衙分别配合承担财务报销、安全保卫、馆舍修缮、后勤保障等工作。使团到京第二天,馆舍提督官要引导贡使到礼部,拜会礼部堂官,贡使递送表文、章奏。礼部把表文送交内阁,并收下贡品。接着,贡使要等待通知觐见皇帝。以清朝琉球入贡为例,贡使在北京的行程是相当紧张的:纳贡、习礼、觐见、领赏、筵宴等等。其中的重头戏为觐见皇帝。"届日帝御殿,礼部尚书引贡使入,通事随行,至丹墀西行礼毕,升自西阶,通事复从之。及殿门外跪,帝慰问,尚书承传,通事转谕,贡使对辞,通事译言,尚书代奏。毕,乃退。如示优异,则丹墀行礼毕,即引入殿右门,立右翼大臣末,通事立少后。赐坐、赐茶,均随大臣跪叩,饮毕,慰问传答如初。出朝所,赐尚方饮食,退。翌日赴午门外谢恩。"礼部奏请皇帝赏赐琉球国王和贡使,皇帝照例准许。乾隆末期赏赐琉球国王的物品有:锦八匹、织金缎八匹、织金纱八匹、织金罗八匹、纱十二匹、缎十二匹、罗十二匹。贡使要三跪九叩,礼部主客司官员把赐物授予贡使,贡使及其随从也都有赏赐。事后,赐宴礼部,使团可以去赴宴了。赏赐之后,明清都允许使团在京开市贸易。贡使通常还要被皇帝诏对,赴国子监瞻孔等。

使团返程,经过省会城市,该省官府都要出面宴请,由司道级别的官员主持,也是高标准接待。来华留学的、旅游访友和贸易的藩属国官民都可以随同返国。这一来一往的过程很烦琐、很严肃。一方是反复宣讲,一方是一路叩拜,就在这一讲一拜中,朝贡体系背后的思想内涵得到了巩固。

在政治内容之外,朝贡体系中蕴含着蓬勃发展的贸易活动。为了显示泱泱大国的雄厚实力,也为了怀柔远人,中国对朝贡采取"薄来厚往"的原则。藩属国进贡后,中国一般按照贡品市场价格的八到十倍给予赏赐,等于是花八到十倍的钱来"购买"贡品。而贡品为该国土产，本便低于中国市价，其间获利极丰。"利益"二字在整个朝贡活动中发挥了重要作用。事实上，台上的官方活动可能并非使团的兴趣所在，更让他们在意的还是做生意。使团除贡品外，往往携带大量商品到中国来做买卖。

除了"购买贡品"外，朝贡活动中还有两条免税的正规贸易渠道。一条是使团在边界地区的贸易。使团中的大多数人其实并没有进京，而是留在边界贸易。他们销售携带的货物，并收购中国特产回国。还是以琉球使团为例：苏门答腊胡椒在产地每斤十文，琉球所带胡椒在中国售价每斤三十贯，利润高达三千倍。暹罗盛产苏木，琉球中转苏木的市价是暹罗商人贩运苏木的两倍。琉球使团有时携银不下十万两，利润可想而知。使团携带归国的货物规模也相当惊人。琉球贸易商品之多，就是满足全体国民的购买需求也绰绰有余。有人推测琉球从事中国商品的转口贸易也是在情理之中。

明清两代，中国官府多数时候实行严格的海禁政策，不准中国人出海贸易。这里插叙一下海禁政策。中国海禁兴起于明朝，表面理由是防备倭寇。事实上，倭寇的起因也是官方的朝贡贸易限制太死，规模有限，不能满足日本对华贸易的需要。于是，分沾不到朝贡贸易利润的流亡武士与商人干脆走上了武装劫掠的道路。明朝政府深信自身能够自给自足，不需要对外贸易，所以闭关锁国，严格禁止商民和货物出海。清朝初期为了防范沿海反清势力，继承了严格的海禁政策。收复台湾后，清朝一度放松了海禁，但为期不长，很快就重新执行海禁政策。康熙五十六年（1717）颁布"禁海令"，严禁华人出海，严禁贩卖船只粮食等给外人，禁止华人居留外国；对外商来华船只严加防范。海禁政策的实质是尽量防止中外接触。乾隆二十二年（1757），清政府宣布将江、浙、闽海关的西方国家对华贸易事务集中于粤海关，广州自此成为我国海外贸易的唯一港口。海禁政策造成了中国商品在海外市场的稀缺，也造成了海外商品在中国市场的稀缺，使得涉华中转贸易利润丰厚。而朝贡贸易可以合法获取中国商品，赢利极丰。藩属国朝贡贸易的热情大涨。

另一条免税的贸易渠道是朝贡使团在北京展开的商贸活动。朝贡之后，中方允许外国使团在下榻的馆驿"开市",而且"不拘期日"。使团就能销售随身携带的本国商品以及沿途贩运来的商品,同时购入返程商品。比如,乾隆皇帝恩准琉球使团每年可以购买生丝五千斤、二蚕湖丝三千斤。琉球使团在福建省购买北方稀缺物品,再购买北方特产回南方贩卖。这一来一往,沿途由中国政府护送,货物无忧,不用担心物流成本。利润少则数十倍,高过百倍者也不稀奇。外国使团馆驿开放之日,"胡人持各色物货入来,馆中纷沓如市。盖告示榜揭,后门无禁,人皆任意入来故也。"[1]长此以往,京城朝鲜使馆周围,有专门以朝鲜人为贸易对象的商家,称为"东商"。琉球使团下榻的会同馆附近也有专门的贸易场地。琉球使团就曾因为中国商人拖欠货款,通过外交渠道要求中国官府出面"追债"。

朝贡贸易的利润极高,使得琉球等国的朝贡热情很高,常常不按定例以各种名义频繁"进贡"。比如,琉球国官生在国子监学习肄业归国后,琉球国要附进谢恩贡;皇帝恩赐匾额(甚至"福"字),琉球也进谢恩贡。清朝则希望"照章办事",雍正年间规定谢恩不遣专使。但是,琉球使团仍会额外到来,清朝便将物品抵作下届正贡。如乾隆二十一年(1756)贡使携物至,清朝下令后延为下一次正贡;但两年后,贡使又捧着贡物来了,清朝只好再次把它顺延为两年后的贡物。

中国对藩属朝贡大加赏赐,厚来薄往,看起来不划算,仔细分析,中国也从中获益了。中国最直接的收益就是关税。乾隆二十八年(1763)粤海关关税收入达四十一万一千六百二十三两,到1788年至1797年十年间该海关关税收入年均一百零二点五万两。[2]难怪美国学者费正清说:"朝贡制度的奥妙,是它已成为通商的媒介这一事实。"朝贡贸易还推动了民间贸易的蓬勃发展。中国的商品,主要是丝绸、茶叶、陶瓷等与其他国家地区的商品有极强的互补性,在各条

---

[1] 金昌业:《老稼斋燕行日记·往来总录》。转引自刁书仁《京商郑世泰与李朝贡使的会同馆贸易》,载于《社会科学战线》2020年12期。

[2] 戴逸等编:《清通鉴》(卷九),转引自张维华《中国古代对外关系史》,第463页。

航线、商路上都大受欢迎，需求渐增。因此其中的贸易额惊人，在16世纪末期，印度果阿每年运往澳门的白银便达到了二十万两。因为贸易的发展，从明朝中叶开始，珠江三角洲地区自给自足的塘鱼生产发展成了商品性的桑基鱼塘模式。这种三角洲低洼地开放的集约生产方式的出现，是生产经营方式的变化，促进了养蚕植桑的极大发展。在"丝绸之乡"江南地区，葡萄牙人甚至按照特殊需要在中国定制货品，规定出丝绸的宽度、长度、花样、重量进行制作，以适应欧洲的市场需要。

朝贡的文化内容，传播扩散了中华文化，塑造了今人所称的"东亚文化圈"。朝贡的文化遗产可能才是最重要、最深远的。政治关系、贸易利益可能都是暂时的，但是植根于人心的文化，才是长远的。历朝历代也重视与藩属国的文化交往，尤其重视对朝贡国传播儒家文化。还是以琉球国为例，明清时期琉球先后十六次派人来华学习中国语言、文化、制度和技术。明清政府对琉球学生教育一视同仁，有月考、季考、岁考，衣食住行都待遇优厚，有专用厨房；各官生从人另有衣食住行的安排。琉球留学生一般在华生活四载有余，感慕华风，对中华文化非常热爱，在维护朝贡体系中起着中坚作用。1879年，日本在琉球废藩置县，原官生林世功来华进京，长跪乞师求援。翌年，日本抛出分割琉球国条约，林世功在华自刎而死。鉴于琉球的恭顺，清廷对琉球赏赐尤多。日本那霸重修的首里城公园入口处是一座中国式牌坊，悬挂有康熙赐之"守礼之邦"汉字匾额，称"守礼门"，冲绳人敬之为"国宝"。琉球地区至今还遗留着许多汉文化的痕迹，包括庙宇、匾额、联拾、风俗等。琉球如此，朝鲜半岛也是如此，越南更是如此。越南也有文庙，文庙中也有越南历届科举高中者的"科名录"。朝贡的文化遗产，可能是现在中国展开周边外交的重要资源。

我们得承认，朝贡体系下的各国关系是不平等的。那么，为什么其他国家会参与其中，而且这个体系还运转了上千年呢？

首先，中国确实是一个巨无霸级的超级大国，藩属国没有向中国叫板的实力。但是，朝贡体系不是建立在暴力基础上，很多藩属国是心甘情愿参与的，因为朝贡往来能带来切实的利益。中国厚来薄往，不吝赏赐，藩属国每一次磕头都不是白磕的。越南向中国进贡牛角、象牙，从中国拿回粮食、火器和丝绸；朝鲜向中国进贡紫菜、海带、泡菜，从中国拿回文房四宝、马匹兵器；琉球向中国进贡硫黄，从中国拿回的就更多了。藩属国用低附加值的贡品换来了高附加值的东西，换作是谁都愿意多交换几次。而且在海禁的大环境下，一些必需的物品，比如治病救人的中草药，只能通过朝贡贸易来交换。还有文化教育方面的收益，藩属国也只能在朝贡体系中获得。所以朝贡对藩属国来说有利可图。

其次，藩属国出于安全考虑，接受朝贡体系。在国际体系中，超级大国能给所有成员提供很多公共产品，其中最明显的就是"安全"。为什么朝鲜、琉球等国家非常积极地来朝贺？在政治上与中国捆绑在一起，在安全上就紧靠中国。朝鲜遭遇日本入侵，它首先想到的是向中国告急。历史上，中国多次出兵帮助朝鲜。琉球也是如此。1879年，日本要吞并琉球，琉球主要应对措施就是派使团到北京告急。当时的中国已经无力出兵保护藩属国，琉球使节就在天安门前自刎了。这是外部的安全，朝贡体系还能给藩属国提供国内安全保障，协助维护国内政权的稳定。比如，国内有野心家要推翻皇帝，如果得不到中国的认可，他篡位成功了也是白搭，中国不承认。被推翻的君主逃亡中国，可以借助中国的军队返国复位。晚清的时候，朝鲜国内局势动荡，各个派系都争夺王位，可是都离不开争取中国的认可。藩属国用对中国的朝贡，换取自身政权的稳定和国家的安全。

在天下观念和朝贡体系中，强大的中国也不可能迫使朝贡国割地赔款，更不可能吞并后者，这就保障了后者的安全底线。隋炀帝三征高丽，都铩羽而归。这里面就存在一个逻辑悖论，朝贡体系导致隋朝发动的战争目的不明确。隋朝不占地、不治民，一时占领了城池，迟早也要还给高丽人。中原皇帝要的只是"臣服"。这多多少少会造成将士认知混乱，缺乏动力，也让抵抗者有清晰的"最坏预期"，坚定抵抗决心。甚至，有的抵抗者会用虚假的臣服来换取隋朝撤军，撤而复叛。

以上原因，决定了古代东亚的藩属国能够接受朝贡体系。

如今回过头来考察朝贡制度，它最大的问题就是盲目自大导致的僵化。古代中国人只知道有天下，不知道有世界。在自己的天下中待久了，自然不自然地就觉得自己是天下独尊,天底下中国最强大、文化最昌盛,其他的国家都是蛮夷之邦。于是,"夷夏大防""犯我中华者、虽远必诛"等观念都出来了。笔者不否认其中有客观因素,也有一定的合理性,但是这些观念不利于中国人形成开放、宽容的心态。同样,建立在中国核心地位基础上,接受对中国的朝贡义务才能"准入"的朝贡体系,也缺乏开放、宽容的心态,制度本身没有伸缩性、灵活性。这样的制度、这样的国际体系,经过千百年后就变得僵化了、故步自封了。

同时,朝贡体系的物质基础是中国处于绝对强势地位。中国的强大,是朝贡体系运转的基础。可是,如果中国自身开始衰弱,朝贡体系该怎么办呢?

所以,当历史走进近代,当中西方突然面对面遭遇的时候,中国还固守朝贡体系不放,不愿意与近代国际体系融合,悲剧就发生了。西方用大炮逐渐打破了东亚原有的体系,蚕食了中国的藩属国。越南、朝鲜等最终都沦为殖民地。日本通过甲午中日战争,击败了中国,彻底埋葬了朝贡体系。中国不仅无法维护朝贡,自身也成了列强宰割的对象。

第十二讲　制度之力：如何看待古代政治制度

权力是个好东西，很多人往往经不住权力的诱惑。历朝历代都有野心家、乱臣贼子。其实，对权力没有必要迷信、盲目羡慕。权力会伴随着很多东西，比如责任、担当和各种各样的束缚。任何事物都是辩证的，不可能让一个人享受无上权力的同时又让他享受不受任何约束的自由。人人都觉得当皇帝很好，殊不知，有很多东西对皇帝来说是奢侈品：自由、爱情、亲情。历史记载的一些昏君的荒唐举动，比如，随意出宫、游山玩水、爬树掏鸟窝、和臣下没大没小等等，换作是老百姓，一点问题都没有。所以说，任何东西都是有代价的，跟权力相伴的有很多束缚和担当。如果没有做好心理准备进入权力场的话，一进去可能就会被重担压垮。

大家觉得当朝一品的宰相很风光，位极人臣，各种各样的东西都有了。但是，他三更天要起床，起床以后迅速穿戴去上朝，万一皇帝没住在紫禁城，住在颐和园，你头一天就得赶到颐和园旁边待着，上完朝以后不能马上回家，皇帝交代的事情得办完，需要挤在军机处的小黑屋里涂涂写写。一品高官都是六七十岁的人了，别人六七十岁早退休了，他还猫在小黑屋里写东西。你觉得他容易吗？清朝军机大臣张廷玉，历事三朝，他从三十几岁到七十几岁都在紫禁城待着。他在紫禁城的时间比在家里的时间长，工作太忙了。工作忙对于古代官员来说真不是一个借口。明朝文学家袁宏道当了吴县县令，鸡还没叫他就得起床，起床以后有很多事情，比如迎来送往，比如苏州的钱粮税赋，比如下级要来向他汇报工作；又有很多过路的官员，认识不认识的或者辗转能认识的，都需要接待。到了傍晚，因为苏州是省、府、县驻地，各级官员都有，他得陪着上司吃饭。期间，随时可能有本地乡绅、读书人找来，有各种各样的应酬；老百姓随时可能拦轿喊冤，上衙门告状，他要接待。万一当天来了上司公文甚至圣旨，他还得摆好仪式去跪接；万一遇到了催科逼税的时候，他还要下乡。袁宏道一般得忙到晚上十一二点才能回后衙。这个时候，一天的正常工作才刚刚开始，袁宏道这才开始正儿八经地看公文、批公文。每天早上三四点钟才能睡觉，天没亮又得起床干活。这就是一个明朝官员的作息。

有人可能会问，既然权力伴随这么大的重压，为什么还有那么多人想要获取权力呢？第一个原因是没有学过政治制度史，只看到了当官以后光鲜亮丽的一面，没有料到伴随而来的压力和负担；第二个原因是他虽然看到权力的重压，但他觊觎权力的另外一方面，就是贪污受贿、以权谋私等等。当然，还有极少数人是愿意承担这么巨大的压力的，他渴望有一个平台去施展自己的抱负。这就是为什么权力的重担明明摆在那，古代很多人还要对权力趋之若鹜的原因。

古代政治制度的若干特点

首先，中国古代政治制度在实践中存在行政主义倾向，就是以行政力量为中心，一味从政治体制自身的利益出发，封闭式运作。比如司法运转，无论从初审、复审到终审，还是平反、昭雪，都是在司法系统内部一层层公文流转、审批运作。到最后难免变成为了满足制度当中的一些形式主义的要求，为了满足一些法律条文而去制造"案情"。自我监察也一样，往往是为了满足每三年一次的例行公事，为了符合四大方面的考核要求去生搬硬套，去进行你好我好大家好的评比。推而广之，整个古代政治制度都存在这样的问题：以行政为中心。

明朝洪武年间爆发了"空印案"，当时地方的钱粮税赋需要年度审核，户部要和地方政府对账。做过实际工作的人都知道，实际情况不可能和白纸黑字的规定百分百吻合。地方每一文钱账目都核对清楚，这只存在于理论上。天下那么大，每一个地区、每一笔开支的情况各不相同，官吏本身又是流动的，不可能每个铜板的收支都符合规定、库里的钱物和账上的数字都对得上。对不上怎么办呢？那就以中央户部的记录为准，各个地方官府每年派人到户部"送审"，随身携带一些盖好了公章的空白公文，户部的数目是多少，来人就现场填上。这样一来，中央和地方看起来都是账目一致的。这就是典型的行政主义做法。

一些行政岗位人员，乃至具体办事的刀笔小吏，因为行政主义的倾向导致实质权力很大。乾隆时期有个大将军叫福康安，福康安出征西藏回来后报销军费。有天晚上，户部有个书吏来找福康安，大家想想户部的书吏和福康安隔着多大的身份和地位的差距。那个书吏来了以后，张口就问福康安要钱，而且是几万两白银的要。福康安说："你知道我是谁吗？"书吏说："我当然知道你是谁，可你知道我是谁吗？"小吏接着说，"将军的军费报销公文在我手里，我可以今天给你办，也可以明天或者下个月给你办，明年给你办完也是正常的。这由我说了算。我说你哪笔钱两支出不对，就是不对，我随随便便就可以找出纰漏来，说整个报销的账目有问题。大将军，我给你拖个两年三年，说不定到时候皇上都已经忘记了你现在的功劳了，那个时候再说你账目混乱，你怎么办？"福康安想想，还真是这样，他对这个小吏一点办法都没有，只能忍气吞声。[1]就是这么一个毫不起眼的角色，因为政治制度的行政主义倾向，导致了如此不可思议的事情。

晚清时期，曾国藩平定了太平天国，面临的最大问题也是报销军费。那么多湘军的军饷，那么多的军需物资、枪械、轮船，都得让皇帝报销。曾国藩是找了中间人，跟经办的书吏讨价还价。他要报销的军费是四千万两左右，答应给办事书吏四十万两。双方谈拢后，曾国藩再开始编造账目，申请报销。想不到，慈禧太后突然发话，曾国藩立下了这么大的功劳，就不用核查了，曾国藩报上来多少朝廷就给他拨多少。曾国藩是感激涕零，说这是"旷古未有"之恩。连太平天国都给镇压了，不用核查就能报销，为什么就成了旷世未有之恩？因为慈禧太后的

---

[1]　【清】欧阳兆熊、金安清《水窗春呓》卷下，中华书局，1984年3月出版，第53-54页。

话，让曾国藩省去了很多行政方面的纠缠，卸去了他的责任和重担。即便如此，曾国藩还是给了户部的书吏几万两"辛苦费"。因为曾国藩和户部不是只打这一次交道，以后还得打交道。这又是一个典型的行政主义怪象。

　　行政主义倾向，导致整个体系及其官员不去努力提高业务能力、实地调查，而是迎合、维护体制运转本身的要求，顽固地站在体制的立场上去处理实际工作。在此之中产生的诸多怪现象，从正常角度来看可能匪夷所思，从行政体制的角度去思考，却是正常的。它不仅导致了行政成效的问题，还影响了行政效率，行政成本居高不下。大量的人力、物力和财力，消耗在了行政运转之中。举个例子，在如何应对北方游牧民族威胁的问题上，古代朝廷存在"通商互市，用经济利益怀柔远人"以及"整军备战，出击游牧民族"两种意见。前一种"主和"派的意见，刨除和平主义思想以外，很多持这种观点的人是从现实利益角度思考的。在高度行政主义的体制下，大军调遣的行政成本就超过了与游牧民族通商、怀柔远人的经济成本——这还不包括作战期间的损耗。战争机器一运转起来，成本就高得吓人，有"大炮打蚊子"之嫌，还不如变相送钱给游牧民族划算呢！又比如，为了监督行政绩效，防止腐败贪赃，历朝历代都有反腐败、防惰政的措施，甚至是机构。可在行政主义倾向下，新措施、新机构往往产生新的问题，自身的腐败和效率问题就让人头疼，最终往往是"防弊之法有尽，而舞弊之事无穷"。典型的如北宋后期，为了裁撤冗官冗员，朝廷先成立一个专门负责机构，调查研究，制定措施。结果，没有一人一衙撤销，相反却多了一个新衙门、一套新班子。

　　其次，如何看待中国古代政治制度当中的两个关键概念之间的关系，一是君主专制，一是中央集权。

　　君主专制指以君主为核心，皇帝个人专断独裁，集国家最高权力于一身，没有或者缺乏必要的制约。中央集权指中央政府掌握国家权力，地方政府行为受到限制，力量有限。中央集权便利了君主专制，君主专制得益于中央集权。集权推动专制，专制得益于集权。如果没有中央集权的前提，君主专制在中国古代不会发展到登峰造极的地步。同时，君主专制反过来巩固了中央集权，最终导致中国古代政治制度只有一个权威、一套系统、一种控制。

中国古代政治制度，围绕皇帝的权威，建立了一系列复杂的系统，这个系统当中只有一种标准，那就是皇帝的标准；只有一个权威，那就是皇帝老子，容不得有其他的东西。在系统中，皇权几乎不受任何制衡。

大家学过生物，都知道生态系统是建立在相互制约的基础之上，是一种动态的、发展的平衡。在自然界的生态系统当中，没有任何一个生物具有绝对优势，没有任何一种力量支配着整个生态系统，没有任何一种力量能够推动整个生态系统的发展。它是动植物、水、光照、热量各种各样的因素混合在一起的、动态发展的过程。但是，在君主专制和中央集权下面，并不存在相互制约的基础，政治体制就是一条线路、一个标准、一个目的。我们读史书，会发现古代很多政治制度只有一个目的，就是皇权统治——不管是司法、财政、人员任命，还是宫廷制度，最终的目的就是维护皇帝的绝对专制。

首都师范大学的魏光奇教授在《有法与无法》一书当中，提出了一个值得深思的观点。古代的中央王朝，老跟北方游牧民族打仗。一开始，中央王朝总处于劣势，过了几十年甚至上百年之后，中央王朝才慢慢地转为优势，最后战胜游牧民族。这个现象在古代史上循环往复，一开始是打匈奴人，后来是鲜卑人，再后来是和突厥人、契丹人作战，都是如此。这是为什么呢？

司马光在《资治通鉴》里提出一个解释：北方游牧民族胜在他的"无法"，中央王朝败在他的"有法"。"无法"指的是游牧民族没有繁文缛节，没有太多的规章制度和约束，所以每个人自由发挥的空间很大，每个人的积极性和创造性不受约束。行军打仗、攻城略地的时候，单兵作战力比农耕民族的士兵的作战力要大得多。汉朝、唐朝、宋朝，表面上看起来各种规章制度很齐全，称得上"有法"。临阵作战的时候，整个体制也好，官兵也好，反而受到繁文缛节和各种规章制度的束缚，不能自由发挥个体的积极性和创造性。所以，一开始游牧民族胜在它无法可依，中央王朝输在它有法必依。战争发展到后来，需要动员大兵团进行主力会战，需要进行持久战。这个时候，制度的优势就体现出来了，中央王朝能把更多的人组织起来，能够保障后勤，能够维持健全的军队组织，所以对抗四十年、五十年之后，有法的终究要战胜无法的。

北方游牧民族就真的无法吗？在制度层面，他的确缺少规章制度，但是在宏观层面，在思想观念上，游牧民族是有法的。比如，公平公正的原则，出力多的人分配得多，勇敢的人获得名誉和尊严；又比如，原始民主的痕迹，匈奴的单于由部落联盟开大会选举产生，而且对于暴戾无能的单于，匈奴贵族阶层是可以推翻他的。中国古代政治制度就是有法的吗？如果说有法，的的确确是各种法都有，但真的就是有法吗？皇帝可以无法无天。在集权专制之下，所谓的法是一种表象的、细节性的、低级的法，在政治理念上、在对皇权的约束上，它终究还是无法的。没有政治理念，或者说缺乏原则信仰的具体制度，是低级的。就好像一场没有目的、只有细节规定的游戏，不会是一个好的游戏，是为了游戏而游戏。中国古代政治也类似。承平时期，很多政治人物的重要工作是维持系统的稳定，保证各元素间的平衡，而没有思考理想、观念等问题。皇帝要保持权力结构的平衡，在各派力量中间"走钢丝"；官员在体制内部的各个条块之间保持平衡，保证辖区内各种力量的平衡。"权衡"二字，由此成为中国特色的政治实践术语。

到了近代，西方列强来了。它们面对的是一个政治高度发达的中央王朝，最后西方列强打败了清朝，我们可以看成是"无法打败了有法"，因为西方的政治制度跟1840年的清朝相比，远远比不上清朝政治制度那么缜密、覆盖面那么广泛。英国赢在"上有法、下无法"，中国是"下有法、上无法"。西方"上有法"指的是其政治理念和政治哲学是有法可依的，从上到下、从老百姓到英国女王大家都接受了最基本的政治理念，比如人的权利要保障，再比如权力要相互制衡。中国有繁密的赋税制度和司法制度，但在政治理念上并没有像西方那样明确的、近代的政治理念。如果从上到下对人的权利都没有达到共识，你怎么能够确保自己最后制定出来的政治制度能保障每个人的权利，在跟西方列强竞争的时候又如何保障每个人能得到他的权利、履行他的义务；如果没有权力需要制衡的意识，在后来又怎么能防止其中一个权力，不管是皇权还是军阀一支独大？所以，近代以后，我们中国不断沉沦，很重要的一点是"上无法、下有法"。制度没能激发中国人的积极性和创造性，反而是束缚了中国人的手脚。

高效制度，低效制度

法不可自行，离开了人谈制度，是没有意义的。政治制度的执行，最终要靠人。政治原则能否贯彻落实，最终要依赖官员。官员的素质和工作效率，左右着政治制度的运转。政治体系的长治久安，最终要靠老百姓的忠诚，依靠老百姓的支持与付出。政治体制要争取老百姓的支持，就要顾及老百姓的喜好与利益。人虽然在政治制度之外，却是和政治制度生死攸关的因素。如何调动人的积极性，是政治制度的一大课题。

从制度和人的关系的角度，可以来判断一个制度的效率高低。

西方资本主义兴起的时候，原始积累的一大来源是奴隶贸易，从非洲往美洲贩卖黑人。开始的时候，黑人在运输的过程当中会死掉大约四分之三，四个黑人在非洲海岸上船，最终能够踏上美洲的只有一个。这对于奴隶贸易的各方来说都是损失，大家全输。奴隶商人的商品在运输的途中损失了大半，奴隶买家的挑选余地很小，奴隶的生命更是受到了极大的威胁。有人就分析问题出在哪里。原来，贩运黑人的船只是装了多少奴隶就收多少费用，你让我运四个奴隶到美洲去，你就得给我四个人的运费，至于抵达美洲这四个奴隶是否活着我不管，总之我得先收钱。在这样的规则下，船主为了多挣钱，就尽可能多地往船上塞黑人，尽可能地降低其他补给，比如说塞了一百个黑人，却只装了五十个人的水和食物。他要挣钱，装的人越多就能收越多的钱。黑人死亡率高的原因，就在这里。

有人就把这个规矩颠倒了过来。奴隶商贩集中起来，拒绝预付运费，而是根据抵达目的地后存活的奴隶数量付费。比如，船主贩运了四个奴隶，四个人都抵达了美洲，商人就支付四个奴隶的运费，如果只收到一个奴隶，就只付一个奴隶的运费。新制度实行后，黑奴的存活率升到了四分之三，死亡率只有四分之一。

买卖双方还是原来的人，贩运船队还是原来的船队，同样的船主，连船都没有改进，黑人还是非洲黑人，为什么存活率飙升了呢？这就是制度的力量。

考察一个制度，可以评价它对效率的影响。高效制度能激发人的积极性和创造性，高效制度能让人生活愉悦。低效制度不仅会压制人的创造性、积极性，还会让人的生活非常郁闷、非常忧郁，甚至让人生活在恐惧、贫困和毫无信仰当中，最终损害人们的身心健康。这就是制度的效益。有人会问，有这么严重吗，一个坏的制度能损害我的身心健康，能降低我的道德水平？如果一项制度提倡的是尔虞我诈、行贿受贿或者弱肉强食的做法，身处其中的人为了生存下去，就必须变成那样的人。大部分人变成了那样的人，整体的道德水平是不是就降低了？少数人如果不那么做，就获得不了这项制度的种种眷顾和优待，又有别于大众，是不是会郁闷、迷茫、寂寞，最后是不是身心健康受损？

学习政治制度史，很重要的收获就是从历史变迁当中锤炼判断力，判断制度的效益。在之前的讲述中，有这么几个政治制度就是很典型的例子。比如太子制度，千百年以来，中国都执行预立太子制度，皇帝早早册立了太子，结果发现太子和其他皇子相互掐架、太子和皇帝也常常掐架，最后当上皇帝的往往不是太子。预立太子制度就不是一项高效制度，引发了骨肉相残、同室操戈。后来，雍正皇帝把它改了，改为秘密建储，让所有人在一个相对比较公开透明的环境里面竞争。雍正帝之后就没有发生过皇室骨肉相残的事情了。这就是比预立太子制度更好的继承人选拔制度。科举制度也是一项高效创新。科举之前，当官看血缘、看朝廷的征辟，普通家庭的孩子很难当官，进不了现行的政治体制。科举制后，当官看考试，很大程度上看学问，权力向所有人开放。为什么唐宋元明清统治中国的时间都比较长？很重要的一个原因是改变了人事制度，改变了官员的选拔，把自上而下的任命改成了自下而上的竞争。所有的人在一个比较公开的、统一的规则体系下面公平竞争，许多出身贫寒的、家庭背景不好的人有了通过个人的努力跻身于高层的机会。古代中国虽然等级森严，内部不平等，但社会流动活跃，能够保持稳定，得益于科举。

这就是制度的高效和低效。我们学习政治制度，就要判断一个制度的效益，拥护高效的制度，变革低效的制度。评判身边的制度，就可以想想这项制度是不是符合人性，能不能够激发大家的积极性、保护大家的身心健康。比如，上课点名制度是建立在没有来的同学的痛苦之上的，没到的同学要扣分。如果给它改一下，点到的每个同学加分，没来的同学不扣分也不加分，照样把大家的分数给拉开了，达到了一样的结果。但笔者估计拥护的同学会大大增加，旷课的同学都可能赞成。这就是制度的效益。

政治制度在整个政治学中占据一个什么地位，或者说政治制度在宏观政治中占据什么样的地位、发挥什么样的作用？

政治学包括很多东西，如政治学理论、比较政治学、行政管理、政治制度等等。打个比方，政治制度好比政治学的硬件，政治学还有很多的软件，比如政治理论、执政理念、方针政策、组织路线等等。只有软件和硬件结合在一起，一个机器才能够正常运转。大家玩手机和电脑都知道，一台裸机，没有各种手机软件（App）或软件，这台机器其实是没用的。那同样，如果你开发出了一个App，没有硬件，你开发出来的东西也是空中楼阁。如果制度作为硬件，所有的政治理念和方针政策都是空中楼阁。政治理想说得再好，政治口号喊得再大，最后都面临一个落地的问题。比如，有个政治人物上台了，宣称要奖惩分明，提拔功劳大、贡献多的人，但是官员选拔制度依然看上下级的亲疏远近，或者看官员的资历年纪，那么，这个政治人物的扬言就显得很可笑，言不由衷。再举个例子，政府说要鼓励大学生多元就业、自主创业，鼓励大家在社会上流动起来、到市场中去搏斗。但是，大城市的户籍制度固化不变，而且附加上了越来越多隐性的福利，必须有户口才能买房子、有户口才能摇号买车、有户口才能上各种保险、有户口才能给孩子落户，那么，大学生自然要寻找那些可以解决自己户口的工作，缺乏自由创业、多元就业的动力。政府一方面鼓励社会自由流动，发挥市场的力量，同时又不断强化户籍在社会管理中的作用，那软件和硬件是不是搭配呢？

在政治领域，变更软件易，更新硬件难。路线措施、方针政策的转变，相对来说是简单的，但是如果想变革政治制度就难了，政治制度变动的可能性比软件变动的可能性小得多。

有学者说，郡县制和中央集权是谁创建的？秦始皇。三省六部制和科举制是谁创建的？隋文帝。但是秦朝只存在了十几年，隋朝只存在了三十几年。由此，他就得出结论，一个高效的制度跟政治的长治久安没有必然关系。这样的认识是错误的。软件和硬件要搭配，但是变更硬件很困难，而且有风险。大家删除手机上一个旧软件，下载一个新软件，花不了几秒钟时间，但是你想把旧手机扔了买一个新手机，成本和代价就大得多。政治实践也类似，废除旧体制，创建新体制，相当于刮骨疗伤。秦朝和隋朝，都不同程度抛弃了旧政治制度，创立了新制度，又对国家多有建设（长城、大运河等）。这是要承担巨大的风险，支付沉重的代价的。这个风险和代价要由当时的那一代来承担，但是制度的各种长远收益却由后来人来分享。大家就会看到，秦朝十几年就灭亡了，但是续起的汉朝延续了四百多年；隋朝也很快灭亡，但是续起的唐朝延续了三百年。汉唐都是中国人引以为豪的朝代，这恰恰证明了一项适合的、高效的政治制度对社会和政治的长远发展是大有裨益的。

政治制度是宏观政治的硬件，具有非常重要和基础性的地位。政治制度就相当于试金石，政治口号、理念行不行，都要经过政治制度的检验；政治制度又相当于磨刀石，再好的政治理念或者方针政策，都得在政治制度里面磨炼。如果政治理念和方针政策跟制度契合得比较好，双方配合得好，那就有助于政策的推行；如果双方磨合得不好，那么整套理念和方针政策是存在现实问题的，需要执政者警觉。

当然了，制定适合、高效的制度自古就是一个难题。梭伦说："什么制度最好？请先告诉我，这是针对哪国人哪个时代而言的。"制度不能离开人，也不能离开具体的背景。每个时代的人、每个文化背景中的人，实际情况各不相同。因此，不可能存在放之四海而皆准的"万能制度"。我们考察政治制度，也不能离开了时代、区域等背景。

后 记

感谢阅读本书。这是一本中国政治制度史通俗解说图书。

制度史乃史学之容器，了解中国政治制度史是学习古代史的基本功。中国古代政治制度源远流长，影响深远。制度是形塑中国古代社会的重要力量，其影响波及21世纪的我们。随着年岁渐增，笔者才逐渐对政治制度史有所感悟，产生兴趣，进而以清朝制度为核心，拓展开去，阅读了一些古代政治制度的图书，"故纸堆里讲政治，制度史外看乾坤。"

本书虽冠以"中国政治制度史"的名号，并没有像其他一些同名图书，以每个朝代为线索，罗列开去，介绍每代的制度设计，而是立足明清时期的制度，兼及其他，并且力图对制度的源流演化做一个简单的介绍。历史研究离不开对研究对象历史变迁的探究。政治制度史，自然包含政治制度的发展变化的历史，制度在每个朝代的继承和发展。探究每个时代的制度细节、变化琐碎，自有必要，但非一般读者所能深究。本书为简明版的政治制度史，更关注宏观把握。把中国政治制度史作为一个整体来考察，关注政治制度史的重大变化，而不纠缠每个细节的变化。秦皇汉武，开宗建制，肯定不能忽略。而秦二世、汉宣帝等人对制度的调整、更改，只要没有达到一定的程度，没有引起质的影响，或许就可以暂且搁置一旁。

以学术标准衡量，本书并非真正意义上的《中国政治制度史》，内容既没有囊括全部朝代，所有制度，也没有详细的论据、数字和文献出处。有些时候，谈制度论历史，聊及社会人心，更像是史论。书中谈及了一些历史故事、笔记小说，也许众说纷纭，但都是由制度勾引出来的，对理解相关制度或观点有所帮助。

本书是我2014年秋季，在中国劳动关系学院开设的"中国古代政治制度"课程讲稿的整理成果。我对经由录音整理出来的文字进行了修改编辑，修正了部分内容，增加了部分注释，添补未尽内容。现在，书稿既保留了口头讲述的痕迹，有些地方又具书面色彩。我在此事伊始，就有边讲边整理出书出版的念头。无奈个人精力和时间实在有限，录音整理也远比我想象的要复杂、烦琐得多，所以本书留下了诸多的遗憾。还好，我能以"每个写作者的代表作永远在前方"来自我宽慰。

本书2015年由陕西人民出版社首次出版，本次再版，因俗务缠身仅作个别文字修订，未来得及作实质改正。原本想将奏折一节，扩充为古代文书制度，也只能无奈作罢。中国政治制度史博大精深，内涵丰富，本书难免有一知半解、张冠李戴甚至错误之处，敬请读者诸君指正。

从本书从讲授整理开始，到第二版的出版发行，我要感谢朱洄、丁建安、陈欢欢、李向晨、李婷晓等人，感谢大家的支持帮助和辛劳付出，尤其要感谢华文出版社、北京兴盛乐图书公司的肯定和蔡荣建、陈红伟的认可与支持。本次出版的三审编辑认真仔细，删减了部分不恰当的举例，并指正了不少史实偏差，为全书提质不少。

谢谢大家！

张　程

2015年4月28日初稿于长椿街

2021年1月20日改于方庄桥东